国家社科基金
GUOJIA SHEKE JIJIN HOUQI ZIZHU XIANGMU
后期资助项目

发展的逻辑

通向人才大国之道

Logic of Development

The Way Toward Great Community of Talents

杨柳新　著

学习出版社

图书在版编目（CIP）数据

发展的逻辑：通向人才大国之道／杨柳新著．--北京：学习出版社，2015.2

（国家社科基金后期资助项目）

ISBN 978-7-5147-0509-6

Ⅰ.①发… Ⅱ.①杨… Ⅲ.①人才资源开发—研究—中国 Ⅳ.①C964.2

中国版本图书馆CIP数据核字（2014）第240112号

发展的逻辑

FAZHAN DE LUOJI

——通向人才大国之道

杨柳新 著

责任编辑：李 岩

技术编辑：王晓勇

封面设计：杨 洪

出版发行：学习出版社

北京市崇文门外大街11号新成文化大厦B座11层（100062）

010-66063020 010-66061634 010-66061646

网 址：http：//www.xuexiph.cn

经 销：新华书店

印 刷：北京市密东印刷有限公司

开 本：710毫米×1000毫米 1/16

印 张：12

字 数：200千字

版次印次：2015年2月第1版 2015年2月第1次印刷

书 号：ISBN 978-7-5147-0509-6

定 价：25.00元

国家社科基金后期资助项目

出 版 说 明

后期资助项目是国家社科基金项目主要类别之一，旨在鼓励广大人文社会科学工作者潜心治学，扎实研究，多出优秀成果，进一步发挥国家社科基金在繁荣发展哲学社会科学中的示范引导作用。后期资助项目主要资助已基本完成且尚未出版的人文社会科学基础研究的优秀学术成果，以资助学术专著为主，也资助少量学术价值较高的资料汇编和学术含量较高的工具书。为扩大后期资助项目的学术影响，促进成果转化，全国哲学社会科学规划办公室按照“统一设计、统一标识、统一版式、形成系列”的总体要求，组织出版国家社科基金后期资助项目成果。

全国哲学社会科学规划办公室

2014 年 7 月

自　序

人类正处在一个文明转型的巨变的时代。中国“应乎天而时行”，将是引领这一“化成天下”的历史进程的希望之邦。

现代世界的生产方式正在经历革命性的变化，经济基础上的“轴心”转换已经上演：表面上看，资本的逻辑依然占据着统治地位，但是在资本的内部，“物质主义”正在被“以人为本”所替代。用马克思的术语来说，在资本主义的“异化”关系中，在“物的权力”与“社会劳动”的较量中，由于“劳动能力作为资本”的现实日益突出，人的一端逐渐超过物的一端而占据了上风。

发展，归根结底，是人本身的发展。而长期以来，主流发展观以一种“物质主义”的话语将人的发展遮蔽起来。在最好的情况下，人的发展不过是物质主义进步的附庸；在最坏的情况下，正是以牺牲人的发展来换取物质主义的繁荣。是时候要让这种扭曲的主流发展观和发展话语退场了。真正的发展，本质上就是每一个人本身的发展！真正的发展必然遵循这样的伦理原则：“每个人的自由发展是一切人自由发展的条件。”这是马克思为人的发展超越资本的逻辑的统治，所指明了的方向。

中国在“以人为本”的发展道路上的探索是卓有成就的。“尊重知识，尊重人才”的价值理念的确立，已经显露出其中的端倪。邓小平说，我国的发展具有一个无与伦比的潜在优势，就是蕴藏于人民中的数以亿计的人才资源。的确，从发展潜力上看，中国拥有无与伦比的人才资源优势。然而，能否成功地开发中国所蕴藏的人才资源，起决定作用的是我们在人才资源开发过程中作出的价值选择。中国未来优势的实现是一个关于“人的发展”道路抉择的伦理挑战，它要求拓展每一个中国人自由发展的空间。

本书以马克思“每个人的全面而自由的发展”为价值取向，以一种整体性思维的广阔视野，将中国迈向人才大国的现实性和可能性置于人类现代化进程的大背景中予以审视，全方位多视角地探讨了中国人才资源开发所涉及的历史哲学、伦理准则、观念变革、文化演进、理论生长与战略思维，以及实践中所面临的难题和机遇，描述和分析了当代中国知识与人才再生产体系的现代化转型，从而清晰地揭示了中国“人本”主义发展道路的内在逻辑。本书阐明了国家作为人才资源生态环境的本质，及其在持续改善这种生态上的作用。它强调中国人才资源开发的关键，在于国家的力量与个人的力量，应该围绕拓展每一个人自由发展的空间而构成富有张力的和谐。

这本书的产生，首先要感谢我的恩师，已故的薛汉伟先生！薛先生最初引导我关注“邓小平人才资源观”这个主题，并给予我多方的支持、鼓励和期许。本书初稿的雏形早在十年前即已具备，在这个今天看来显然有些漫长的成书过程中，有众多师长、同事和朋友曾为这本书付出辛劳，注入智慧和予以关怀。是他们促成了本书能以今天这样的面貌问世。当然，书中不可避免会存在的纰缪之处，应该完全由作者本人负责。北京大学易杰雄先生、中国人民大学秦宣先生曾审阅初稿。北京大学程立显先生、孙代尧先生、郭建宁先生和李翔海先生曾大力推荐本书，同时，我所在的北京大学马克思主义学院的历任领导，从陈占安先生到孙熙国先生，都对本书的写作和出版给予关心和支持。在此谨向各位先生致谢！

本书的文字也曾伴随我跨越大洋的学思旅程：从北京到檀香山、亚特兰大、多伦多，再回到北京，因此，本书也受益于多位我有幸交游的外国学者的启发，尤其是书中关于价值观教育的论述，在此要特别向夏威夷大学的安乐哲（Roger T. Ames）先生、Gay Garland Reed 教授、麦恒德（Hunter McEwan）先生和瑞大伟（David P. Ericson）先生、许笛教授，多伦多大学的 Mark Evans 先生和许美德（Ruth Hayhoe）教授表示我的感谢！正是去年的这个时节，我在多伦多大学郑裕彤东亚图书馆的书桌上，将已列入国家社科基金后期项目的书稿校订完成。结项报告是通过互联网委托我的研究生杨菁代为提交的，在此向杨菁博士表示感谢！在我两次访学域外期间，德育教研室的同事们分担了我的教学和服务工作任务，他们的付出也为本书的写作和修改提供了助力。在此感谢祖嘉合教授、李毅红教授、宇文利教授、秦维红女士、张会峰先生和李健先生！

感谢国家社科基金的资助，以及先后匿名评审本书稿件的多位专家和学者！

最后，我要感谢我的妻子陈静如女士和女儿辰辰！来自你们的支持和温馨是无所不在的。本书诞生的过程中有我们多少会心的微笑啊！当我有时感叹文章寸心偶得之际，往往会听到你们善意的覆瓿之誉。如今，这些文字终于如树木的叶片一样在阳光下绽开。感谢你们！

《易》曰："乾道变化，各正性命……含弘光大，品物咸亨。"又曰："君子以教思无穷，容保民无疆。"本书为中国的发展和中华民族的伟大复兴而作。愿本书的所思所述能为我们伟大祖国的繁荣昌盛，及天下每一个人自由而全面的发展贡献绵力。

本书不足所在多有，敬祈方家不吝赐正。是为序。

杨柳新

2014年11月28日

序于北京西二旗跬步阁

目　录

Contents

导言　为了每个人的自由而全面的发展

本书的主题与中国未来发展的“优势”有关。邓小平曾经充满自信地断言：“我国的经济，到建国一百周年时，可能接近发达国家的水平。我们这样说，根据之一，就是在这段时间里，我们完全有能力把教育搞上去，提高我国的科学技术水平，培养出数以亿计的各级各类人才。我们国家，国力的强弱，经济发展后劲的大小，越来越取决于劳动者的素质，取决于知识分子的数量和质量。一个十亿人口的大国，教育搞上去了，人才资源的巨大优势是任何国家比不了的。有了人才优势，再加上先进的社会主义制度，我们的目标就有把握达到。”① 邓小平指出的这种无与伦比的优势，是我们必须通过创造性的努力去争取的战略优势。在目前，我们还远没有实现这种优势，它只是我们正在追求的一种未来发展“境界”。

马克思和恩格斯在1848年发表的《共产党宣言》中曾经满怀信心地明确宣告，一种新的人类社会形态必将到来，它“将是这样一个联合体，在那里，每个人的自由发展是一切人的自由发展的条件”。随后，在《资本论》中，马克思指出未来社会是“一个更高级的、以每个人的全面而自由的发展为基本原则的社会形式”②。所谓全面发展就是要使人成为完整的人，全面地占有自己的本质，要使人的体力和智力都获得发展和运用，要“完全自由地发展和发挥他的全部才能”。可以说人的全面发展就是人的自我实现的最高境界。所谓自由发展就是：“人终于成为自己的社会结合的主人，从而也就成为自然界的主人，成为自身的主人——自由的人。”③ 作为一种理想境界，人的自由而全面的发展，是人的彻底解放，人摆脱了发展不全面和不自由的状态，进入了完全自由创造自己历史的

① 《邓小平文选》第3卷，北京，人民出版社1993年版，第120页。

② 《马克思恩格斯全集》第23卷，北京，人民出版社1972年版，第649页。

③ 《马克思恩格斯选集》第3卷，北京，人民出版社1995年版，第760页。

状态。

对于像我们中国这样执着而坚定地以马克思主义信仰、原理和方法为指南的实践者，我们应该把“每个人的全面而自由的发展”作为一种发展的伦理原则运用于现实的发展实践之中，而不仅仅将其视为一个高悬的理想。在马克思看来，每个人的全面而自由的发展是社会主义社会的基本原则。这一原则深刻地揭示了个人发展与社会发展之间的关系：“每个人的自由发展是一切人的自由发展的条件。”①这种关系也是社会主义社会处理个人发展与社会发展之间的价值关系的准则。每个人的全面而自由的发展是前提和基础，只有立足于每个人的全面而自由的发展，才能够建立自由人的联合体，才能够保证一切人的全面而自由的发展。马克思认为，实现每个人全面而自由发展的必要前提是“生产力的普遍发展和与此相联系的世界交往”。②

大体上看，当今时代在生产力发展和全球普遍交往方面已经迈出了巨大的步伐，但是在文化教育高度发达和普及，使每一个人都能够自由地发挥自己的创造才能，也具备享受社会精神文明成果的条件方面，人类的步伐相对滞后，而且在人的才能发展上个人之间、群体之间、民族之间、国家之间和区域之间的不平衡极为突出。

令人惊异的现实情况是，人类在普遍意义上的生产力发展与全球交往的发展，并没有缓解个人才能发展的种种不平衡，而是伴随着一个更加不平衡的局面和差距进一步拉大的趋势。尽管在总体上人类的才能是在逐渐提高的。这种情况就好像现代经济发展图景中常见的一个困境那样：国家的 GDP 呈现增长，但是社会的贫富分化和社会分裂却愈演愈烈。我们也许可以这样看，个人才能发展不平衡的现象与经济增长过程中的社会分裂之间似乎不无联系？

通观现代生产力、人类才能和个人（世界性）交往的发展，对这三者之间的关系大致可以这样假设：人类才能发展的水平、格局与和谐程度主导着生产力与交往发展的水平、格局与和谐程度。在这个关系中，最关键的主导因素是人类才能发展的和谐程度，即个人才能发展的平衡状况。个人才能发展的平衡将直接影响人类才能发展的总体格局和水平，而这又将决定性地影响到生产力和交往的发展。现代生产力所包含的“异化”性质，以及现代交往的“物化”特征，都源于人类能力发展的不

① 《马克思恩格斯选集》第 1 卷，北京，人民出版社 1995 年版，第 294 页。

② 《马克思恩格斯选集》第 1 卷，北京，人民出版社 1995 年版，第 86 页。

平衡。消除这种不平衡，将必然带来生产力的极大解放和人性化交往的复归。

继物成为资本之后，人本身也成了资本（人力资本），而且是最核心的资本。这是资本演化的两个步骤。在第一个步骤之中，人的才能发展的不平衡并没有受到足够的关注，因为物质资本吸引了人们的大部分视野。第二个步骤出现之后，人的才能发展不平衡的问题就突兀地暴露出来。很显然，消除这种不平衡是全面提高人力资本数量和质量，以及经济组织进化的最有效手段。如果人类才能发展的不平衡在普遍意义上被消除了，可以想见，资本，包括物质资本和人力资本在内的全部“物化”的剥削关系，就都会被超越。

本书从发展伦理学的角度，以马克思提出的“每个人的全面而自由的发展”为价值准则，描述和分析了当代中国人才资源开发体系的现代化转型，并且指明了中国通往人才大国之路的方向。从发展潜力上看，中国拥有无与伦比的人才资源优势。能否成功地开发中国所蕴藏的人才资源，起决定作用的是我们在人才资源开发过程中作出的价值选择。在很大程度上，中国未来优势的实现是一个关于“人的发展”道路抉择的伦理挑战，它要求拓展每一个中国人自由发展的空间。

本书提出了“发展空间”和“人才资源生态环境”这两个关键概念。它们从微观和宏观两个方面相互结合，共同界定了本书的基本分析框架。个人的“发展空间”可以理解为一种具有三个维度的观念结构，从发展的“原点”伸展开来的三条轴线分别为：权利、交往和知识。个人的发展空间概念，提供了一种从微观角度解释现代化进程的分析框架。在这个微观的发展空间中，“现代化”意味着个人发展的基本自由、社会资本和知识水平的全面提升。那么，国家对于个人发展空间的拓展负有怎样的职责？借用生态学的观念，可以把国家作为一种人才生长的生态环境。人才资源生态不仅是指人才所处社会中的物质生活环境、制度环境、知识共同体和社会关系的状况等相对有形的方面，而且也包括社会中的思想、观念、信仰、习俗等无形的精神因素所构成的文化氛围或人文生态。人才资源生态环境的适宜性决定了环境中人才资源开发的成就和可持续性。从这个意义上讲，国家的职责就是创造一种适宜的环境，使每一个公民都能获得自由发展的空间，而且这种有保障的空间能够持续地拓展。

本书将人才资源开发理解为知识与人才再生产的同义语，从而展开了一个观察人才资源开发问题的完整的视野。本书对人才资源开发问题的探讨，着重于阐明国家作为人才资源生态环境的本质及其在持续改善这种生态上的作用。就实践指导意义而言，本书强调中国人才资源开发的关键是，国家的力量与个人的力量应该围绕拓展个人自由发展的空间而构成富有张力的和谐。

从人的发展意义上理解人才资源开发是本书的一个基本观点：一个社会普遍性的人的发展乃是人才资源开发的源泉。人才资源开发是人的发展过程中的产物。在社会政策中，“为人才开发而开发”的计划、管理、制度改革、培训、投入倾斜等都只具有相当有限的意义。成功的人才资源开发，都是把上述开发技术与社会环境的系统变革有机结合起来的典范。这里的逻辑关系不能颠倒过来，人才资源开发并不必然带来普遍性的人的发展，而一个社会的普遍性的人的发展则必然带来人才资源合理有序的开发。

工业时代的象征物是机器，工业生产体系的典型组织单位是企业。进入工业时代以后，家庭生产的逻辑，被企业生产的逻辑所取代。以往的家庭式生产是一种共享与互惠的生命共同体，而企业式生产却是一种纯粹逐利式人际联合体。工业时代还远没有成为过去，一个新的时代——以知识为基础的经济时代已经来临。以知识为基础的经济时代的象征物是网络，知识生产体系的典型组织是大学。大学代表另一种社会类型，它是“为知识而知识”的人际联合。这个时代的社会越来越成为一种“超级大学”：为了在不断变化的环境中建设充实、和谐与幸福的生活，每一个人都自由地参与知识的学习、研究和创造。

人类已经演化到了现代信息网络遍及全球的阶段，全人类的知识化成为一种必要的生存手段。每一个人都应该在知识上得到适合自己天赋的充实；人们之间应该自由地交往，而通过交流又可以增长知识。在这个信息网络联通每一个人的阶段，人们之间无论在知识和交往方面的发展都是休戚与共的。与人们处于相互隔绝和联系不便的状态不同，知识活动的目的不再是少数人的高雅趣味，交往活动也不只限于彼此分裂的阶级内部的交往，这个时代的知识活动与交往活动的发展方向是知识的普及与普遍交往，从而保证每一个人全面而丰富的生活，以及整个社会共同生活的福祉。

从当前经济活动的现实来看，在资本与人的关系上已经显示出虽然微妙但是意义深远的变化：资本雇用人正在被人雇用资本所替代。例如在风险资本游戏中，资本是“物化知识”，人才是“活知识”，活知识雇用物化知识。风险资本已经不是常规意义的资本。在“知识经济”中，活知识对物化知识的雇用是常态。可以预见，在以知识为基础的经济时代，普遍的“知识平等”是社会和谐发展的必然要求。这种平等的关键不是结果上的平等，也不是简单的机会平等，而是无数机会的开放，从而充分满足个人自由发展的需要。

现实中的种种变化都表明，当前的人才资源开发问题必须置于时代大变革的背景中才能得到合理的理解。为了适应变革，我们需要新的价值观或关于发展的新伦理：既包括新的经济价值尺度，也包括处理个人、社会、国家和世界发展问题的新伦理原则和秩序。一方面，我们需要新发展伦理反映现实经济生活价值重心的转移。变动着的经济生活所强调的价值重点应该在发展伦理的价值体系中得到合理的肯定。如知识和人才的经济价值的凸显。另一方面，我们需要新发展伦理批判现实经济生活中不合理的价值体系。如人的发展机会的价值、每一个人作为潜在的人才的价值，在现有的经济价值体系中远远没有得到应有的重视。

与人才资源相关的发展伦理的核心，是人民在知识再生产与人才再生产方式中的权益保障问题。现代社会，无论是发达国家还是发展中国家都需要朝着这样一个方向努力：保证每一个人拥有与他人平等的实质自由，如基本的物质福利、教育机会、在地方事务和国家事务中参与民主决策的权利等。这些自由或权益是个人充分参与知识再生产和社会交往的前提。

本书把人才资源作为一种社会建构的“事实”，而不是一种稳定的“实体”。人才资源的社会建构特性与自然资源作为稳定实体的特性根本不同，自然资源是一种实实在在“在那里”的、数量和质量固定的对象，而人才资源却完全不是一种可以直接感知的、数量和质量恒定的对象，它的蕴藏状况与整个社会的性质和人的发展状况相关，它的利用与社会开发人才资源的方式相关。也就是说，人才资源在何种意义和程度上存在和被利用，主要取决于人的发展状况和社会开发人才资源的方式：人的低度发展与不合理的开发将意味着人才资源的匮乏和日益枯竭；人的高度（全面而自由的）发展与合理的开发将意味着人才辈出，取之不尽，用之不竭。

人才资源正如通过透镜从阳光中撷取的火焰，没有火热的阳光和精巧的透镜就无法聚焦成火焰，这阳光就是社会中人的发展的基本状况，这透镜就是社会的人才资源开发体系。如果想要得到更旺的火焰，根本的问题是要找到更强烈的阳光和更好的透镜。因此，我们必须研究整个社会人的发展条件和环境，研究人才资源开发的价值观和制度体系。现代个人的更自由而全面的发展状况，以及更合理的人才资源开发方式，是人才资源“取之不尽，用之不竭”的真正奥秘所在。

本书不是一幅工笔画，而是一系列的速写，意在勾画当代中国知识与人才再生产体系伟大转型的轮廓。书中关于人才资源开发问题的探讨，着重于阐明国家作为人才资源生态环境的本质和作用。本书的旨趣是伦理性的而不是技术性的，这种伦理探讨的核心，是基于“每个人的全面而自由的发展”原则，对个人发展空间的不平衡现实作出批判性的分析。目的不是为了提出一种关于人才资源开发的预言或政策建议，而是为了引入一种看待人才资源开发问题的更为全面的视角和价值观。从一定意义上讲，书中表达的基本观点，以及对于影响中国未来优势的难题的具体分析，其着眼点并不在于提供解决现实问题的操作方法，而是为了建立一种引发更深入思考和讨论的基础。

第一章　发展伦理与中国的人才资源

一、人才资源开发与价值选择

人才资源对于国家的兴衰从来就具有极其重要的作用，在人类走向知识经济时代的今天，人才资源的重要性与日俱增，几乎所有国家都把人才资源视为一种关键的战略资源。人才资源的开发是一项复杂的系统工程。一方面，如同自然资源的开发一样，它涉及一种技术性的过程；另一方面，人才资源的人性的和社会性的本质，决定了人才资源开发必然包括一系列复杂的价值选择。人才资源首先是人，其次才是资源。也就是说，人首先是目的，其次才是手段。从根本上肯定人本身作为目的在价值上的至上性，这是我们理解人才资源的一个基本的伦理原则。只有在这个伦理原则基础上，我们才可能正确地理解：人既是目的又是手段，以及人才既是人又是资源。

关于人才资源开发的技术性问题的研究已经是一个相当发达的专业领域，技术性的考虑主宰了当今绝大多数关于人才资源开发的讨论，以至于无论是专家还是作为专家意见接受者的决策层与公众，大多以为技术性的考虑已经包括了开发人才资源所应该考虑的全部方面。人们往往认为，人才资源不过就是一种资源，开发人才资源就是一种技术性的过程而已；对于人才资源开发，非技术性的问题是不存在的，与技术性无关的问题是不值得一提的，甚至是可笑的。在这一点上，本书的观点是，人才资源开发的技术性讨论应该置于一种合适的位置，它显然具有相当的重要性，但是这种重要性并不意味着它代表了重要问题的全部，在非技术性或与技术无关的层面，同样存在着极其重要甚至更为重要的问题，其中最重要的部分是关于价值选择的伦理问题；技术性的问题无法也不应该取代非技术性的问题，而是与非技术性的问题相互补充。

既有的关于人才资源的研究主要是两类：一类是类似于矿产资源的资源调查，它具有自然科学般的精确性和严谨性。为了适应其定量研究而采取一种由量化指标（如受教育年限）组合起来的人才定义和人才类型分类。另一类是关于改善人才资源状况的对策性意见。这些对策或者针对某一类型人才，如科技队伍、企业家、党政干部等，或者针对某一地区的人才开发战略和计划，总之都是一些不涉及伦理反思的操作性意见。在两种研究类型之间还有这两者混合的变体，这些变体或侧重于资源调查，或侧重于资源开发对策。很明显，虽然着眼于长远的、整体的和可持续性的思考是必需的，但是在当前的人才资源开发研究中，这种研究却是最为缺乏的。

没有恰当的方法和合理的价值观，对人才资源状况的“科学”研究是值得怀疑的。没有整体和长远眼光的对策性意见，也只是“意见”而已。我们认为，对策虽然是研究的最终目标之一，但在走向这一目标之前，必要的伦理反思是保证对策合理性的基础。所以，本书的任务主要不是重复上述资源调查与对策建议的工作。应该肯定，在这两个方面已经产生了不少有价值的成果，伦理反思的工作在一定意义上是对这些工作的一种补充，而不是一种替代。我们对人才资源的某些状况了解得越多（虽然不一定是了解得越深），我们就对改善人才资源状况和人才开发问题产生越来越丰富的“意见”，与之相关的伦理反思也就越是一项紧迫的理论任务。

从广义上讲，技术性问题不仅仅是人才资源状况调查涉及的观察、问卷和统计，以及人才资源开发规划过程中的试验、计量、预测和建议等，专家们经常强调的“制度选择”或“制度变革”在很大程度上也属于一种技术性的问题。因为在讨论制度选择时，对于制度的价值基础是不加追问的。自由主义倾向的专家所说的制度选择，依据的是自然演化论的逻辑，其制度变革的方向往往是指向一个更为自由开放的市场经济体制及其相关的法律与道德；其他倾向的专家意见也许主张加强政府的权威和宏观控制的力度，或者强调应该增强社会凝聚力，以及发挥传统文化的作用等等。所有这些关于制度选择的主张在形式上有一个共同点，就是它们只涉及制度变革“应该怎样”，而不论“为什么”如此？因此，这些所谓的“制度选择”，只是某种预设的价值观前提之下的技术性论证。在技术性的考虑之外，我们认为，人才资源开发的价值选择是值得深究的问题所在。我们要追问：这些制度主张背后的价值观是什么？这种价值观本身的性质如何？它是否适合讨论中涉及的发展的现实？正是这些可以称之为发展伦理的问题，成为本书关注的焦点。当然，本书对价值选择的关注无意于去取代技术性的研究，而是对包括技术性讨论在内的整个问题的一种伦理反思，其目的是与技术性研究联结成一种全面的视角，从而在更为完整和深入的意义上理解人才资源开发。

一旦我们把视野转向对于人才资源开发的价值取向的全面探究，我们就发现，纯粹从技术性上考虑人才资源开发问题其实是一厢情愿的幻觉，因为，在这里根本就没有纯粹技术性的问题。从人才的定义到基本发展观，从统计指标的设计到制度路径的选择……整个过程及其所有的环节和侧面，都渗透着价值选择。正像瑞典经济学家冈纳·缪尔达尔在《亚洲的戏剧》中所说："除非在广泛的政治和社会结构中进行研究，否则，不能理解经济发展。"① 本书认为，我们也处于相似的情境中：除非在一种广泛的，随着时代发展而变化着的价值背景下进行研究，否则，不能理解作为发展的关键环节的人才资源开发问题。

二、发展空间与人才资源生态

发展空间概念的提出，着眼于个人自由地参与社会活动与充分发展和发挥其才能的现实可能性。个人的再生产状况，包括个体生命本身和代际的再生产状况，是发展空间描述的对象。构成个人发展空间的三个要素是：权利、交往和知识。这是一个理论空间，权利、交往和知识是这个空间的三条轴线。

个人发展空间的具体格局是由各种制度围合的，这些制度标定了三条轴线上的具体刻度。如政治法律制度标注在"权利"轴上；经济体制、社会习俗和文化传统等主要在"交往"轴上形成各种界限；教育、科学与研究的体制和文化传统主要在"知识"轴上显示出来。想象一下还没有普及9年义务教育的贫困山区的孩子们的情况：在这种情况下，孩子们受教育的权利没有得到保障，教育制度本身也是有缺陷的，再加上地域的隔绝、通讯和交通不便、社会认同的狭隘性等，这意味着他们的发展空间非常狭小。他们的发展空间如果标示在三维坐标图上，就只是原点附近的一小块区域。

---

① 冈纳·缪尔达尔：《亚洲的戏剧：对一些国家贫困问题的研究》，北京，北京经济学院出版社1992年版，第2页。

“发展空间”的“权利”、“交往”和“知识”三维结构，也可以作为观察社会宏观发展格局或现代化进程的一个分析框架。就当今人类发展的总体局面而言，全世界各个国家作为不同发展能力的群体，形成了一种“中心—半边缘—边缘”的分层结构。在权利、交往和知识三条轴线标示的人类总体“发展空间”中，“边缘”国家处于原点附近区域，“中心”国家处于三条轴线的远端，两者之间是“半边缘”国家所处的地带。“发展”或“现代化”意味着个人发展的基本自由、社会资本和知识水平的全面提升，直观地表示在三维坐标图上，就是一条从原点向外展开的曲线。就人类个体而言，从一个方面来看，处于这一世界格局中的不同能力的个人要么属于权利、交往和知识“股份”的持有者，要么属于这些发展性资产的贫困者或无产者，彼此之间陌生而疏远。然而，从另一方面来看，在同一国家内部，公民之间在发展上的分化也为某种“家庭”式的氛围所笼罩，由于公共物品的供给系统以及从平衡角度考虑的再分配机制的调节，国家内部维持着某种凝聚和温情。

人的发展是围绕权利轴线展开的，个人权利的扩大与个人发展的自由度密切相关。权利表示个人作为社会成员和国家公民合法地拥有和利用各种生存与发展资源的可能性。国家赋予个人的合法权利界定了个人所享有的实质自由。权利轴从“原点”出发，显示出个人的实质自由从“剥夺”到充分“保障”的程度。

阿马蒂亚·森确立的“作为自由的发展”的观念可以作为理解这条轴线的理论基础。阿马蒂亚·森认为“发展可以看作是扩展人们享有的真实自由的一个过程。聚焦于人类自由的发展观与更狭隘的发展观形成了鲜明的对照。狭隘的发展观包括发展就是国民生产总值（GNP）增长，或个人收入提高、或工业化、或技术进步、或社会现代化等等的观点”[①]。这些都只是促进自由的手段，也许是非常重要的手段，但是，这些必要条件并不是扩展自由的充分条件。自由同时还依赖于其他决定因素，诸如社会的和经济的安排（例如教育和保健设施），以及政治的和公民的权利（例如参与医疗公共讨论和监督的自由）。[②] 自由的观点应该成为发展过程的指导性视角，个人被视为参与变化的能动的主体，而不是分配给他们的利益的被动接受者。[③] 实际上，发展空间的三条轴线都突出了个人

① 阿马蒂亚·森：《以自由看待发展》，北京，中国人民大学出版社2002年版，第1页。
② 阿马蒂亚·森：《以自由看待发展》，北京，中国人民大学出版社2002年版，第1页。
③ 阿马蒂亚·森：《以自由看待发展》，北京，中国人民大学出版社2002年版，第25页。

作为能动主体的视角。

阿马蒂亚·森认为，发展要求消除那些限制人们自由的主要因素：贫困以及暴政，经济发展机会的缺乏以及系统化的社会剥夺，忽视公共设施以及压迫性政权的不宽容和过度干预。①他指出，排除严重的不自由对发展是有建构性意义的。“扩展自由被看成既是发展的首要目的，又是发展的主要手段。消除使人们几乎没有机会来发挥其理性主体的作用的各种类型的不自由，构成了发展”②。

发展是扩展那些相互联系着的实质自由的一个综合过程。从“工具性”视角来看，这些相互联系的自由包括：政治自由；经济条件；社会机会；透明性保证；防护性保障。这些不同类型的权利和机会各自促进一个人的一般性可行能力。它们也可以互相补充。③

政治自由（表现为言论民主和自由选举）有助于促进经济保障。社会机会（表现为教育和医疗保健）有利于经济参与。经济条件（表现为参与贸易和生产的机会）可以帮助人们创造个人财富以及用于社会设施的公共资源。增进人的可行能力和实质自由的公共政策一般可以通过促进这些不同的、相互关联的工具性自由而发挥作用。④ 这些工具性自由能帮助人们更自由地生活并提高他们在这方面的整体能力，同时它们也互相补充。关于发展的分析，一方面必须注意到使这些工具性自由具有重要性的目的，另一方面也要注意那些经验联系，是它们把不同的工具性自由结合成一体，并加强了它们共同的重要性。实际上，这些联系对充分理解自由的工具性作用有中心意义。⑤

自由涉及确保行动和决策自由的过程，以及人们在给定的社会环境下所享受的机会。前者关乎合理的制度和程序，后者关乎实质性自由的具体状况。过程和机会层面的自由这两者各具重要性，它们在理解作为自由的发展时是紧密联系，不可割裂的。⑥

以自由看待发展的观点也使我们能够领会社会价值观和流行的道德伦理的作用，它们可以影响人们享有的，并有理由珍视的自由。对自由的行使以价值观念为媒介，而价值观念受公共舆论和社会交往的影响，

---

① 阿马蒂亚·森：《以自由看待发展》，北京，中国人民大学出版社 2002 年版，第 2 页。
② 阿马蒂亚·森：《以自由看待发展》，北京，中国人民大学出版社 2002 年版，第 24 页。
③ 阿马蒂亚·森：《以自由看待发展》，北京，中国人民大学出版社 2002 年版，第 32 ~ 33 页。
④ 阿马蒂亚·森：《以自由看待发展》，北京，中国人民大学出版社 2002 年版，第 7 页。
⑤ 阿马蒂亚·森：《以自由看待发展》，北京，中国人民大学出版社 2002 年版，第 32 页。
⑥ 阿马蒂亚·森：《以自由看待发展》，北京，中国人民大学出版社 2002 年版，第 12 ~ 13 页。

后者自身又受到参与性自由的影响。[①]

权利界定的自主程度、赋予个人的权利以稳定性、社会的政治经济体系对基本权利的保障程度，这三个方面对个人的自由和发展具有实质性的影响。如果权利不是由个人作为人的天然资格或个人之间的民主协商而决定，而是由某种特权的专断来决定，个人的人权和自由发展的权利就可能被扭曲。如果个人所拥有的权利随着政策的波动而波动，个人发展的稳定性也会受到干扰。如果一个社会在法律上认定的公民基本权利数量和范围都相当有限，而且也没有足够的经济资源来保证实现这种法律形式上的权利，那么个人的发展就会从根本上受到阻碍。现代国家在调节权利的配置上具有最为重要的地位和影响力，在一定意义上，国家的这种作用是不可替代的。

交往表示个人在社会生活中相对稳定的关系网络，按照社会学的术语可以称之为“社会资本”。交往作为个人发展的一个重要维度，是马克思主义历史观的基本观点。

对个人历史命运的关注是马克思历史观的一个基本立场。马克思认为，“全部人类历史的第一个前提无疑是有生命的个人的存在”。[②] 生命的个体性不能还原成“社会”性，倘若社会变成凌驾于个体之上的抽象实体，那只能意味着人失去了现实性；同时，人作为一种“类”的即“社会性”的存在，也不能脱离社会，否则他就同样失去了生命的现实性。在此意义上，个体生命与社会之间，是既“对立”又“统一”的矛盾关系。[③]在历史发展的不同阶段，个人的存在状态是不同的。在资本主义时代，生产力表现为一种完全不依赖于各个个人并与他们相分离的力量，于是，这些个人丧失了一切现实生活内容，成了抽象的个人，然而正因为这样，他们才有可能作为个人彼此发生联系。资本主义时代的个人实际上是一种没有个性的“偶然的个人”，超越资本主义阶段之后出现的社会，是个人的一种联合，这种联合把个人的自由发展和运动的条件置于他们的控制之下，个人作为“个性的个人”而不是阶级的成员联合成一种真实的集体，“各个人在自己的联合中并通过这种联合获得自己的自由”。[④]在马克思看来，从“偶然的个人”向“个性的个人”发展，是现

① 阿马蒂亚·森：《以自由看待发展》，北京，中国人民大学出版社 2002 年版，第 7 页。

② 《马克思恩格斯选集》第 1 卷，北京，人民出版社 1995 年版，第 67 页。

③ 贺来：《辩证法与人的存在》，载叶汝贤、孙麾主编《马克思与我们同行》，北京，中国社会科学出版社 2003 年版，第 184 页。

④ 《马克思恩格斯选集》第 1 卷，北京，人民出版社 1995 年版，第 119 页。

代阶段个人发展的必然过程。在这个过程中，有一个从前者向后者过渡的关节点，这就是个人从“只生产自己的物质生活和与这种物质生活有关的东西”，转变到为“世界市场”而生产并参与世界性的普遍交往。马克思在《德意志意识形态》中曾经着重分析过，狭隘的、地域的和民族的个人向世界历史性的普遍的个人转变的必然性。

对于本书的讨论而言，我们在继承这种经典解释的基础上，还应该提出一种分析交往扩展的经济意义的工具性假设。交往对于人的发展具有广泛的意义，通过交往，人们能够实现地域性的流动与社会流动，增进相互信任和相互理解。

人们之间的交往，从社会学的角度看，是一种创造社会资本的主体互动过程。社会资本是指人们在社会生活中所依托的人际关系网络，这一网络既是结构性的，又是规范性的。特定的结构性关系与维系这一关系的制度、规范和价值观是相互依存的。比如，一个家族群体结构及其宗法制度、习俗和价值观；一个俱乐部的扁平组织与民主氛围；一个科层组织和它的等级制度，以及上下有别的“游戏规则”。在作为分析工具时，可以把交往网络的“结构”和“规范”区别开来，这就是结构型社会资本和规范型社会资本。①

从微观、中观和宏观上看，社会资本可以分为三种：其一是指地方性的关系和水平的人际交往。罗伯特·普特南在论述意大利民间团体的重要著作中，将社会资本定义为诸如个体和家庭网络这类社会组织以及有关的规范和价值观，它们具有这样的特征，即能够给整个社区创造外部性，也就是说网络内部的利益“溢出”网络之外，影响及于网络所在的整个社区。当然，社会资本的外部性并非都是正面的。类似于意大利黑手党和卢旺达“英特纳哈维”（interahamwe）这样的残暴组织就表现出负的外部性。在这种情况下，集团内成员享有社会资本的好处，而集团外的人利益受损。其二是中观层次的社会资本。詹姆斯·科尔曼将社会资本定义为“一系列不同的实体，这些实体都具有社会结构的某些特征，并且能够促使结构内部的参与者——无论私人参与者还是组织中的参与者——行使某种行为”。这个定义既可以容纳人们的水平型联盟，又可以容纳垂直型集团以及不同实体（如厂商）之间的行为。其侧重点超出了个体之间的关系，而暗示了集团之间的关系。其三是宏观层次的社会资

① 参见 C. 格鲁特尔特、T. 范·贝斯特拉尔编：《社会资本在发展中的作用》，成都，西南财经大学出版社 2004 年版。

本。在最广泛的定义域中，社会资本包括了塑造社会结构，促使规范发展的社会环境和政治环境。除了前面两个定义包括的地方关系、水平关系和科层关系（大部分是非正式关系），这个宏观层次的定义还包括了最正式的制度关系和制度结构，比如政权、法律规则、法院体系、公民自由和政治权利。①

作为交往网络的社会资本影响发展的作用机制，包括了几个相关的因素，如信息分享、互利互惠的集体行动和决策制定。②

关系到个人发展的交往主要受个人所处的职业群体、地域环境和个人的文化认同三个方面因素的影响。现代社会的职业群体可以分为三个大类：常规生产服务者、直接服务者和符号分析服务者。③ 不同职业群体之间存在不易逾越的界限，现代社会专业化“分工”不断强化的趋势，进一步加深了三种职业群体之间的鸿沟。这可以称之为社会资本的“专业化界限”。在界限之内，职业群体内部的个人交往具有比较灵活多样的形式，个人能够较为自由地积累和利用其社会资本；而在职业群体之间，交往的可能性和需要明显降低，沟通也变得更为困难。例如，一所大学的后勤人员、行政人员与教师之间互不搭界的交往方式。跨职业群体的稳定的社会关系网络，也许只有家庭这种形式或某些类似于家庭的组织。

地域界限、民族与文化的界限在交往中依然具有强大的影响。由于山川阻隔、路途遥远、通讯手段落后、信息媒体和计算机网络设施匮乏等，使人们无缘接触，无缘交流信息、产品和思想，相互学习的机会、贸易的机会、自我发展和改变生活的机会就无法被发现和利用。籍贯、肤色、体貌特征、宗教信仰、风俗、语言，甚至口音都成为维系与限制交往的因素。不过，在市场体制中运行的经济理性倾向于突破这些界限，在纯粹利益和互惠的基础上建立人们之间的互动。国家的某些行政体制与民族政策也可以促进人们跨越这些“自然”的界限而进行广泛的交往。

对发展有正面影响的交往主要是具有正外部性的主体互动网络。网络内部的互惠不足以说明交往影响发展的性质，而网络所在的整个环境若因网络的存在而受益，则网络本身是一种良性的、善的、有利于个人

① C. 格鲁特尔特、T. 范·贝斯特拉尔编：《社会资本在发展中的作用》，成都，西南财经大学出版社2004年版，第3~4页。

② C. 格鲁特尔特、T. 范·贝斯特拉尔编：《社会资本在发展中的作用》，成都，西南财经大学出版社2004年版，第5页。

③ 〔美〕罗伯特·赖克：《国家的作用——21世纪的资本主义前景》，上海，上海译文出版社1994年版，第176页。

与社会发展的交往形式。良性交往网络的扩展是发展的要素之一。

知识是人类精神对客观世界的反映，它是一种精神的产物，它最精致的部分是通过语言编码的形式来表达和传播的；在此之外，它还有一个也许占其绝大部分的经验成分，这些具体而生动的经验知识，是记忆图示、习惯和直觉等的混合体，是没有经过语言编码和理性抽象的。知识从最感性的到最抽象的，代表着人超越身体所处的时间和空间而活动的可能性。

编码和抽象知识的积累、扩散和延续，是人类特有的一种演化机制。通过这种机制，历史的生存经验被理解性地保存下来，而未来的道路也以概念、理论和设想等形式得到心智上的预演。就本质特征而言，人类是一种攀附在其语言符号创造物之上的生命存在。人认识、理解和驾驭语言符号的能力，即解释世界的能力，与人适应和改造外部世界的能力是一致的。

语言符号形成了一个客观的相对独立的世界，如果按照波普尔的分类法，它应该属于“世界3”。波普尔认为，存在着三重世界：物理世界，或物理实体的宇宙为“世界1”；精神状态世界，包括意识状态、心理素质和非意识状态是“世界2”；此外，还有第三世界，思想内容的世界，实际上是人类精神产物的世界，可以称之为“世界3”。[①]语言符号世界并不是“世界3”的全部，而只是其中未具体化的部分。[②]

知识依其编码的精致程度、抽象程度和扩散程度的不同，而对个人、群体和国家的发展具有不同性质和程度的影响。知识的高级程度与编码的精致程度和抽象程度相关，而与扩散程度无关。现代信息和媒体技术便利了知识的高级化，但其主要意义在于对知识扩散方式和程度的改变。信息和媒体技术对于个人发展的意义是双重的：就其扩散知识的功能而言，它对于人的发展有积极的贡献，但是，信息和媒体技术的商业化运用往往对人的发展构成巨大的威胁，因为商业化运用的信息和媒体技术往往强力刺激人的需要的低级层面，甚至进行颠覆人性的诱导，其目的只在于获得商业利益；它所关心的主要是作为购买力的人格化载体的人，而不是追求自我实现和发展的人。

---

① 卡尔·波普尔：《科学知识进化论》，北京，生活·读书·新知三联书店1987年版，第409～410页。

② 卡尔·波普尔：《科学知识进化论》，北京，生活·读书·新知三联书店1987年版，第413页。

一个民族语言群体往往是一个知识共同体“单元”。在世界通用的语言，如科学语言、数学、逻辑规则，以及作为国际交流语言的自然语言（如汉语、英语、西班牙语等）的基础上，全人类联结成了一种世界性或全球性的知识共同体。但是，无论是在民族国家知识共同体内部，还是在全球知识共同体内部都存在群体之间的知识分层和不同层次群体之间的知识隔阂。一小部分精英掌握着精致编码、高度抽象和小范围扩散的知识；他们是知识创造的核心群体，主宰着知识再生产体系的运转，构成知识共同体的中心。在半边缘区域，是作为编码知识和抽象理论的学习者和使用者的群体。处在外围的是不能理解和不会运用编码知识的群体。在开放世界中，民族国家知识共同体内部的“中心—半边缘—边缘”体系，可以重叠到全球知识共同体的相应格局体系之中。

从知识与发展的关系来看，发展意味着个人和群体从知识共同体的边缘向中心的有效移动。关于中心外围关系有两种理解：一种是国家间的，它是以国家为单位的。从某种意义上讲，国家是一种“想象的共同体”，它需要意识形态来唤醒和维持人们的共同体意识。另一种是由于市场中的资本占有关系而产生的中心阶层与外围阶层。在中心阶层中，有一个知识阶层。他们往往既是世界主义者，又是民族主义者。准确地说，他们并不是无根的或完全超然的世界主义者，而是具有双重或多重民族认同的民族主义者。在这里，国家并不是一个合适的分析单位，因为一个国家内部的个人和群体本来就分布于世界知识共同体“中心—半边缘—边缘”的各个区域。可以将某些知识精英富集的国家作为中心国家，知识精英稀少的国家作为外围国家。当国家内部的个人和群体向世界知识共同体的中心移动时，外围国家也就在向中心国家转变了。

国家对于个人发展空间的拓展负有怎样的职责？借用一下生态学的观念，可以把国家作为一种人的发展或者人才生长的生态环境。环境的适宜性决定了环境中人的发展或人才资源开发的成就和可持续性。从这个意义上讲，国家的职责就是创造一种适宜的环境，使每一个国民都能获得有保障的自由发展的空间，而且这种有保障的发展空间能够持续地拓展。

作为人才资源生态环境的国家为个人的发展提供了三个基本条件：一是社会共同体，即在一定政治经济治理结构下人们相对稳定的社会联合。二是知识共同体，即以学校系统和研究机构为主干的知识传授、研究和创造的组织体系。三是信息网络，即国家内部涉及信息基础设施、信息工具、语言、信息内容的网络。国家通过对上述三重结构的调节和重构，而影响和改变个人发展空间的格局。这种影响机制对于人才资源开发具有至关重要的意义。这意味着改善人才资源生态环境可以促进人才的成长和利用。

一个国家的人才资源生态状况，可以通过该国国民在世界总体发展格局中的“中心—半边缘—边缘”分布状态体现出来。人才资源环境的持续改善将使国民的分布向“中心”方向移动，这就意味着其国内将出现人才辈出、人尽其才的局面。这样看来，真正可持续的人才资源开发就是对人才资源生态环境的改造，其目标在于环境的和谐及其持续改善。

三、中国人才文化特质的养成

人才的成长依托于特定的文化环境或人文生态，而特定的文化环境或人文生态对于人才的文化特质的形成具有至关重要的影响。于是，如何养成中国人才特有的文化品格和道德品质，就作为一个核心问题凸显出来。国家和社会在营造中国特色的人文生态中的互动是这个问题的一个方面，其中尤为重要的是社会价值共识的形成和核心价值观的凝聚；不仅如此，另一方面，由于人才培养的关键在于教育，教育中的价值观与价值观教育对于人才文化特质的塑造就成为这个问题的焦点。

在经济学的视野中，人才被理解为人力资本。虽然作为人力资本的人才概念较为充分地呈现了人的时间价值与经济发展的内在关系，但是，人才作为人本身却超出了经济学和经济发展的眼界。在全面的发展理念和更广泛的人文视野中，人才应该被理解为具有特定社会和文化特质的人文资本。[①]基于这种人文资本的理念，为了理解中国人才的文化特质，我们以公民教育为视角，聚焦于当代中国大学的文化生态与价值观教育，来审视中国人才培养的文化脉络和价值取向。

文化全球化已经成为中国公民教育的一个现实语境。在今天全球性的多元文化交往背景下，任何国家的公民教育在文化认同上都面临着一个共同的主题：如何创造性地调理和整合本土文化与异域文化，传统文化与现代文化的关系，从而形成自己富有特色的公民文化。大学作为高等教育和文化创造的组织，在文化现代化的事业中扮演着重要的角色。

① 杨柳新：《人力资本与中国现代化——中国人力资本成长模式研究》，济南，山东大学出版社2003年版。

中国的大学负有一种创造中国特色社会主义文化的使命。在这里，我们以中国最有代表性的北京大学为例，以文化生态建设问题为核心，探讨开放与多元的文化环境对于当代中国高等教育的影响，从而透视中国大学校园中东西方文化互动的状况与机理，以及文化生态上本土与异域、传统与现代的交融对于大学生的文化认同、政治价值观和道德修养的意义。

当今中国大学的文化生态中最为突出的景观，就是来自“外面的”西方文化浪潮与来自“内面的”中国传统文化浪潮在大学校园中的交汇与激荡。若要寻找一种具体而微观的表现，我们可以观察一下学生们生活中的一个侧面：学英语和读古代经典。例如，在清晨的未名湖边，你最有可能听见两种晨读的声音，一种是诵读英文的声音，另一种是诵读儒道经典的声音。在今天的中国大学里，学生们投入学习时间最多的科目也许就是英语。尽管如此，由于多方面的原因，最终也只有少数学生能够真正熟练地掌握英语，并能够较为深入地理解英语所承载的文化。然而，在这个现象中真正令我们感兴趣的是：英语所代表的异域文化已经渗入中国的正式教育体系，并且参与塑造中国的公民文化。大约是从改革开放以来，中国大学开始重新重视中华传统文化经典的教育。今天看来，这股热潮方兴未艾，大有愈发高涨的势头。一方面，各大学纷纷成立国学研究机构，如北大的中国文化书院，人大的国学院和清华大学国学院等，同时，大学开设愈来愈多的以传统文化经典为核心的必修和选修课程。另一方面，学生们也表现出很大的兴趣和热情。在校园里有许多以学习和弘扬中华传统文化为宗旨的社团，如北大就有“儒行社”、“耕读社”、“禅学社”等。

大学校园的这两大现象恰似大学文化生态的两条坐标：学英语标志着连通中国与世界的“空间”之轴；读古经标志着贯穿中国的传统与现代的“时间”之轴。在“英语”的轴线上，我们看到的文化色彩和文化元素是：西方的、现代的、科学的、“先进”的、工具理性、市场经济、民主政体、法治社会、个人主义（人权、自由、平等、民主）等。在“古经”的轴线上，我们看到：中国的、传统的、人文的、“停滞”的、价值理性、小农经济、儒家价值观等等。

如果说大学是一个观察社会文化状况及其发展方向的窗口，那么，近观大学校园中这两条文化轴线上人们的行动与观念，我们或许会产生这样的疑问：中国文化将走向何方？是西方化还是儒家化？我们其实不难听到主张西方化或者儒家化的典型声音。例如，在北大有学者主张要在中国社会中开辟一块儒家文化保护区；[①]而学生中则有不少提倡国学与传统道德修养的学生社团。与此同时，在大学的 BBS 上，你很容易就能找到“读经误国”的帖子和讨论。这使我们有一种仿佛回到了大约 100 年前的中国的感觉，那时人们也在争论是“全盘西化”还是“尊孔读经”。然而，这两种相似的历史场合背后的差异也是明显的。首先，从文化心态上来看，没落的大清帝国是闭塞、保守与自卑的，而步入 21 世纪的中华人民共和国是开放、积极与自信的。其次，从文化交往的态势上看，清末西方文化的冲击动摇了古老中国的文化根基，以至于“全盘西化”成为一种主导性的文化意识；而今天的中国已经开始向全世界展示自己特有的文化：孔子学院已遍布于世界上 100 多个国家，而开放的中国大学正在接纳越来越多的外国留学生。显然，今天的中国正处于一个文化自主开放与中华传统文化复兴的时代。

其实，大学里的西方文化热与传统文化热，以及这两股热潮的交织，都只是大学文化生态的表层现象。在这个层面背后，还有一个来自执政的中国共产党的意识形态的文化主导力量。正是在这个国家意识形态的层面，我们看到了引导和调节文化生态的力量。早在新中国成立前夕，毛泽东在《新民主主义论》中就已指出，五四运动以来中国文化从旧文化向新文化演变的方向是：“民族的科学的大众的文化，就是人民大众反帝反封建的文化，就是新民主主义的文化，就是中华民族的新文化。”[②]在这个结论中，中国文化发展的基本方向已经确定下来，它是立足于民族文化传统根基的文化，是符合现代科学精神的文化，也是具有广泛性的社会大众的文化而非少数精英的文化；它反对帝国主义同时又反对封建主义，这意味着它既反对“全盘西化”，又反对复古主义。

新中国的社会主义文化作为新民主主义文化的后继者，继续沿着这个大方向前进，只是在文化的基本性质上有所变化，突出了文化的“社会主义”属性。今天中国文化建设的方向是“中国特色的社会主义文化”：“它渊源于中华民族五千年文明史，又植根于有中国特色社会主义的实践，具有鲜明的时代特点；它反映我国社会经济和政治的基本特征，又对经济和政治的发展起巨大促进作用。建设有中国特色社会主义，必须着力提高全民族的思想道德素质和科学文化素质，为经济发展和社会

① 张祥龙：《思想避难：全球化中的中国古代哲理》，北京，北京大学出版社 2007 年版，第 10～20 页，第 280～284 页。

② 毛泽东：《新民主主义论》，北京，人民出版社 1952 年版，第 62 页。

全面进步提供强大的精神动力和智力支持，培育适应社会主义现代化要求的一代又一代有理想、有道德、有文化、有纪律的公民。这是我国文化建设长期而艰巨的任务。”① “发展社会主义文化，必须继承和发扬一切优秀的文化，必须充分体现时代精神和创造精神，必须具有世界眼光，增强感召力。中华民族的优秀文化传统，党和人民从五四运动以来形成的革命文化传统，人类社会创造的一切先进文明成果，我们都要积极继承和发扬。”② “建设有中国特色社会主义的文化，就是以马克思主义为指导，以培育有理想、有道德、有文化、有纪律的公民为目标，发展面向现代化、面向世界、面向未来的，民族的科学的大众的社会主义文化。”③

中国共产党的十七届六中全会决议提出：“……高举中国特色社会主义伟大旗帜，以马克思列宁主义、毛泽东思想、邓小平理论和‘三个代表’重要思想为指导，深入贯彻落实科学发展观，坚持社会主义先进文化前进方向，以科学发展为主题，以建设社会主义核心价值体系为根本任务，以满足人民精神文化需求为出发点和落脚点，以改革创新为动力，发展面向现代化、面向世界、面向未来的，民族的科学的大众的社会主义文化，培养高度的文化自觉和文化自信，提高全民族文明素质，增强国家文化软实力，弘扬中华文化，努力建设社会主义文化强国。”④

通过高等教育培育社会主义新人，这是中国人才培养的国家战略。《国家中长期教育改革和发展规划纲要（2010—2020）》中写道：“中国未来发展、中华民族的伟大复兴，关键靠人才，基础在教育。” “在党和国家的工作全局中，必须始终坚持把教育摆在优先发展的位置。”⑤而中国共产党发展教育的工作方针就是：“坚持教育必须为社会主义现代化建设服务，为人民服务，必须与生产劳动和社会实践相结合，培养德智体美等全面发展的社会主义事业建设者和接班人。”⑥

中国大学教育的目标具有相互关联的两个方面：一是通过现代专业知识教育和博雅教育培养学生的科学素养与人文素养；二是在此基础上，主要通过作为公民教育的思想政治教育来培养“有理想，有道德，有文化，有纪律”的社会主义公民。前一个方面反映了中国大学作为现代大

---

① 《十五大以来重要文献选编》（上），北京，人民出版社 2000 年版，第 35 页。

② 《十五大以来重要文献选编》（下），北京，人民出版社 2003 年版，第 1908 页。

③ 《十五大以来重要文献选编》（上），北京，人民出版社 2000 年版，第 19 页。

④ http：//www. China. com. cn/policy/txt/2011 - 10/26/content_ 23726299_ 2. htm.

⑤ http：//www. Edu. cn/zong_ he87.

⑥ 《十五大以来重要文献选编》（下），北京，人民出版社 2003 年版，第 1836 页。

学的共性：科学精神与人文精神的融合。后一个方面则是一种国家战略和中国大学教育的文化特色。这两个方面的目标是一个统一体。

一方面，中国的大学是传播知识，探究真理，传承文化的现代学术共同体。另一方面，中国的大学也是中国共产党所领导的培养德智体美劳全面发展的社会主义建设者和接班人的社会组织。根据中国共产党的教育指导思想，大学教育应该“把大学生思想政治教育摆在学校各项工作的首位，贯穿于教育教学的全过程”①。在大学中开设专门的思想政治理论课程，是中国大学进行思想政治教育的主要途径。这些课程涉及马克思主义基本思想、中国共产党领导的革命与社会建设的历史、人生观、价值观、道德修养和法律基础知识等内容。在形式上，除正式课程之外，与之相配合的还有以了解社会和服务社会为内容的社会实践活动；校园的学术、科技、体育、艺术和娱乐活动等校园文化活动；依托于校园网的融思想性、知识性、趣味性和服务性于一体的主题教育网站，等等。与此同时，整个大学的教师、管理人员和学生辅导人员，以及党团组织等也配合和参与学生的思想政治教育。大学思想政治教育遵循的主要指导原则为：坚持教书与育人相结合，教育与自我教育相结合，政治理论教育与社会实践相结合，解决思想问题与解决实际问题相结合，教育与管理相结合，继承优良传统与改进创新相结合。②

中国共产党牢牢地把握着大学生思想政治教育的方向：培养什么人、如何培养人是我国社会主义教育事业发展中必须解决的根本问题。大学生是国家宝贵的人才资源，是民族的希望、祖国的未来……要使大学生成长为中国特色社会主义事业的合格建设者和可靠接班人，不仅要大力提高他们的科学文化素养，更要大力提高他们的思想政治素质。③中国共产党也明确规定了作为社会主义公民教育的大学生思想政治教育的主要任务：一是以理想信念教育为核心，深入进行树立正确的世界观、人生观和价值观教育。二是以爱国主义教育为重点，深入进行弘扬和培育民族精神教育。三是以基本道德规范为基础，深入进行公民道德教育。四是以大学生全面发展为目标，深入进行素质教育。④

大学在公民文化建设中的角色是通过其富有特色的大学精神体现出

① 《十六大以来重要文献选编》（中），北京，人民出版社 2006 年版，第 190 页。
② 《十六大以来重要文献选编》（中），北京，人民出版社 2006 年版，第 649 页。
③ 《十六大以来重要文献选编》（中），北京，人民出版社 2006 年版，第 632 ~ 633 页。
④ 《十六大以来重要文献选编》（中），北京，人民出版社 2006 年版，第 180 ~ 181 页。

来的。一个大学在其长期的历史演化中逐渐形成其独特的教育理念、学术风范、文化氛围和精神气质，这就是大学的精神。丰富多彩的大学精神构成了当代中国公民文化的一个核心内容和重要组成部分。大学精神通过潜移默化的过程贯注于学生的品格中，被学生所认同，于是，学生就成为具有这种大学精神的公民。当然，中国大学精神是共性和个性的统一体，其中共性的方面反映公民文化的基本特征；个性的方面反映特定大学的文化风格和特殊面貌。值得关注的两个最突出的共性在于：一是中国的大学具有很强的民族意识和社会责任感，大学教育的目标与国家和民族的命运总是联系在一起。二是中国的大学在文化上都力图融会中华民族传统文化的精髓与现代文明的精华。通过中国大学的校训，我们可以窥见一斑。如清华大学的“自强不息，厚德载物”；复旦大学的“博学而笃志，切问而近思”；南开大学的“允公允能，日新月异”等。

为了领略中国大学精神富有个性的独特风貌，我们可以阅读北京大学2011年招生简章上这样的文字：北京大学创建于1898年，初名“京师大学堂”，是我国近代建立的第一所国立综合性大学。建校110多年来，北大为民族的独立与解放、国家的振兴与发展、社会的文明与进步作出了不可替代的贡献，在中国走向现代化和繁荣昌盛的进程中起到了先锋和骨干作用，这远远超出了它作为一所为社会培养人才的高等学府的有形存在，更成为中华民族争取民主、自由和伟大复兴的象征，成为现代人文学者和科学家向往的精神家园，从而独具魅力。哈佛大学教授杜维明先生说：“作为文化中国的象征，其实北京大学早已成为世界一流大学。因为世界上再也找不到任何一个国家的任何一所大学，能够像北京大学这样和国家、民族的命运结合得如此紧密，息息相关。北大对于中国的意义远远超过了哈佛之于美国、牛津与剑桥之于英国的意义。”100多年来，北京大学形成了“爱国、进步、民主、科学”的光荣传统、“勤奋、严谨、求实、创新”的优良学风和“追求真理、追求卓越、培养人才、繁荣学术、服务人民、造福社会”的办学理念。

中国大学公民教育的主题可以概括为：建设一种中国特色社会主义文化主导的公民文化。从大学文化生态的“文化多样性”来看，中华文化与异域文化、传统文化与现代文化、科学文化与道德文化、资本主义文化与社会主义文化、大众的俗文化与精英的雅文化等都有其生长的空间，它们彼此之间的冲突与融合构成一个充满生机活力的文化环境。在这个文化生态中，作为主旋律的是社会主义公民文化，马克思主义关于“人的全面发展”的思想与共产主义的理想信念。正是马克思主义为这个文化生态的健康发展与和谐演化提供了明确的价值准则和伦理尺度。

总的说来，就如何形成一种健全和谐的大学文化生态，并且通过这种文化生态开展公民教育而言，中国的实践是成功的。然而，中国的经验也提出了一系列带有普遍性的问题与挑战：一是多元文化与主导文化之间的关系问题，或者说，如何把握文化的多元性与主导价值观的一元性之间的合理互动与对立统一。这个问题的实质在于如何既保护文化资源的多样性，又能形成社会文化认同的相对统一性。二是民族文化与异域文化的关系问题。一方面，在一种开放的、全球文化交往的语境下，如何推进文化间的相互理解与形成和谐的文化共生关系；另一方面，在不可避免的文化融合的过程中，如何继承和弘扬本民族传统文化的精髓。三是大学与国家的关系问题。一般说来，大学是一种以真理探究和思想自由为典型特征的文化单位，它的基本精神是崇尚理性与美德。国家是体现一种政治经济体制的特定单位，它在文化上的表达就是国家意识形态。在国家主导的公民教育中，大学的文化精神与国家意识形态如何协调？如何将理性、美德与政治信仰统一起来？四是与上述所有问题相关，并且上述所有问题最终都交汇为一个实践层面的方法论问题：大学如何在培养公民的实践中把握“塑造”与保持“可塑性”之间的对立统一；如何将培养公民的理性批判能力与必要的价值灌输和引导相结合？如何培育公民的文化理解能力、文化认同能力与文化创造能力，并且如何在实践中把它们统一起来？

第二章 中国以人为本发展战略的兴起

一、轴心转移：从物质主义到以人为本

大约在20世纪中叶，世界现代化历程开始发生一种从物质主义向“人本”主义的战略转型。仅仅从物质资料的生产、交换、分配与消费的体系扩张角度来看，物质主义一直处于直线上升的过程之中，无论是能源危机还是“多少算够”的质问都没能改变这种上升趋势。时至今日，物质主义更是在全球化的旗帜下大行其道。那么，所谓“人本”主义的战略转型从何说起？这是指在物质主义喧嚣之下相对隐秘的另一种潮流——将知识与人才再生产体系置于国家发展战略重心的位置，保证其优先发展。换言之，真正的转折不在于对物质主义的直接否定，而在于国家发展的核心动力机制从动员物质资本转向动员人力资本。从这个意义上讲，物质主义失去的只是其在国家发展战略中的首要地位，它既没有被“人本”主义替代，也没有被它所削弱，甚至在很多方面，由于来自“人本”主义战略核心的支持，物质主义得到了不断的加强。

这一转变最初兴起于二战后取得资本主义世界体系“领导”地位的美国，后来这一转变发展成全球性的潮流。从发达国家到发展中国家，从“冷战”的西方阵营到东方阵营，都受到了这一潮流不同程度的冲击，于是，世界各国都陆陆续续朝着同一方向迈开了战略转向的步伐。学者们从理论上普遍地关注这一变局已经是20世纪70年代了。在21世纪的今天，全球范围的“人本”主义现代化战略转型方兴未艾，但是纯粹物质主义的现代化实践与理论仍颇有市场。

我们以美国为例，把它引领“人本”主义战略转变的经历略作勾画。在1945年，原子弹的威力保障了美国的霸权。“曼哈顿计划”作为“大科学”的典范，很快就成为通过理性的科学获得物质进步的隐喻。就在

当时，范纳沃·布什（Vannever Bush）在给美国总统的报告《科学：无止境的边疆》中呼吁，政府应该出资推进科学技术和加强对青年人才的培养。大约从1945年开始，在很短的时间内，美国政府对基础科学的投入增长了100倍。从那时起，美国主导了世界科技知识发展。这可以通过考察在科学上授予美国人诺贝尔奖的数量来衡量——20世纪40年代43%授予了美国人，50年代其比例为48%，60年代为49%，70年代为52%，80年代为56%。还可以通过"重大社会科学成就"的数量比较来衡量——1900～1929年：欧洲33项、美国12项、其他国家和地区4项；1930～1965年：欧洲11项、美国41项、其他国家和地区0项。[①]另有资料显示，美国拥有世界上最好的高等教育系统。每年在美国本土发表的科学论文占全世界总数的1/3以上。[②]20世纪90年代以来，美国在厂房、设备和存货领域的私人投资占国内生产总值的比重不到15%，而对于其他无形资本（包括人力资本）的投资却高得多。其中，教育支出占国内生产总值的7.5%，职工培训和其他培训支出约占国内生产总值的3%～5%，而占国内生产总值14%的保健支出中，属于人力资本投资的比值约为5%。另外，据美国经济学家加里·贝克尔估计，美国人接受教育的机会成本可能超过3%。这样，美国人力资本总投资就超过其国内生产总值的15%，高于实物资本投资的比例。而且，从投资总量来看，世界上没有任何一个国家在人力资本投资方面能够接近美国，它的人力资本投资遥遥领先。[③]

从世界体系论的角度来看，像美国这样的"核心"国家的发展战略"升级"，必然伴随着半边缘和边缘地带的国家相应的战略调整，如果不能主动调整，被动的调整也是不可避免的。因此，可以肯定，中国的现代化进程也必然要经历一种从物质主义向以人为本的"人本"主义的战略转型。对于处在世界物质再生产体系和知识与人才再生产体系"外围"的国家而言，世界性的"人本"主义发展战略转向，其前景中包含着难以预测的不确定性，然而其中也可能蕴藏着宝贵的机遇：在一定条件下，有些国家可能通过其在"人本"主义战略上的卓越努力，闯入世界知识

① 〔美〕特伦斯·K. 霍普金斯、伊曼纽尔·沃勒斯坦等：《转型时代——世界体系的发展轨迹：1945—2025》，北京，高等教育出版社2002年版，第193页。

② 〔法〕米歇尔·阿尔贝尔：《资本主义反对资本主义》，北京，社会科学文献出版社1999年版，第32页。

③ 〔美〕加里·S. 贝克尔：《人力资本：美国投资遥遥领先》，《商业周刊》（中文版）1996年第8期。

与人才再生产体系的核心，从而彻底摆脱其边缘地位。在这里，实现这种前景的唯一希望在于参与发展竞争的国家的主动抉择。中国是否正在发生发展历程的“人本”主义转型？转型的局面和趋势如何？在多大程度上我们把握住了转型的机遇和主动权？

曾经有一个时期，中国把钢铁产量作为发展的首要标志。现在看来，似乎这段历史所显示的理性远逊于其激情。然而，钢铁作为头等重要的战略资源，的确是中国当时不可回避的“铁的逻辑”。即使是在今天，钢铁也依然是一种重要的战略资源，但是，钢铁在整个国家发展战略中已不再居于核心地位。20世纪70年代末期以来，中国的发展战略格局发生了显著的变化：国家发展战略的重心逐渐从物质再生产向知识与人才再生产转移。从社会现象和人们的观念变化等各种迹象来看，有一种趋势清楚地呈现出来：人才正在取代钢铁而成为首要的战略资源。

今天，人们对于“尊重知识，尊重人才”、“人才是第一资源”、“关键在人”、“科教兴国战略”和“人才强国战略”等话语已经耳熟能详。这些话语传达的观念信息和政策信息是易于了解的，但是这并不意味着我们已经充分理解了作为这些观念与政策现象根源的时代变迁本身。人才作为战略资源并不是一个新现象，在中国历史的每一个时期，我们都不难找到强调人才重要性的观点和社会行动例证。值得关注的新现象在于，当今中国社会对于人才的重视具有某种前所未有的性质和特点：人才应该作为首要的战略资源，居于国家发展战略的核心地位。这意味着一种革命性的巨变，即发展观和发展战略从物质主义向“人本”主义的转向。很显然，中国在这一战略方向上的全面发展，以及世界见证这一战略的深远影响尚待时日。然而，理解今日中国发展道路上的这一战略转型，已作为一个理论挑战呈现在我们面前。我们认为改革开放以来中国战略转型与发展的奥秘，主要蕴藏在这一时代中国的知识与人才再生产方式，而不是物质再生产方式之中。

二、知识、人才与知识共同体的演化

知识的概念也许与文化的概念一样具有多义性，在很多场合人们也把知识等同于信息。马克斯·舍勒将人类的全部知识概括为如下7个类型：1. 神话和传奇；2. 隐含在日常自然语言之中的知识；3. 宗教知识；4. 神秘知识的各种基本形式；5. 哲学—形而上学的知识；6. 数学和自然科学的实证知识以及人文科学；7. 技术方面的知识。其中三种主要的知识类型是宗教知识、形而上学知识和实证科学知识。① 本书所讨论的知识没有采取如此宽泛的定义，本书涉及的主要是舍勒提到7种知识中的后3种知识类型，若就现代学科体系而言，这些知识大体相当于自然科学、社会科学和人文科学及其相关技术。当然，在大多数情况下，这些具有正式组织、学术规范和文献体系的知识构成了知识的明示的部分，在这些正式的知识系统之外，每一个社会都有一套相对“沉默”的复杂观念、规范和技艺系统。例如中国人的伦理习俗和许多口传心授的手艺，它们大致属于舍勒所说的第2种知识类型——隐含在日常自然语言之中的知识。根据论述的需要，我们的知识概念有时也包括这种“沉默”或隐含的知识。

人与人的关系围绕明示知识的“经济效率”而建立，这是现代化过程一直延续至今的的一个特征。与这一特征相伴随的是在默契的知识中，比“原理—操作”默契知识更深一层的政治、文化、道德、信仰和习俗方面共识的匮乏与观念的冲突。由于人们之间日益增强的全球性交往，这种共识匮乏和观念冲突愈益凸显。战争和自然环境恶化是这种共识匮乏与观念冲突的代价和后果。“经济效率”的增加与社会和自然系统的破坏一直相伴而行。这种不幸的连锁效应不应该再继续下去了！人类在知识领域中的交流与协作应该深入到默契知识的更深处。

人才的定义同样众说纷纭。我们把所讨论的知识领域内的精英或骨干作为人才的一种标准。或者说，人才是特定知识共同体内知识的创造者和主要传播者。这是一个从功能角度作出的界定，我们没有追求一种词典编纂意义上的“人才”定义，而是出于研究的需要采取了这种多少带有实用主义味道的说法。表面上看来，这一人才概念的定义域比较模糊，实际上，在对象上它具有相当好的确定性，因为，无论是就现代学科门类还是隐含的知识门类而言，在具体的知识领域内部，参与其中的人们对于该领域的精英或骨干总是能有比较明确的判断。有时候这种判断所依据的标准甚至是世界公认的。从一定意义上讲，人才是一个具有相对性的概念。我们并不把人才视为社会中的一种固定不变的特殊群体或类型，我们坚持这样的信念：从可能性上讲，任何具备天资、物质条件和机会的人，只要付出切实的努力都能成为人才。

知识有两种载体：人格化载体和符号载体。知识的人格化载体，即

① 〔德〕马克斯·舍勒：《知识社会学问题》，北京，华夏出版社2000年版，第71页。

人是能动的载体，是智慧之源，是知识创造的主体。符号载体可以分为纯符号载体与物化载体，或语言符号与物化符号。在一定意义上，人才可以理解为知识的人格化载体。

人才与知识之间是一种动态的关系。人能够持久地作为知识的人格化载体靠的是持续的学习。从这个意义上讲，人才意味着学习的可持续性。学习的机会与学习的动力，此为学习的可持续性的两个条件。有些人是由于学习机会的匮乏，有些人是由于学习动力的匮乏，还有些人是机会与动力两者皆乏而不能成为人才。穷人可能因为机会的长久匮乏而导致动力的衰竭，富人则可能由于成功或机会的贬值而生厌倦，因此，在如何促进人们成才的问题上，近期的措施可能应该着重在机会均等，而长期的努力需要关注的是如何保持人类的好奇心、求知欲和创造性。

由于现代经济对知识的片面需要，人才似乎被局限于有经济价值的知识的人格化载体地位。在现代社会，知识与人才之间的关系是不对称的：知识，尤其是现代经济生活中运用的“原理—操作”知识，只是人类知识的一个小部分。但是这些知识的市场价值最为显著。“知识经济”所强调的四种知识维度——“知道什么”、“知道为什么”、“知道如何”、“知道谁”，正是当今最具市场价值知识的典型特征。这种知识不讲究文化、道德和信仰方面的意义，甚至也很少有审美情趣，只关心“原理—操作”。其实，正像未编码的知识与编码的知识相比是更大的部分一样，与经济价值间接关联的知识相比于与经济价值直接关联的知识，前者要比后者深厚得多，也丰富得多。与此相联系，从一定意义上讲，潜在的人才远远多于现代经济眼光所见的人才。

人才是一个带有精英主义色彩的词汇。无论在哪一个时代，人才都意味着当时社会生活各领域的中坚、杰出者和领袖人物。也许更宽泛一点，人才在日常语言中经常指的是在某些方面比较“能干”的人。在传统上和常识中，人们都习惯于从两方面来理解人才的内在素质：德和才，或者说品格和知识。这种“德才兼备”的人才素质结构，可以视为一种经典的人才观念模型。然而，现代资本主义产生以来（对中国而言是从现代资本主义的影响到来时开始），人才作为精英，以及人才的德才兼备的素质结构发生了微妙的变化。

现代人才依然是精英，可是这种精英身上已经没有了任何特殊的血统或世袭的烙印。任何阶层在任何领域都可以为社会贡献杰出人物和能干的行家里手。杰出者的后代也许更有机会、条件和可能性继续成为杰出者，但是，社会和国家似乎都在极力促成社会各阶层在成才机会上的平等。现代人才的涌现遍及各阶层的现象，实际上已经为人才的精英主义色彩注入了新的内容。

在现代资本主义产生之前，不同时代的人才观的区别，都是在“德才兼备”这一结构内的“知识”内涵和“道德”风尚的差异，而不是结构本身的变化。但是在市场经济与资本的逻辑普遍渗透的现代社会中，人才观的经典结构已经显得难以维持了：“才”与“德”之间微妙的平衡被打破了，现代的科学技术“知识”在人才素质结构中极大地扩张开来，几乎将“德性”内涵完全从结构中排挤出去。当然，完全的排除是不可能的，于是，人才素质结构中残余的道德成分就显得若有若无，道德越来越成为一个相对主义和多元主义的公众话题，而在人才的价值评价中变得似乎无足轻重了。人才作为“知识”的人格化载体，并不是一种新现象，在人才作为一个“君子”或者“绅士”的时代就是如此。然而，现代市场经济对科学技术知识的极端依赖，对货币表示的物质利益的极端推崇，对道德品质问题心照不宣的“宽容”，使得社会极端重视人才的“知识”水平，并认为人才可以具有无限多样的品格特征。值得注意的是，现代经济眼光可以把人才看成仅仅只是“知识”的人格化，而且市场也的确是按照这种价值观处理人才的市场价值的。倾向于把人才仅仅作为“知识”的人格化来看待，是我们这个时代的一种新现象。当然，在现代市场经济中有些场合也需要突出人才的“品德”，情况可能往往是这样：不是“知识”，而是人才的“品德”此时更有市场价值，于是，“品德”就被包装成一种“魅力”商品，也在市场中实现“利润”。这里描绘的是我们这个时代的一种价值倾向，因为，现时代的确是一个“物化”的时代，这种倾向内涵于这一时代人类的生产方式和生活方式中。

现时代人的发展状态的片面性是一个只有通过时代发展才能解决的问题，我们在现实生活中的选择无疑会产生或促进或阻碍人的全面发展的作用。马克思把社会主义理解为一种朝向人的全面而自由发展的现实运动，这意味着人类可以通过将“人的全面而自由发展”作为一种指导社会实践的价值目标和准则来克服现代人的片面性。全部社会主义运动的本质即在于此。如果一个社会对于呈现在人的发展状态中的片面性具有恰当的警醒或自觉，那么，这个社会就具备了克服时代局限的理性基础。在这种基础上，我们就能够既乐观地肯定我们这个时代的“人才”所代表的人的“知识”才能的伟大成就，又能清醒地看到现代人才所达到的发展境界的局限性。

如果只是根据现代人才价值标准中存在极端重视知识素质而对道德

品质存而不论的倾向，就简单地以为现代人才在道德境界上不如从前或高于从前，都是过于武断的。与前现代状况相比较，现代人生活在一种更为开放和复杂的生活环境之中，其中涉及的道德问题也更为复杂多样。正像现代人才在知识上前所未有地发展了一样，现代人才在道德前景上也具有更为丰富的多样性和可能性。与“知识”越来越汇聚于科学技术这个轴心不同的是，在道德品质方面，人们尊奉的典范不再是“一”，而是“多”；尽管众多的道德理想之间存在着源于共同人性的共识，但是彼此之间的相互理解仍然是现代人面临的一大难题。

现代人才是否在道德发展上滞后于其知识的发展，这不是一个需要诊断性回答的问题，而是一个需要作出价值选择和将选择贯彻于整个社会实践的问题。在这个问题上，国家处于一种不可替代的重要位置上，同时它也承担着不可推卸的巨大责任。虽然本书主要不是讨论人才的道德发展，而是侧重于从“知识”方面考虑人才资源开发中的价值选择，但是，我们也应该注意到，在人才资源开发中，所有促进“知识”发展的制度和政策，其中包含的价值取向都毫无例外地带有道德意义，都不可避免地会对所培养和利用的人才，以及整个社会的道德风尚产生深远的影响。

知识共同体是围绕特定知识领域的知识与人才再生产而形成的社会结构和社会群体。知识共同体既有其区域性、地方性和民族性的起源、历史和传统，又有其世界性的整体性和一致性。在民族国家已经作为最典型的政治、经济和文化单位确立之后的时代，国际交往的开放格局促进了各国知识共同体之间的相互联系，世界性的知识与人才生产体系日益整合成一个在知识内容、方法和评价标准上趋同的巨系统。这反过来要求在各国内部知识与人才生产的社会环境，即制度、政策、观念、语言乃至精神趣味上的趋同。但是，断言这种双重的趋同将主宰知识与人才再生产的未来是不确切的。不同的知识门类特点的差异，以及民族国家千差万别的历史与文化从众多方面对“趋同”的力量进行着“抵制”。我们认为多样性与趋同是知识共同体演化过程中内在的两种基本特质，正如中国传统观念“易”所包含的“阴”“阳”两极关系。设想多样性和趋同这两极中的任何一极对另一极的替代或征服，都是荒谬的。也许我们可以说，就目前所显示的趋势来看，实证科学，尤其是研究自然环境的科学及其技术（包括数学）在知识与人才方面的统一性和可通约性正在空前地加强；在各国内部特定的民族语言中隐含的知识类型方面，众多的传统通过对变化的适应而延续下来，对于它们彼此的关系而言，趋同的迹象也许存在，然而关键的问题不是促进或者抵制它们之间的某种趋同，而是如何促进它们之间的相互沟通和相互理解。

知识与人才的再生产与人类的基本需要有关，在一定意义上取决于人类社会自然延续的本能。因此，可以认为它具有某种自然的“节律”。这种节律一方面体现了特定社会知识与人才再生产在数量与质量上的基本限度；另一方面也体现了保证特定社会之“生命”延续性的必要条件。在具体的社会中，肯定会有政治、经济、文化和自然的因素扰动知识与人才再生产的节律，例如，我们从许多文化群体、民族和社会的历史中可以看到知识贫乏与人才匮乏的时代和兴盛的时代交替出现的现象。当一个社会中知识与文化再生产的节律被严重扰乱或彻底摧毁的时候，这个社会必然经历严重的衰退或彻底的崩溃。因此，知识与人才再生产的兴衰与民族和国家的命运息息相关。

从知识的普遍性或知识被认同的范围来看，大体上以文化群体或民族国家的边界为限，可以将知识分为世界性的知识与本土性的知识，或者说“普遍知识”与“本土知识”。举例来说，数学和自然科学属于普遍知识，而中医和某些手艺则是本土知识。普遍知识及其人才的再生产遵循某些人类普遍认同的制度、规范和评价标准，它的“产业链”和“产品市场”都超越了民族国家的边界，是一种世界性的生产模式。本土知识及其人才的再生产遵循地域性的传统规范和习俗，具有相对独特的文化特色，是一种地方性的生产模式。

知识与人才再生产有它自然的历史、规范、传统和节律，而国家的发展战略要求知识与人才再生产服务于国家利益。这意味着国家将要以特定的意识形态、价值观、制度和政策来干预和调节知识与人才再生产的结构、过程和方向。国家的这种主动行为是否能够影响知识与人才再生产体系？我们认为国家的行为对于知识与人才再生产体系是有至关重要的影响力的，然而，它的影响也是有其内在和外在限度的。它的外在限度在于其干预手段的力量与干预手段发挥作用的环境状况，它的内在限度在于必须尊重知识与人才再生产本身的规律。我们既不是极端的“自然主义”者，把知识与人才再生产视为一种类似于天体运行或生物繁殖的自然现象；也不是极端的“唯意志论”者，以为知识与人才再生产体系是一种可以随意设计和制造的“人工制品”。我们的立场介于“自然主义”和“唯意志论”之间，是一种“中庸”之道。我们既尊重知识与人才再生产的自然法则，又强调国家发展战略影响知识共同体动态运行的可能性及其价值。

知识再生产与人才再生产是特定社会知识共同体动态运行的两个侧面，前者是指流动于知识共同体中的思想和信息，后者是指承载知识共同体的人格主体的代谢。基于两者的内在关联性，我们将知识与人才再生产视为一种具有高度统一性的整体，并且动态演化的知识共同体也是作为知识与人才再生产体系的同义语来运用的。

就不同的文化群体而言，知识的内容具有相对性。德国哲人马克斯·舍勒认为，知识，即所谓“关于这个世界的相对的自然观点”都是一些只有在漫长的时期中才能取得进展的有机的生长物。也许只有通过种族整合和可能出现的语言混合过程以及文化混合过程，各人类群体的知识才能经历基本的变迁。[①] 他断言，所有知识都以某种方式决定社会的本性，反过来说，所有知识也是由这个社会及其特有的结构共同决定的。[②]这样看来，特定社会知识共同体的建构是一项具有文化选择性与政治上的原则区别的事业。在知识与人才再生产体系演化的过程中有三种制度变量发挥着关键性的作用：意识形态（价值观、社会理想或信仰、历史哲学、政治思想）、世界知识交流格局、正式与非正式的知识组织，对于这三种关键性制度变量而言，国家可以通过其主导价值观、文化发展战略和制度抉择三大杠杆来进行实质性的干预和变革。

在推动知识共同体发生历史演化的过程中，源于世界知识交流格局的潮流或趋势，源于历史文化差异的“路径依赖”力量，与国家的主动干预共同构成复杂的动力系统。简单地将动态演化的知识共同体理解为自然生长的体系，或者人为操纵的机械系统都是极不恰当的。试图以一套抽象的“三维”运行逻辑来概括体系演化机制也是徒劳。因为脱离特定知识与人才再生产体系形成、发展与运行的具体历史过程，就无法理解三种力量到底以何种结构相互关联，并分别以怎样的方式在何种程度上影响了体系的演化。从这个意义上讲，对有关历史的考察和叙述是理解特定知识共同体的基本方法。

三、“人的生产”：战略思想的根源

马克思主义历史唯物主义认为，作为社会历史决定性因素的社会存

① 〔德〕马克斯·舍勒：《知识社会学问题》，北京，华夏出版社2000年版，第70页。

② 〔德〕马克斯·舍勒：《知识社会学问题》，北京，华夏出版社2000年版，第58页。

在是生产方式，而生产包括物和人的生产与再生产。马克思主义关于“人的生产”的思想，正是中国以人为本发展战略的一个重要的思想根源。

在现代学科体系中，关于人的生产的研究似乎只是人口学和医学等偏重于人的自然关系的学科的专有领地。其实，“人的生产”岂止是一种生物性的过程？更多的奥秘隐藏在人的生物性的过程之外。由于现代学科体系并没有确立某种专门的学科和方法去了解“人的生产”的社会历史性内涵，于是“人的生产”问题就成为一个跨学科的研究领域，在这里，哲学、历史学、政治学、社会学、经济学等人文社会科学的方法和理论都可以作为探究的手段。

恩格斯在 1884 年出版的《家庭、私有制和国家的起源——就路易斯·亨·摩尔根的研究成果而作》一书序言中写道：“根据唯物主义观点，历史中的决定性因素，归根结蒂是直接生活的生产和再生产。但是，生产本身又有两种。一方面是生活资料即食物、衣服、住房以及为此所必需的工具的生产；另一方面是人自身的生产，即种的蕃衍。一定历史时代和一定地区内的人们生活于其下的社会制度，受着两种生产的制约……”①

在马克思和恩格斯看来，物的生产和人的生产都是生产与再生产无限延续的过程。在《费尔巴哈》中，马克思和恩格斯指出：人类自身生产、物质资料生产和两者的再生产，是社会活动的三个方面而不是三个不同的阶段。“从历史的最初时期起，从第一批人出现时，这三个方面就同时存在着，而且现在也还在历史上起着作用。”② 也就是说，两种生产及其再生产构成一个紧密联系的整体性的社会历史过程，在这个整体性的过程中，自然关系与社会关系也是渗透在一起的。因此，“无论是通过劳动而达到的自己生命的生产，或是通过生育而达到的他人生命的生产，就立即表现为双重关系：一方面是自然关系，另一方面是社会关系；社会关系的含义在这里是指许多个人的共同活动，至于这种活动在什么条件下、用什么方式和为了什么目的而进行，则是无关紧要的。”③当然，这是就社会关系的一般含义而言的。若是要理解具体的历史的社会关系，则恰恰需要把“这种活动在什么条件下、用什么方式和为了什么目的而

① 《马克思恩格斯选集》第 4 卷，北京，人民出版社 1995 年版，第 2 页。
② 《马克思恩格斯选集》第 1 卷，北京，人民出版社 1995 年版，第 80 页。
③ 《马克思恩格斯选集》第 1 卷，北京，人民出版社 1995 年版，第 80 页。

进行”作为至关紧要的内容来研究。

在《1857—1858 年经济学手稿》中，马克思曾将两种生产的关系解释成生产与消费的关系，他指出两种生产“直接统一”在现实的社会生产过程中，其中“第一种生产”就是“原来意义上的生产”，也就是通常所谓的物质资料生产；其中“第二种生产”就是“原来意义上的消费”，“在第一种生产中，生产者物化”，“在第二种生产中生产者所创造的物人化”。把两种生产作为生产与消费来理解，是从经济现象上指明了两种生产之间的区别。但是，马克思同时强调，这种现象上的区别只是更深入地理解两种生产在经济上的内在联系和统一性的基础。马克思认为：“生产直接就是消费，消费直接就是生产。每一方直接是它的对方。”马克思更进一步指出，“生产不仅直接是消费，消费不仅直接是生产；生产也不仅是消费的手段，消费也不仅是生产的目的”，而且消费也生产着生产，而生产也生产着消费。“消费不仅是使产品成为产品的最后行为，而且也是使生产者成为生产者的最后行为。”①

马克思和恩格斯关于“两种生产”的学说是以唯物史观的创立为理论背景而形成的；他们是在诠释社会存在这个概念的过程中，提出和发展两种生产学说的；社会存在的概念与两种生产的概念在外延上几乎是互相等值、互相涵盖的。所谓社会存在，从外延上说，指的就是“生命的生产”或“生活的生产”，② 既包括人类自身的生产与再生产，也包括物质资料的生产与再生产，还包括这两种生产各自的“自然关系”与“社会关系”的生产和再生产。③

这种考证也澄清了长期以来与两种生产密切相关的“生产力”概念上的误解。在马克思、恩格斯那里，生产力是一个比物质资料生产更加广泛更加深刻的概念，只有把物质资料生产和人类自身的生产综合起来才能形成现实的生产力。因此，说人类自身生产和再生产也属于历史中的决定性因素，这并不是说它是生产力之外的一个决定性因素，而是说

① 《马克思恩格斯全集》第 46 卷（上），北京，人民出版社 1979 年版，第 26 ~ 31 页。

② 在德语中，“生命”与“生活”是同一个单词“Leben”；在《家庭、私有制和国家的起源》中被视为“历史中的决定性因素”的“直接生活的生产”，与《德意志意识形态》中被视为社会存在同义语的所谓“生命的生产”，以及《〈政治经济学批判〉序言》中被视为社会“现实基础的”所谓“物质生活的生产”，其中的关键词根本就是同一个德文词组：“die Production des Lebens”。参见万高潮、王健康：《人类自身生产与物资资料生产研究》，长沙，湖南出版社 1997 年版，第 102 ~ 103 页。

③ 万高潮、王健康：《人类自身生产与物资资料生产研究》，长沙，湖南出版社 1997 年版，第 5 页。

它是内在于生产力之中的一个方面。大致从斯大林开始，一种带有普遍性的观点是仅仅从物质资料生产方面去界定生产力。

在马克思那里，“生产方式”与“社会物质生活条件”是“社会存在”的别称，它们意味着物质资料生产与人类自身生产的统一体。但是，在斯大林看来，人类自身生产首先外在于一个社会的生产方式，然后才与这个社会的生产方式并列在一起，叠加为这个社会的物质生活条件。[①]而且斯大林也只是简单地侧重于从“自然关系”的意义上将人类自身的生产理解为生物性的“人口的增长”。因此，他未能理解恩格斯关于“物质生活资料的生产和人类自身的生产”，作为“直接生活的生产和再生产”，是历史中的决定性因素的论断。他反而认为：“人口的增长对社会的发展有影响，它促进或者延缓社会的发展，但是它不可能是社会发展的主要力量……”[②] 很明显，斯大林既误读了作为生产方式的社会存在，又误读了人类自身的生产。

本来是社会存在的核心内容的“人类自身的生产”，仅仅作为“人口的增长”这样一种次要的物质条件，被机械地抽取出来，放在了历史唯物主义的理论视野的边缘。不仅如此，由于“人的生产”问题被“人口”之类的话题遮蔽起来，斯大林式的历史唯物主义理论的基础严重地向“物的生产”方面倾斜。由于斯大林的误读曾经被广泛地接受下来，他的影响长时间难以清除，即使在今天的教科书中依然不难找到对斯大林见解的重复。

马克思和恩格斯虽然提出了一种全面观照社会存在的视野，但是他们对于其中的“人的生产”方面的论述并没有形成一种完整的理论体系。从一定意义上说，他们提出了问题也提供了解答问题的基本方法，却并没有直接去回答问题。如何在理论上重构“人的生产”的自然历史过程，是马克思留下的未解之谜。

在人的生产中，生物性的过程只是提供了自然的基础，社会和文化的过程才是其本质性的内容。人的生产与人的进化是同一个过程，而人的进化，尤其在今天看来，正如拉兹洛（Laszlo）所说，不再是遗传学的，而是社会文化的。[③]

---

① 万高潮、王健康：《人类自身生产与物资资料生产研究》，长沙，湖南出版社 1997 年版，第 294 页。

② 《斯大林文集》，北京，人民出版社 1985 年版，第 217 页。

③ 〔美〕特伦斯·K. 霍普金斯、伊曼纽尔·沃勒斯坦等著，吴英译：《转型时代——世界体系的发展轨迹：1945—2025》，北京，高等教育出版社 2002 年版，第 218 页。

文化和知识，作为人的意义世界始终规定着人类自身生产与再生产的方式。在人的生产过程中渗透着文化的传承与交流，知识的创造与传播。现代科学技术革命兴起之后，现代世界的人的生产以前所未有的形式和力量，革命性地颠覆了整个“社会存在”的内在结构。以往的时代基本上是一个物质性的力量主宰着人类生存与发展的时代，在那里，人类自身的生产与再生产主要表现为人口的繁衍，是作为物质资料生产体系的从属之物而存在的；而现代的“人的生产”的主要特征是用知识和人才生产知识和人才，在这种情况下，在“社会存在”统一体中“人的生产”与“物的生产”的结构性位置发生了根本性的颠倒：“人的生产”处于主导地位，“物的生产”处于从属地位。如果一个民族，一个国家或一个社会不能实现这种根本性的转变，它也就不可能实现现代意义上的发展。

四、现代化的格局与中国的道路

中国的发展道路应该放在世界现代化的总体格局和涉及社会整体变迁的理论视野中来审视。在人类历史的最近500年间，自西方向东方逐渐涌起一股由科学精神所驱动的潮流，这就是现代化。作为一种整体性的科学“理性化”运动，或者说一种现代知识类型的普遍化运动，现代化渗入整个人类的现实命运与切身经验之中。由于现代科学技术在物质生产领域的运用，导致生产力迅速而空前的发展，从而引发西方中世纪形态的社会制度及其意识形态和东方传统社会的巨大变革。在前现代制度崩解之后，资本主义与社会主义成为制度重构的两种基本范型，与此同时，一切神话的、宗教的或专制主义的意识形态也都逐渐被理性、自由、平等、民主等现代科学意识形态所覆盖，“神”和“圣”的光芒连同它们的时代都成为历史的陈迹。

率先步入现代化之旅的西方人有很长一段时间沉浸在一种自赏的陶醉之中，而东方民族最初也不无艳羡地以为，现代化包括科技力量以及以科学精神为核心的现代意识只是西方的特产，于是便将西方的现代化样式奉为典范。日本的“脱亚入欧”似乎要把自己连根拔起，脱离东方而投身于西方世界；中国则曾一度试图“全盘西化”。说到底这些“西方化”心态和举动也还是“现代化”的反应，因为西方之所以吸引东方不在于其西方性而在于其现代性。时至20世纪后半叶，在经过了东西方之间的市场交往与炮舰交火之后，尤其在经历了两次世界大战的震荡之后，现代化的普遍性对于东西方都成为一种经验性的事实。人们也明白了西方现代化只是现代化的一种类型，并且是一种自有其局限的类型。

科技进步潮流，既是物质生产力系统变革的潮流，也是社会结构和精神气质顺应科学精神而变革的潮流。现代化正是这一潮流冲击东西方各种文明的历史性景观。中国的现代化与西方的现代化各有其特殊的道路，两者的不同不仅在于变革的具体面向千差万别，而且在于社会系统内部变革的次序不同和节奏不一。西方的现代化进程体现了经济基础与上层建筑大体同步变更的特点，中国则先求变其生产力系统，重点是机器大工业基础的建设，而后乃顾及社会结构转型与精神气质的变化。

中国的文化传统虽未产生直接导致现代现象兴起的观念，但它并非不能容纳和支持从西方引入的现代观念。在与西方的现代观念遭逢并深入交流之后，中国的现代观念已是一种“混血儿”。它不仅在文化基因上已是东西方结合的产物，而且在思想的面向上也是双向的。这种双向性通过思想的“双语”表达形式直观地呈现出来。中国的现代语言既有自由、民主、平等、博爱、科学和进步等舶来的字眼，又有“天下大同”、“和而不同”、“道”、“德”、“礼”、“仁”“义”、“信”等中国特有的词汇。

西方中心论者往往夸张地将世界性的现代化运动视为西方现代性的普遍化，即西方现代性在世界范围内的充分扩张。事实上，西方现代性只是现代性的一种类型，世界现代化进程不断地展示出现代性的多元性。几乎每一种非西方的文化传统都在西方现代性的诱发之下，生长出具有它们各自特色的现代性样式。中国的现代性正是这种多元现象的一元。西方中心论者相信资本主义自由市场经济与民主政治体制，以及奢侈消费的文化和暴力文化必然普遍性地扩散于全球各地。我们则认为，在现代化的世界图景中，各民族的现代性是多元一体的。多元性由上述文化的多样性所决定，一体性主要体现于人类共享的现代科学技术知识体系的演化之中。其实，真正普遍化的唯有科技进步的潮流，人类在知识体系上的一大交集正是现代科学技术。一个民族若试图游离于科技进步潮流之外，即意味着把自己从多元一体的世界现代化整体演化中分离出来，其结局难免是被动挨打、落后、停滞和衰败。同样，一个民族若过于急切地抛弃自己固有的传统而与先行现代化的西方寻求单调的文化同一，它也不可能真正进入世界现代化进程的整体运动之中，因为它失却了自己的特性，也就失却了与其他民族交流砥砺的根基，它在各民族共同现代化的整体中就不可能是和谐的一分子。它固有的传统要么灭绝，要么与它企图认同的西方文化永远处于痛苦的龃龉之中。

在现代化道路上，中国不走这两个极端。前一个极端的痛楚她已尝过，并且获得了足够的教训。对于后一个极端她也并不陌生，在迄今为止的中国现代化历程中，“全盘西化”的诉求一直若隐若现。至迟在新中国成立之后，中国开始寻求一种现代化的“中道”。在1949年新中国成立之后大约有30年，大西洋两岸的现代化模式远不如苏联模式对中国的影响深刻。改革开放以来，苏联模式的影响逐渐消退，中国以一种清醒的自信致力于开拓一条中国特色社会主义现代化道路。

今天，由于社会存在中“人的生产”的地位日益超越于“物的生产”之上，发展的状态已经极大地被“人的生产”的现代逻辑所改变，这种逻辑就是“用知识与人才生产知识与人才”。从这个意义上讲，发展就意味着再造知识共同体。

在现实的知识与人才再生产过程中，国家与作为知识共同体的社会之间的互动引人注目。一般说来，各种地域性的知识共同体主要是循着各自的历史与文化延续性的路径演进的。由于现代科技兴起之后，各种地域性的知识共同体在科学技术这一层面逐渐联成一种世界性的体系，于是，随着科学技术日益加速发展，处于世界体系性关联中的各地域性知识共同体内部不断地发生着适应科技知识累积过程的分化和重组，其中渐进的调整与革命性的结构更新交替出现。很显然，知识共同体的世界性体系的成长是一种高度自组织和高度自治的过程。国家的力量对体系的分隔、控制、引导和利用，增加了体系运行的复杂程度，但并不能改变体系的相对独立性及其生长的内在机理。同时，我们也应该看到，国家在“参与”知识共同体运行之际，一方面，它因控制利用体系而复杂化了体系运行的环节、过程和向度。另一方面，它本身也因适应知识共同体生长的自组织机理而在某种意义上被改造。

在20世纪与21世纪之交，中国政府明确地将“科教兴国”、“人力资源能力开发”、“人才强国”等作为国策和发展战略写进党和政府的文件，在国内进行宣传和推动，并且也将这一系列政策和观念纳入国际关系和地区关系的论坛，提出倡议，寻求广泛理解和协作。改革开放刚刚起步之时，中国是一个物资匮乏、“人口多、底子薄、生产力水平低下”的国家，连普通日用品和粮油都还要凭票供应。至20世纪末，中国的物质生产力和物质生活水平虽然奇迹般地快速增长，但是与国际上的发达国家相比，仍然还有很大的差距。按理说，中国的发展战略继续强调物质生产至上的“物质主义”是很自然的事情，可是我们看到的却是，中国快速地转向一种与发达国家“人本”主义相似的以人为本的发展战略。无论怎么说，这一转向速度惊人，我们不禁要问，中国在短短的20多年时间里到底为新的战略打下了哪些基础？凭什么说这是一种值得重视的战略动向，而不是一种“洋跃进”的再版？

在信息流动如此迅速的当今时代，“知识价值革命”、“人工智能产业”、“知识经济”、“人力资本”、“全球化”、“网络时代”等概念成为全世界都同时谈论的话题是不足为奇的。也许概念可以拿来，然而，依据某些概念去推论一个国家“应该如何如何”是一回事，而真正去了解一个国家是否已经发生了某些变化，以及这些变化将在怎样的意义上决定性地影响一个国家的未来走向却是另外一回事。对于真正关注中国发展的人士而言，既然“人才强国”这样的战略已经明确提出，那么，切实地了解中国实施这一战略所依托的思想基础和现实条件就成为一种迫切的需要。这就将我们吸引到改革开放以来的这段时空中来，在这一伟大的转型时期，在知识与人才再生产方面中国是如何变化的？中国的政府和社会为培育和开发作为战略资源的人才作出了怎样的努力？我们的成就何在，我们的困难何在，我们的希望何在？关于中国未来的奥秘主要蕴藏在这里。

当经济学领域在20世纪60年代发现“人力资本”，即人的技能、知识和素质，是经济增长的一个隐秘的源泉时，就已经预示了后来发展的重心从物质主义向“人本”主义的转变。20世纪70年代末，石油危机的冲击表明以化石燃料能源支撑大量生产的工业文明已经达到其顶峰，对物质主义的批判性的反思不可避免地呈现出来。人们逐渐发现，物质主义的生产方式一方面以自然环境的污染和自然生产力的巨大破坏为代价；另一方面以人对机器体系和单调的机器制品的从属，即人的“异化”为代价，因此，从生态和谐与人性的健康发展来看，物质主义都是不可持续的。现代化的第一波以工业生产体系的“理性化”为标志，至20世纪80年代，它实际上已经走到了尽头。

将理性反转过来批判地反思物质主义现代化本身，是现代化第二波的主题。正如贝克所说，现代化的第一波是工业化，现代化的第二波是“理性化的理性化”；在这一阶段，工业主义或物质主义必须经受它先前在前现代世界中所释放出来的同样无情的去神秘化。①

① 〔英〕尼格尔·多德著，陶传进译：《社会理论与现代性》，北京，社会科学文献出版社2002年版，第238页。

对于第二波现代化的种种可能性人们已经在所谓“后现代”、“风险社会”、“晚期资本主义”和“全球化”话题下进行了很多讨论，尽管这些起源于发达社会的讨论与发展中世界的现实多少隔了一层，但是，发展中世界也真切地感受到了物质主义已是此路不通。现在的局面是，全人类的现代化都必须同样地重新思考物质主义的限度与人的无限发展的可能性。通过塑造人的价值观、趣味、理智、知识和技能，我们不一定要生产更多和消费更多的物质产品，我们完全可能生活得更自然、更健康、更人性化、更富有创造性、更和谐和更美好。这种未来的产生不是因为禁欲主义的成功，而是因为知识和智慧将从根本上改造人，同时也改造物质资料的生产方式与消费方式。

对于中国来说，知识与人才再生产方式的“理性化”不必等到某种物质主义的尽头出现之后才开始。用知识和智慧从根本上改造人，同时也改造物质资料的生产方式与消费方式的行动也许可以毕其功于一役，也就是说中国的发展具有赶超先进的可能性。

我们不讳言赶超的战略意图和决心。早在1985年5月，邓小平就充满自信地说：“我国的经济，到建国一百周年时，可能接近发达国家的水平。我们这样说，根据之一，就是在这段时间里，我们完全有能力把教育搞上去，提高我国的科学技术水平，培养出数以亿计的各级各类人才。我们国家，国力的强弱，经济发展后劲的大小，越来越取决于劳动者的素质，取决于知识分子的数量和质量。一个十亿人口的大国，教育搞上去了，人才资源的巨大优势是任何国家比不了的。有了人才优势，再加上先进的社会主义制度，我们的目标就有把握达到。”①

当邓小平把人才资源作为“中国优势论”的根据的时候，他表达了一种依靠中国的潜在优势，而不是通常意义的人口与资源比较优势赶超发达国家的战略意图。当他强调“关键在人”的时候，它不仅表达了一种反映时代动向的观念，而且表达了一种介入社会历史运动的意志。的确，他的观念带有强烈的战略意图。将这种战略意图以政治经济力量体现出来的社会实践就是改革开放以来教育、科技等领域的一系列变革，“科教兴国”战略的形成和推进，以及新世纪的“人才强国”战略的实施。

中国的“人才强国”战略的推进，至少涉及如下三个方面值得深究的问题：一是人才资源观及其相应的国家战略是指向一种“精英主义”，

① 《邓小平文选》第3卷，北京，人民出版社1993年版，第120页。

还是指向全体人民普遍发展的社会运动？我们的社会是否正在走向一种“精英主义”的社会？或者说，正在形成某种精英与大众两极对立的社会？我们必须正视，在特定条件下，知识精英、权力精英和财富精英已经结成某种“圈子”，从而构成两极分化的一极。在这个“圈子”中，“知识资本”、“政治资本”和“经济资本”可以进行“自由兑换”式的资本循环。“精英”的社会再生产与大众的贫困，尤其是知识贫困，形成了鲜明的反差。这种局面本身及其所带来的伦理挑战，我们将如何应对？二是战略原则是以个人的自主选择和全面发展为核心，还是通过强化国家干预而寻求一种总体化的进步？三是人才资源不是一种常规资源，开发这一资源是既有经济学的思路和方法所不能胜任的，它涉及对于人的精神气质、人的潜能、知识和社会文化特质的全面理解；在中国的社会环境下，这种理解意味着对于中国特色社会主义实践和中华民族本身特质的深刻洞察。而且这些洞察只有通过建构某种支撑发展战略的时代精神、意识形态和制度体系才能在人才资源开发中实现其价值。那么，中国是如何建构相关的时代精神、意识形态和制度体系的呢？

第三章　转型时代与科学精神

中国的发展为什么会发生“以人为本”的转向？至少在20世纪90年代以前这种转向并不十分明显，尽管重视知识与人才的迹象已经可以找到。把这种转向视为对现实条件的随机反应，并不能充分地说明问题。如果不能梳理出一条与战略动向具有逻辑一致性的精神气质和价值取向演变的脉络，我们就无法说明这些“随机反应”之间的一致性、系统性和演进性。在民族精神取向经历了“文化大革命”的强烈震撼之后，混乱和颠倒的精神局面首先需要清理和重新定向。很难想象没有精神上的重建和转变，能有治国方略上具有创造性和高度协调性的调整。

本章追溯当代中国发展进程“以人为本”转型的精神根源，认为国家在引导民族的精神取向方面发生了根本性的转变，这种转变的关键就是科学精神战胜教条主义、主观主义、非理性主义以及简单的经验主义。科学精神是当代中国的基本精神气质，科学精神的普及与知识和人才的战略地位的提升相辅相成，相伴而生。

一、现代科学与科学精神

从一定意义上讲，人类的现代状态是由现代科学塑造的。现代科学的根源可以一直追溯到文明的萌芽时期。现代科学具有双重起源，它既起源于巫师、僧侣或者哲学家的有条理的思辨，也起源于工匠的实际操作和传统知识。[①] 卡西尔认为，科学是人的智力发展中的最后一步，并且可以被看成是人类文化最高最独特的成就。他是一种只有在特殊条件下才可能得到发展的非常晚而又非常精致的成果。在伟大的古希腊思想家

① 〔英〕J. D. 贝尔纳著，陈体芳译：《科学的社会功能》，南宁，广西师范大学出版社2003年版，第18页。

的时代以前——在毕达哥拉斯派学者、原子论者、柏拉图和亚里士多德以前，特定意义的科学概念是不存在的。而且关于科学的某些最初的概念在以后的若干世纪中似乎被遗忘和遮蔽了，以致在文艺复兴的时代不得不被重新发现重新建立。①

人们一般认为现代科学的诞生始于14～16世纪的文艺复兴运动。哥白尼《天体运行论》一书的出版标志着科学从神学中解放出来的开始。罗素把哥白尼日心说引发的世界观革命称为“神学与科学的第一次对阵战”。② 我们当然可以设想曾经有过某些形式的古代科学。这些古代科学，包括古代希腊、罗马、中国、印度和中世纪阿拉伯国家的科学，基本上处于现象描述、经验归纳和哲学思辨的阶段，除欧氏几何、阿基米德静力学等少数学科之外，大多数都没有从哲学形态下脱胎出来。这种哲学形态的自然科学没有衍生出相应的技术，与此同时，经验性的技术也没有得到科学的理解与总结。现代自然科学则是以实验和观察为基础，依靠数学和逻辑法则为推理工具建立起来的严密的理论体系；它作为一种具有逻辑和谐性、可预见性和可检验性的知识体系，已经从自然哲学中分化出来。现代自然科学的典型学科是物理学、化学和生物学。至于数学，作为一门基础科学，它的进步对于现代自然科学的产生和发展具有重要意义。

科学是对人类的好奇心和求知欲的报偿，与任何一种似乎无所不知的形而上学或者声称拥有永恒真理的宗教不同，科学所追求的是对客观世界的真理和规律的理解。罗素认为，科学从观察和实验所发现的特殊事实出发，从中归纳出带有普遍性的规律，而不是从广泛的假设或普遍原则出发，从而进行演绎。③罗素的观点只是部分地把握了科学活动的真实过程，他回避了这样一个问题：进入科学活动的人的心理、意识、直觉、知识和经验等是否影响了观察和实验本身？爱因斯坦相信科学与常识之间存在着紧密的联系。他说，科学家如果不批判地分析日常思想的

---

① 〔德〕恩斯特·卡西尔著，甘阳译：《人论》，上海，上海译文出版社2003年版，第326页。

② 〔英〕罗素著，徐奕春、林国夫译：《宗教与科学》，北京，商务印书馆1982年版，第8页。

③ 〔英〕罗素著，徐奕春、林国夫译：《宗教与科学》，北京，商务印书馆1982年版，第4页。

性质并在必要时改变它，就不能前进。[①]这意味着从一开始就进入科学活动过程的不只是具有认知功能的感官，而且还有想象、假设、直觉与常识。所以，马赫甚至有些极端地说："人们通过心理活动获得新的洞见，这种活动经常然而非常不适当地被称作归纳。心理活动不是一个简单过程——它是非常复杂的。它不是一个逻辑过程，虽然逻辑过程能够作为中介的和辅助的联接而插入其中。抽象和想象在新知识的发现中扮演了最主要的角色……科学家寻找启发性的思想。开始时，他既不知道这种观念，也不知道能够发现这种观念的方法。但是当目标以及达到它的道路已经自我显示出来时，科学家首先为他的发现感到惊异，就好像一个迷失在森林中的人，在离开那灌木丛时突然获得开阔的视野，看见每样事物都清晰地展现在他面前。只有在主要的事物被发现以后，方法才能确立秩序并改进结果。"[②] 关于科学认知过程的特点，人们的看法大体可从两个极端来领会：罗素代表了一种以观察和实验为起点的归纳论，马赫代表了一种以大胆的假设和直觉为起点的演绎论。科学活动的真实情况可能正好处于这两个极端之间，两种方法兼而用之。费耶阿本德说：科学家试图发现世界的秩序，他们寻找原理并通过两种方法来获得，或者根据实验用一种"拼凑的"和"不确定的"方式，或者自觉地求助于大胆的思想实验以及由此得到的普遍化。[③]

关于什么是科学，我们不给它下定义，而是对它加以描述和解释可能更好理解。从科学的语言和逻辑表现形式来看，科学是一种"由真实陈述句构成的系统"。科学是由陈述句构成的句子之间没有矛盾的体系。这些陈述或描写，或归类，或证明，或引申；部分是全称陈述，部分是单称陈述。但最起码是间接地可以得到检验的对事实的陈述。同时，这些陈述符合一系列固定的句子构成规则以及句子转换规则，即引申规则。[④]

我们可能会问，在逻辑一致的陈述句的表达形式之中，作为内容的

① 〔美〕保罗·费耶阿本德著，陈健、柯哲、陆明译：《告别理性》，南京，江苏人民出版社2002年版，第232页。

② 〔美〕保罗·费耶阿本德著，陈健、柯哲、陆明译：《告别理性》，南京，江苏人民出版社2002年版，第226页。

③ 〔美〕保罗·费耶阿本德著，陈健、柯哲、陆明译：《告别理性》，南京，江苏人民出版社2002年版，第227页。

④ 〔德〕汉斯·波塞尔著，李文潮译：《科学：什么是科学》，上海，上海三联书店2002年版，第7～13页。

科学“真理”，即科学家寻找的原理具有怎样的性质呢？爱因斯坦发现了这样的事实——同一经验对象能为两个不同的原理所描述和涵盖。他据此认为，科学的基本原理具有虚拟性。也许我们应该同意如下看法：原理界定一种思维模式，并要求我们用这种模式把已知事实“概括”和“理想化”，从不包含在这种模式中的元素中抽象出来。抽象的结果不是唯一的。出于不同的抽象方法的不同原理在不同的甚至冲突的方向上对事实进行理想化和概括，一时强调现象的这个方面，一时又强调某些其他方面。也就是说，事实和观念的调整“能以不同的方式展开”。产生于不同领域的理想化或者来自同一领域的不同原理的理想化偶尔会相冲突并产生矛盾。这种矛盾正是“研究的最强有力的推动力”。绝不能说，一个事实——任何事实——已经完全和彻底地被描述了。科学过程所获得的理论必须通过进一步的研究来检验和发展。① 科学进步或科学发现“既依赖于保守的或传统的或历史的要素，也依赖于一种革命性的使用试探和通过批判，包括严格的试验审查或检验对错误进行排除；也就是说试图去探索可能的理论弱点，并试图驳倒它们。”②

科学的方法和理论体系的特点反映了从事科学活动的人的“谦卑”。科学对自己所发现的“真理”的肯定是有限度的。科学与其说是确立知识不如说是在更理性的意义上对“无知”的承认。这一点正如苏格拉底对智慧的解释。科学“预期人们一定迟早会发现必须对它目前的理论作出修正，并且意识到自己的方法是一种在逻辑上不可能得出圆满的、最终的论证的方法。”③

但是在科学活动中人类的“谦卑”只是一个方面，卡西尔认为，一切伟大的科学探索者如伽利略、牛顿、麦克斯韦尔、赫尔姆霍兹、普朗克和爱因斯坦，都不是从事单纯的事实搜集工作，而是从事理论性的工作，而这也就意味着创造性的工作。与语言、宗教和艺术一样，在科学中人类所能做的不过是建造他自己的宇宙——一个使人类经验能够被他所理解和解释、联结和组织、综合化和普遍化的符号的宇宙。④

---

① 〔美〕保罗·费耶阿本德著，陈健、柯哲、陆明译：《告别理性》，南京，江苏人民出版社 2002 年版，第 227 ~ 228 页。

② 〔英〕戴维·米勒编，张之沧译：《开放的思想和社会——波普尔思想精粹》，南京，江苏人民出版社 2000 年版，第 72 页。

③ 〔英〕罗素著，徐奕春、林国夫译：《宗教与科学》，北京，商务印书馆 1982 年版，第 5 页。

④ 〔德〕恩斯特·卡西尔著，甘阳译:《人论》，上海，上海译文出版社 2003 年版，第 347 页。

依据马克思对哲学的理解，我们可以这样说，科学的起源和目的也应该不仅仅是解释世界，而是改造世界。改造世界必须以对世界的尊重为基础，对世界的最自由的改造意味着需要有对世界的最高尊重。科学正是人类在最高意义上尊重世界的体现。人只能用自己特有的认知手段和认知方式去观察与表达客观实在；他既不像动物一样只是局限在自己感官知觉的世界中而对“可能”的世界浑然不觉，也不可能具有“上帝”般的全知。① 因此，科学上的真理并不直接等于客观实在的真实，而是以理性的方式无限接近客观实在的真实的一系列尝试。

尽管科学是一种“谦卑”的探索，它本身并不具有专制和霸权的特性，但是，科学也并不存在于一种纯粹“为知识而知识”的理想“真空”之中。沃勒斯坦等学者就曾经深刻地指出：“1945 年以后时期的文化霸权主义是实证科学观点的推演组成的。实证科学具有普遍化和客体化的特点，包括一套实验/比较方法，导致与可预测结果相联系的（无私的、非政治的）进步——该观点不仅渗透到科学，而且也渗透到社会科学中，并在人文科学中获得强烈回应。这些都与美国政治霸权和经济扩张相一致，虽然那种一致是在不断变化的联系中实现的。”② 而且“当我们考察知识结构时，情况就更清楚”。在现代世界体系中，知识结构最重要的革新是科学取代哲学/神学而成为知识的中心。一种科学方法的特殊模式占据了统治地位（我们简单化地将其表示为“牛顿式”的），它声称是科学研究的唯一合理模式。牛顿式科学的中心因素是宣称找到了普遍真理，其主旨直接反映在“自由主义”这个过去 200 年间居主导地位的世界意识形态中，它被用来定义世界体系这一全球文化。在自由主义意识形态中，最为人们所肯定的因素是它关于世界体系多重向量演变进程的论述。自由主义鼓吹人类福利将逐渐趋同这个不可避免的胜利，以及暴力的最终消除；自由主义认为，“这两者是由于不平等的减轻而带来国家凝聚力不断增强所导致的。在某种意义上，自由主义提供了平息骚乱，并消弭对文明现状不满的温和的改良主义的常规做法。”③ 这是一个例证，它提醒我们，现代社会中有各种复杂的因素可能导致科学相对真理的绝对化，或者直接以科学的名义制造“科学”的霸权与专制，以及对“科学”的

① 〔德〕恩斯特·卡西尔著，甘阳译：《人论》，上海，上海译文出版社 2003 年版，第 87 页。

② 〔美〕特伦斯·K. 霍普金斯、伊曼纽尔·沃勒斯坦等著，吴英译：《转型时代——世界体系的发展轨迹：1945—2025》，北京，高等教育出版社 2002 年版，第 200 页。

③ 〔美〕特伦斯·K. 霍普金斯、伊曼纽尔·沃勒斯坦等著，吴英译：《转型时代——世界体系的发展轨迹：1945—2025》，北京，高等教育出版社 2002 年版，第 8 ~9 页。

迷信。

科学并不是人类知识的全部内容，科学的发展也没有穷尽人类知识的全部领域，科学只是开辟了人类理性地拓展知识疆域的可能性和现实性。科学的发展是无止境的过程，它使人类的知识永远处于一种自我更新的连续运动之中。作为人类理性发展的最高成果，科学中蕴含着人类最谦逊的求知态度，最清醒的怀疑主义，最彻底的批判精神和最伟大的创造性，这就是科学的精神。从一定意义上讲，科学与科学精神塑造了人类的现代历史。可以预见，在现代之后的未来，科学及其精神仍将从根本上影响人类的生存和发展。

二、科学技术与社会主义现代化

一个社会的科学精神的形成和发展与该社会中科学技术的地位和作用密切相关。改革开放以来的中国对于科学技术表现出一种前所未有的重视。在这个时代，我们直接把科学技术与社会主义现代化的物质基础联系起来，强调“科学技术是第一生产力”，这使得整个转型时代被笼罩在浓厚的科学精神氛围之中。

现代性的本质是科学精神所代表的理性，而不是资本再生产所依赖的对个人物质利益精巧算计的工具理性。资本主义把“现代化”作为资本的逻辑在全球范围普遍扩张的旗帜。在马克斯·韦伯看来，“现代资本主义精神”的普遍化，即“以合理而系统的方式追求利润的态度”的普遍化。[①]而在我们的概念中，现代化意味着科学精神的普遍化，或者科学精神意义上的理性化。在现代化进程中，科学精神具有某种超越意识形态的中立性，它可以与现代资本主义精神结伴而行，也可以与反对和超越资本主义精神的社会主义理想相结合。在社会主义现代化实践中，科学精神以及作为其基本载体的现代科学技术将服务于“人的全面而自由的发展”。

科学的发展与人的发展是统一的，它的历史时空远远超越了现代资本主义历史阶段。许多理论都认为，现代科学与现代资本主义的源头是连在一起的。在这一点上马克思主义者与非马克思主义者的看法基本一

① 〔德〕马克斯·韦伯著，彭强、黄小京译：《新教伦理与资本主义精神》，西安，陕西师范大学出版社2002年版，第38页。

致。罗斯托写道："科学革命，从其全部结果来看，是历史方程式中的一个要素，它把早期现代欧洲同所有过去的经济发展阶段区别开来了。"[①]马克思的说法是："只有资本主义生产才第一次把物质生产过程变成**科学在生产中的**应用——被运用于实践的科学。"[②]资本主义终结之后，或者在现代阶段之后，科学却并不会终结。作为人类理解世界与探索未知的活动与知识形式，科学拥有无尽的前沿与未来。

资本与现代科学技术的结合是一种历史现象而不是一种永恒原则，因为科学技术本质上是一种推动社会变革的革命力量。马克思认为，在现代状态下，"资本是以生产力的一定的现有的历史发展为前提的——在这些生产力中也包括科学"，[③]也就是说科学属于最具有革命性的生产力范畴，它与资本主义生产关系之间存在着对立统一的关系。

在现代资本主义生产方式中，生产过程成了科学的应用，而科学反过来成了生产过程的因素即所谓职能。每一项发现都成了新的发明或生产方法的新的改进的基础。只有资本主义生产方式才第一次使自然科学直接为生产过程服务，同时，生产的发展反过来又为从理论上征服自然提供了手段。科学获得的使命是：成为生产财富的手段，成为致富的手段。只有在这种生产方式下，才第一次产生了只有用科学方法才能解决的实际问题。只有现在，实验和观察——以及生产过程本身的迫切需要——才第一次达到使科学的应用成为可能和必要的那样一种规模。现在，科学，人类理论的进步，得到了利用。资本不创造科学，但是它为了生产过程的需要，利用科学，占有科学。[④]在资本主义生产关系所能容纳的限度内，现代资本主义与科学技术的结合是一种历史进步的表现。资本主义的产生和发展推动了生产力和科学技术的巨大进步。马克思在《共产党宣言》中写道："资产阶级在它的不到一百年的阶级统治中所创造的生产力，比过去一切世代创造的全部生产力还要多，还要大。"[⑤]

但是，这种进步"只是通过使工人从属于资本，只是通过**压制**工人本身的智力和专业的发展来实现的"[⑥]。尽管如此，科学与资本主义的结

---

① 〔美〕W. W. 罗斯托：《这一切是怎么开始的——现代经济的起源》，北京，商务印书馆1997年版，第108页。

② 《马克思恩格斯全集》第47卷，北京，人民出版社1979年版，第576页。

③ 《马克思恩格斯全集》第31卷，北京，人民出版社1998年版，第94页。

④ 《马克思恩格斯全集》第47卷，北京，人民出版社1979年版，第570页。

⑤ 《马克思恩格斯选集》第1卷，北京，人民出版社1995年版，第277页。

⑥ 《马克思恩格斯全集》第47卷，北京，人民出版社1979年版，第576页。

合中也包含着“历史的狡计”。从一定意义上讲：“资产阶级历史时期负有为新世界创造物质基础的使命：一方面要造成以全人类互相依赖为基础的普遍交往，以及进行这种交往的工具，另一方面要发展人的生产力，把物质生产变成对自然力的科学统治。”①

马克思认为，现代科学技术所创造的机器体系，是人类的手创造出来的人类头脑的器官；是物化的知识力量。作为固定资本的最适当形式的机器体系的发展表明：“一般社会知识，已经在多么大的程度上变成了**直接的生产力**，从而社会生活过程的条件本身在多么大的程度上受到一般智力的控制并按照这种智力得到改造。它表明，社会生产力已经在多么大的程度上，不仅以知识的形式，而且作为社会实践的直接器官，作为实际生活过程的直接器官被生产出来。”②

社会主义作为资本主义的否定，在马克思的设想中是“在保证劳动生产力极高度发展的同时又保证人类最全面的发展的这样一种经济形态”。资本主义社会已经显示的状况表明：随着大工业的发展，现实财富的创造较少地取决于劳动时间和已耗费的劳动量，较多地取决于在劳动时间内所运用的动因的力量，从而“取决于一般的科学水平和技术进步，或者说取决于科学在生产上的应用”。③随着科学变成直接的生产力，“表现为生产和财富的宏大基石的，既不是人本身完成的直接劳动，也不是人从事劳动的时间，而是对人本身的一般生产力的占有，是人对自然界的了解和通过人作为社会体的存在来对自然界的统治，总之，是社会个人的发展”。④因此，社会主义将在保留资本主义所创造的一切科学成就的基础上开辟自己的道路。

现实的社会主义实践是在资本主义发展水平较低，生产力相对不发达的国家展开的，在这种情况下，发展生产力对于巩固和发展社会主义就具有极端的重要性和紧迫性。列宁曾经针对这一点指出：“社会主义的物质基础只能是同时也能改造农业的大机器工业。但是不能停留在这个一般的原理上。必须把它具体化。适应最新技术水平并能改造农业的大工业就是全国电气化。”⑤邓小平把生产力的发展作为社会主义的根本任务和本质内涵。他说：“根据我们自己的经验，讲社会主义，首先就要使生

① 《马克思恩格斯选集》第1卷，北京，人民出版社1995年版，第773页。

② 《马克思恩格斯全集》第46卷（下），北京，人民出版社1980年版，第219～220页。

③ 《马克思恩格斯全集》第46卷（下），北京，人民出版社1980年版，第217页。

④ 《马克思恩格斯全集》第46卷（下），北京，人民出版社1980年版，第218页。

⑤ 《列宁选集》第4卷，北京，人民出版社1995年版，第542页。

产力发展，这是主要的。”①

社会主义与生产力的发展具有本质上的统一性，意味着科学在社会主义社会具有“天然的”合理性。然而，理论上的认识与实践上的运用并不是一码事。无论是苏联还是中国的社会主义实践都曾经发生过阻碍科学技术和生产力发展的失误。我国在建立社会主义制度以后，并没有一心一意致力于发展生产力，而是在相当长的一段时间内把注意力集中于抓阶级斗争，在强调抑富济贫；在不断变更生产关系、任意扩大公有制的范围，提高公有化的程度，搞“穷过渡”；在批判资产阶级法权和批判小生产，“割资本主义尾巴”，甚至发展到“文化大革命”时期把发展社会生产力当作修正主义的“唯生产力论”加以批判，提出“宁要社会主义的草，不要资本主义的苗”这样一类荒谬的观点。②马克思主义关于社会主义与发展生产力本质统一的观点在理论上得以巩固和推进并在实践上加以认真贯彻，是在改革开放之后的中国。

邓小平总结几十年的社会主义革命和建设的经验指出：“什么叫社会主义，什么叫马克思主义？我们过去对这个问题的认识不是完全清醒的。马克思主义最注重发展生产力。”③他还说，“马克思主义的另一个名词就是共产主义……共产主义是没有人剥削人的制度，产品极大丰富，各尽所能，按需分配。按需分配，没有极大丰富的物质条件是不可能的。要实现共产主义，一定要完成社会主义阶段的任务。社会主义的任务很多，但根本一条就是发展生产力，在发展生产力的基础上体现出优于资本主义，为实现共产主义创造物质基础。”④

发展生产力涉及很多方面，针对现代生产力体系本身的状况和特点，邓小平突出强调的是“科学技术是第一生产力”。这是一个理论上的突破，它把科学技术的地位提到了一个新的高度。1988 年 9 月 5 日，邓小平在会见捷克斯洛伐克总统胡萨克时第一次明确地提出：“马克思说过，科学技术是生产力，事实证明这话讲得很对。依我看，科学技术是第一生产力。”⑤ 1992 年邓小平在南方谈话中强调指出，“经济发展得快一点，必须依靠科技和教育。我说科学技术是第一生产力。近一二十年来，世

① 《邓小平文选》第 2 卷，北京，人民出版社 1994 年版，第 314 页。

② 吴树青主编：《邓小平理论与当代中国经济学》，北京，北京大学出版社；哈尔滨，黑龙江教育出版社 2002 年版，第 49～50 页。

③ 《邓小平文选》第 3 卷，北京，人民出版社 1993 年版，第 63 页。

④ 《邓小平文选》第 3 卷，北京，人民出版社 1993 年版，第 137 页。

⑤ 《邓小平文选》第 3 卷，北京，人民出版社 1993 年版，第 274 页。

界科学技术发展得多快啊！高科技领域的一个突破，带动一批产业的发展。我们自己这几年，离开科学技术能增长得这么快吗？要提倡科学，靠科学才有希望。”①科学技术是第一生产力的思想，不仅是对当代科技与生产力关系的一个新概括，而且也是中国社会主义现代化建设的重要指导思想。

三、中国心灵的“科学”洗礼

新中国发展的历程就是马克思主义在中国的实践历程。作为科学理论的马克思主义与作为现实运动的马克思主义，具体地结合在中国发展的历史过程之中。本来在任何科学的理论应用过程中都伴随着对理论的“试错”过程，实践检验了理论的预见性和对事物原理的解释，从而提出了进一步修正与发展理论的要求。然而，在我国的社会主义实践中，我们曾经深受教条主义、主观主义和非理性主义的影响。这主要表现在：理论方面，我们把作为科学理论的马克思主义教条化，或者从本本出发，或者从苏联的特殊经验上升而成的普遍模式出发，试图让社会的现实运动服从教条化理论的“规范”。实践方面，领袖的意志与被动员起来的群众的乌托邦狂热等非理性因素，造成了“大跃进”和“文化大革命”的历史波折。马克思主义的普遍真理与中国革命和建设的具体实践相结合的道路充满了曲折。

我们说改革开放以来的时代是一个渗透着科学精神的时代，很重要的一个依据就是在这个时代社会主义理论和实践本身成为理性审视的对象，在这个时代马克思主义中国化取得了创造性的成果。从理论与实践的关系上，我们可以清楚地看出意识形态领域发生的转变。理论曾经很大程度上是论证实践是否合乎真理的根据，而现在强调的是“实践是检验真理的唯一标准”。马克思主义是科学，但是在这个时代我们不再把这种科学理解为纯粹“论证的科学”，而是理解为“探索的科学”。马克思主义的基本原理、立场、观点和方法是实践探索的科学基础，而实践探索又赋予马克思主义以现实性和新的内涵。正是在实践探索的推动下，马克思主义成为不断发展的科学。

邓小平反复强调我们必须搞清楚什么是社会主义，如何建设社会主

① 《邓小平文选》第3卷，北京，人民出版社1993年版，第377～378页。

义。如果不是将马克思主义理解为“探索的科学”，如果不是出于彻底的科学精神，我们不可能将批判与怀疑的目光转向“社会主义”本身，我们不可能意识到，我们过去对于什么叫社会主义，怎样建设和发展社会主义的认识“不是完全清醒的”，“并没有搞清楚”。经过深入的反思和实践探索，我们在关于社会主义的本质、体制特征、发展阶段等理论上取得了重大的突破，中国特色社会主义理论基本形成并在实践中取得了长足发展，它所指导的中国改革开放和现代化建设也取得了有目共睹的业绩。中国特色社会主义理论体系的确立，以及对中国所处的社会主义初级阶段的认识，是将科学精神贯注于意识形态的成果。由于有了科学精神，转型时代的中国社会主义实践既回到了马克思，又超越了马克思。

一个民族精神特质和面貌的改观，既涉及群体心理的变化，又涉及个体心理的变化。人是一种社会性的生命存在，无论在哪一个时代，群体与个体的关系都是人存在的基本结构。现代化是一种个人的独立人格逐渐彰显的过程，个体意义上的现代人似乎极力要从群体中解放出来。准确地讲，个人从群体中的解放，不是对群体的消解，而是要摆脱群体所具有的非理性力量的奴役，也就是说，不受各种各样的群体心理魔术的魅惑，以致丧失个体的独立人格和理智，成为现代群氓中一个可悲的原子。[①]正像个体心理中存在情感、欲望和冲动等无法消除的非理性因素一样，群体的历史基因中也包含着无法消除的属于信仰、激情和梦幻范畴的非理性力量。迄今为止，现代人还没有找到最佳的办法来对付这种群体性的魔力。现代科学在祛除传统宗教的魔力方面，作出过决定性的贡献，但是科学的胜利依然有限，现代科学还得与形形色色的现代神话和迷信进行长期不懈的斗争。也许还需要相当漫长的时间，通过科学的发展和科学精神的普及，现代人才能够成功地处理好理性与非理性的平衡。

对“乌托邦”神话和“领袖魅力”的清除，是转型时代的中国向现代化方向迈出的一大步。这使我们整个民族群体的生命受到了科学精神的洗礼，使我们获得了切实明确的奋斗目标，使我们能够在清醒的理智基础上实现政治权威与个人积极性之间的平衡。发生在转型时代中国的这场科学精神对现代神话和迷信的祛魅，从根本上改变了我们民族的群体心理结构和群体行动的逻辑，它对中国的知识与人才再生产将产生无

① 〔法〕赛奇·莫斯科维奇著，许列民、薛丹云、李继红译：《群氓的时代》，南京，江苏人民出版社2003年版，第56页。

比深远的影响。

在这里，我们从政治权威与人民的关系这一角度，简要地勾画一下这种现代神话和迷信的结构和逻辑。

有人说中国从 1949 年开始进入了“毛泽东时代”，这种说法虽然带有浓厚的个人崇拜色彩，却反映了某种历史的真实。从新中国成立开始，毛泽东这位伟人的身影笼罩了这个世界上人口最多的大国将近 30 年。他的影响所及不仅包括政治、经济、思想、文化、外交、国防等一切重要方面，而且渗透到社会生活的各个角落，甚至左右着人们的生活方式和思维方式。历史表明，中国革命和建设的胜利与挫折，都是同毛泽东的名字连在一起的。[①]毛泽东在新中国成立后的生涯大体分为两个阶段：在 1956 年以前，路线基本正确，带领全党胜利地完成了第一个五年计划，成绩显著，但他的“左”的思想已经露头；从 1957 年到 1976 年，他背离了党的八大路线，也越来越背离马克思主义和毛泽东思想，推行了一套“左”的错误的东西，个人迷信发展导致“文化大革命”十年动乱。这段历史对于中国共产党、中国人民和毛泽东自己都是具有悲剧色彩的。[②]

毛泽东无疑是一位具有超凡魅力的领袖，他的许多举动都在中国人民大众的社会生活中激起狂风巨浪，在人民大众的心灵深处投下他巨大的身影。在“毛泽东时代”的这段历史中，一种畸形的大众群体心理结构被塑造成型。透过“文化大革命”这样极端的历史场景，我们能够更清晰地看见大众心理结构中领袖与群众之间的关系：领袖是高高在上的头脑，大众是头脑之下的躯体；大众把思想和灵魂寄托在领袖身上，以领袖的思想和灵魂为思想和灵魂。邓小平曾经谈道：“人总是要死的。哪一天我不在了，好像中国就丢了灵魂，这种看法不好。”[③] 邓小平的这句话不仅仅反映了他个人对于生死的达观看法，其中还折射出“毛泽东时代”中国人群体心理的内在结构。在这一结构中，领袖是大众的灵魂，大众作为群体是没有灵魂的。这种头重脚轻、灵肉分离的群体心理结构，赋予领袖巨大的权威、优势和“自由”。当领袖执迷于他自己的激情和狂想之际，群体的命运也就交给非理性的力量来任意摆布了。

在这种关系中，表面上领袖和大众合为一体，实际上领袖和大众是

---

① 李锐：《毛泽东的早年与晚年》，贵阳，贵州人民出版社 1992 年版，第 213 页。

② 李锐：《毛泽东的早年与晚年》，贵阳，贵州人民出版社 1992 年版，第 164～165 页。

③ 《邓小平文选》第 3 卷，北京，人民出版社 1993 年版，第 273 页。

灵与肉互相分离的二元关系。"毛泽东时代"由领袖统率的群体不是自发形成的乌合之众，也不是自然的亲缘与地缘群体，而是一种高度组织化的人为群体。"公社"和"单位"等等级秩序严密的组织结构在形式上实现了领袖与大众的"合为一体"。与此同时，大众在寻求与领袖高度一致或"合为一体"时，既出于群体性的要求又出于某种自愿而放弃了个体的理性。关于个人崇拜，毛泽东曾经这样说：一个班必须崇拜班长，不崇拜不得了。个人崇拜有两种：一种是正确的，如对马克思、恩格斯、列宁、斯大林正确的东西，我们必须崇拜，不崇拜不得了，真理在他们手里，为什么不崇拜呢？另一种是不正确的崇拜，不加分析，盲目服从这就不对了。反个人崇拜的目的也有两种，一种是反对不正确的个人崇拜，一种是反对崇拜别人，要求崇拜自己。这种说法把承认真理与崇拜个人相互混淆，实际上为对毛泽东本人的个人崇拜起了推波助澜的作用。①

我们当然要从典型的意义上来理解这种灵肉分离的领袖与大众的关系。在实际的历史中我们可以找到证据来证明毛泽东本人并不是对个人崇拜或乌托邦狂热毫无反感和警觉，例如在党的八大通过的新党章中，删去了七大党章中写的"毛泽东思想"字样；又如他对于"大跃进"的"左"的错误也曾有所察觉，并试图纠正。同样，人民群众之中也不是没有卓尔不群个性鲜明的人物。我们从众多的清醒者中可以找到这样一个例子——《半社会主义论》和《怎么办?》的作者冯志来。面对着"大跃进"之后三年困难时期的凋敝景象，这个年轻的温州乡村的兽医开始了他的思索。他以毛泽东《新民主主义论》中的名言来为自己的《半社会主义论》破题，他引述道："唯有科学的态度和负责的精神，才能够继续引导我们民族的解放之路。""真理只有一个，而究竟谁发现真理，不依靠主观的夸张，而依靠客观的实践。"他显然是想展开一场真诚的思想对话。他认为新中国成立初期这几年我国虽然初步建成了现代化工业的基础，农业总产值也达到和超过了旧中国的最高水平，但是我国仍是一个生产力落后的国家，社会主义的社会化生产力仍然没有在我们这个由半殖民地半封建社会所诞生的新民主主义生产力旧胎胞里孕育成熟。如果我们将旧中国资本主义性质经济与半封建小农性质经济兼有的状况称作半资本主义经济，那么现在我们也可以说我们目前的经济是半社会主义性质经济。他写道："中国不能通过资本主义而后进入社会主义，这

① 李锐：《毛泽东的早年与晚年》，贵阳，贵州人民出版社1992年版，第205页。

是早有人论证过的，但是它也不可能马上进入社会主义。只有通过半社会主义的相当长的发展阶段，才能完成社会主义建设。这是由中国的生产力状况所决定的，任何人都不能违背这个客观经济发展规律。”这个观点与我们后来强调的社会主义初级阶段论多么一致！1962 年 4 月，冯志来将《半社会主义论》文稿分送中共中央、《红旗》杂志社和《人民日报》。几天后，中共中央办公厅的一位办事员接见了他，并狠狠地训斥了他对党中央、毛主席的不信任情绪，勒令他要好好清理那些危险的胡思乱想。冯志来不能停止思想。两个月后，他往北京寄去了更为尖锐的第二篇文章《怎么办?》。他写道：“我们目前的困难是怎样造成的？人们往往以自然灾害和‘五风’来回答。但是除非政治上的庸人，都不难认识，天灾是次要的，‘五风’仅仅是表面现象，实质是‘左’的错误。”结果怎样?《半社会主义论》和《怎么办?》成了反党反社会主义活生生的教材。在经过了一轮又一轮从灵魂到肉体的质问和折磨之后，冯志来被“重戴帽子，遣返原籍，监督劳动。”一位早生了 25 年的思想的冒险者从此销声匿迹。①

尽管个体可以是理性的，但是群体心理结构中非理性的魔力就在于它能够有效地抑制或摧毁个体理性的萌动甚至冲击。正如法国人塔德所说：“不管他们在个体来源或其他方面有何不同，群体都具有某些共同的特征。这些特征包括他们非常的偏执、可怕的敏感、荒唐的自大和极度的不负责任，这些都源自于他们是万能的这种幻觉和他们中庸之道的全部丧失，其原因就是因为他们过分自负、过分狂热。对群体来说，在恐惧和兴奋，‘万岁……’与‘打倒……’的呼喊之间没有任何中庸之道。”②

党的十一届三中全会以后，这套群体心理结构和行动逻辑发生了怎样的变化？我们仍从领袖与群众的关系角度来略作分析。

邓小平曾经在党的八大修改党章的报告中指出，苏共二十大的一个重要功绩，就是告诉我们，把个人神化造成的恶果多么严重，坚持集体领导原则和反对个人崇拜对于共产党多么重要。“很明显，个人决定重大问题，是同共产主义政党的建党原则相违背的，是必然要犯错误的，只有联系群众的集体领导，才符合于党的民主集中制原则，才便于尽量减

① 吴晓波、胡宏伟：《温州悬念》，杭州，浙江人民出版社 2002 年版，第 24～26 页。

② 〔法〕赛奇·莫斯科维奇著，许列民、薛丹云、李继红译：《群氓的时代》，南京，江苏人民出版社 2003 年版，第 56 页。

少犯错误的机会。”“同过去剥削阶级的领袖相反，工人阶级政党的领袖，不是在群众之上，而是在群众之中，不是在党之上，而是在党之中。”[①]在转型时代，领袖与党的领导集体、领袖与党、领袖与群众的关系正是要恢复到上述原则所描述的状态。邓小平无疑也具有领袖的超凡魅力，但是他作为领袖的权威并不是建立在他个人的超凡魅力之上，而是建立在尊重集体领导原则和群众的首创精神的基础之上。

党的十一届三中全会以来，中国在平衡领袖的权威与人民群众的积极性的关系上取得了历史性的进步，这是我们民族在群体心理结构和群体行为逻辑方面的现代化转型。转型时代的中国不仅祛除了笼罩在领袖身上的神话色彩，而且也恢复了理性在群体心理结构中的首要地位。群众不再是“群氓”，而是具有独立人格的个人组成的理性群体。领袖与群众的关系不再是等级森严的上下结构，而是一种相互尊重平等对话的结构。随着由乌托邦和领袖意志驱动的群众运动退潮，一种由群众的首创精神主导，由科学和民主力量驱动的集体行动的逻辑正在形成。

四、“在实践中摸索”

1987 年 11 月 16 日，邓小平在会见日本友人时谈道：“我们现在所干的事业是一项新事业，马克思没有讲过，我们的前人没有做过，其他社会主义国家也没有干过，所以，没有现成的经验可学。我们只能在干中学，在实践中摸索。”[②]

实践的领域充满未知和风险，在实践中摸索，并不是瞎摸一气，而是本着科学精神，在科学的理论指导下，目标明确有方向有步骤地探索。科学精神体现了人类的谨慎与勇敢这两种美德的和谐统一。对于“已知”的真诚的谦逊与对于“未知”的创造性的展望，贯穿着整个科学探索的历程。科学精神意味着彻底否定“完备知识”的幻想，并努力以这种不可回避的“无知”为基础去取得创造性的成果。科学的目的不在于建构一种作为科学知识的符号与逻辑系统，而是以理性的知识指导广泛的社会生活实践。在转型时代，中国的社会主义现代化事业不再是群众运动式的实践，而是充分发挥人民群众的自主性和创造性的实践。在这一伟

① 李锐：《毛泽东的早年与晚年》，贵阳，贵州人民出版社 1992 年版，第 204～205 页。

② 《邓小平文选》第 3 卷，北京，人民出版社 1993 年版，第 258～259 页。

大实践中，尊重科学精神具体表现为尊重群众的首创精神。

建设市场经济体制和对外开放，意味着中国人民拥有了一个日益开放的世界，一个可以自由创造的空间。值得注意的是，在这种环境下，很容易产生这样一种误解，以为这场人民群众广泛参与的实践是一种纯粹“自发秩序”的扩展。这种观点把群众参与行动的自组织特点绝对化，把尊重群众的首创精神理解为对群众自发力量的全盘肯定，拒绝考虑群众自发力量的复杂性，将其中根本不属于首创精神的各种“杂质”也全盘接受并予以肯定。这样的误解实际上违背了科学精神，也就不可能达到对于群众首创精神的真正的尊重。

人民的力量必须凝聚起来。邓小平强调，中国共产党人的最高理想是实现共产主义，在不同历史阶段又有代表那个阶段最广大人民利益的奋斗纲领。因此我们才能够动员最广大的人民群众，万众一心。他说：“我认为，最重要的是人的团结，要团结就要有共同的理想和坚定的信念。我们过去几十年艰苦奋斗，就是靠用坚定的信念把人民团结起来，为人民自己的利益而奋斗。没有这样的信念，就没有凝聚力。没有这样的信念，就没有一切。”①

人民群众的主动创造必须与具有科学根据的、切合实际的发展目标结合起来。根据邓小平的设想，我们已经明确了社会主义现代化的战略目标。中国共产党的十三大报告提出：党的十一届三中全会以后，我国经济建设的战略部署大体分“三步走”。第一步，实现国民生产总值比1980年翻一番，解决人民的温饱问题。这个任务已基本实现。第二步，到20世纪末，使国民生产总值再增长一倍，人民生活达到小康水平。第三步，到21世纪中叶，人均国民生产总值达到中等发达国家水平，人民生活比较富裕，基本实现现代化。然后，在这个基础上继续前进。

在转型时代，科学精神已经上升为中国社会的主导性精神特质。这意味着科学精神战胜了教条主义和非理性的力量，但并不意味着科学精神已经彻底地清除了它们，科学精神远没有成为这个时代中国人根深蒂固的习性。随着改革开放和现代化建设的不断推进，实践的领域也极度扩展，科学精神还会在更广泛的层面与各种对手进行较量。科学精神面临的挑战既有直接针对科学及其精神的，如各种各样古代和现代迷信，各种各样的伪科学；还有一些挑战发生在科学的范畴之外，如市场经济中的各种“拜物教”和崇尚奢侈消费的消费主义文化等。在转型时代，

① 《邓小平文选》第3卷，北京，人民出版社1993年版，第190页。

人民群众不可避免地被科学及其精神所吸引，也难以避免地被非科学的和与科学无关的东西所吸引，也许需要相当长的历史阶段，至少在整个社会主义初级阶段，我们都必须通过不懈的努力去巩固和加强科学精神的地位和影响，才能使它深入人心，不可移易。

“文化大革命”结束以来中国发生的变化带有“奇迹”般的色彩，巨变的力量不仅表现为经济与社会面貌的不断改观，而且也通过某种似乎不可遏止的民族复兴的强劲趋势呈现出来。在这一系列迅速、复杂、重大而深刻的变化中，我们很容易发现众多的矛盾、冲突和分歧，但是在这种种“看得见的不和谐”背后，我们也隐约感觉到存在着一种“看不见的和谐”。这是一种统一的精神气质，它将这个转型时代看似纷乱的各种事物联结成一个有生命的整体。我们认为是科学精神代表了这个转型时代“看不见的和谐”，从一定意义上讲，它也是这个时代我们所看见的各种“不和谐”的根源。既然没有矛盾和冲突的世界并不存在，我们就应该记住赫拉克利特的格言：“看不见的和谐比看得见的和谐更好。”①

科学精神的普遍化是现代化的本质特征。在中国现代化的转型阶段，以为科学精神已经一劳永逸地取得了彻底的胜利，那并不是我们的看法。我们把改革开放以来的时代看成是科学精神在中国现代化进程中的一次辉煌的凯旋，但是在我们的社会中对科学精神的抵抗、叛逆从来就没有完全平息过。现在看来，不仅各种冲突还会继续存在，而且我们还会遇到许多前所未有的挑战。

毛泽东曾经把社会实践简要地概括为生产斗争、阶级斗争和科学实验三种形式。②也许我们可以借用他的术语来说，转型时代不是一个“阶级斗争”的时代，而是一个“科学实验”的时代。在这个时代，整个中国的社会主义道路探索和现代化运动就是一场全方位的“科学实验”，我们不仅把科学的精神、方法和知识运用于物质生产，而且也运用于知识与人才的生产；不仅运用于社会主义建设的实践之中，也运用于社会主义理论本身。

在这个带有整体性的“科学试验”氛围中，科学精神以前所未有的普遍性和深刻性，将中国发展历程中的这个时代与以往的时代区别开来。中国历史上以往的时代也曾不止一次地见证过“科学精神”的影响，但

---

① 北京大学哲学系外国哲学教研室编译：《西方哲学原著选读》（上卷），北京，商务印书馆1982年版，第24页。

② 《毛泽东文集》第8卷，北京，人民出版社1999年版，第320页。

是，就行动的广泛性和理论的反思性而言，没有一次达到过我们正在经历的这个转型时代的广度和深度；就影响的力量而言，也没有一次达到过这样的强度：一个民族正在用科学及其精神改造自己的一切——物质生产方式、知识、制度、意识形态、价值观念和习俗。

第四章　知识观与人才观的变革

在20世纪的发展竞赛中，知识和人才的战略重要性已是有目共睹，进入21世纪之后，各国对于知识和人才的重视程度更是与日俱增。自20世纪80年代以来，中国在改造知识和人才再生产体系方面进行了艰苦卓绝的努力，这是一个将带有传统的落后因素的前现代人才资源开发体系转变为现代体系的宏大的系统工程。现在看来，这一转型已经取得了总体上的成功，并正在以不可逆转的趋势朝现代化方向推进。从一定意义上讲，这一转型是中国社会主义现代化进程中的一个极其重要的任务。令人感兴趣的是这一转型过程的思想根源与现实过程：这一转型为什么会发生？到底是怎样发生的？要回答这些问题，邓小平提出的“尊重知识，尊重人才”（以下简称“双尊”）的思想是一个值得探究的对象。

关于邓小平的“双尊”思想，理论界已经有不少研究。尽管在“双尊”思想的体系构成、思想内涵、实践意义等方面存在不尽一致的观点，但大体上都认为“尊重知识，尊重人才”是邓小平人才思想的精髓和核心，为我国人才资源开发事业奠定了思想基础。[①] 虽然这种认识是大家普遍认同的一种理论共识，但是，我们也应该看到，关于“双尊”思想的既有研究，往往侧重于强调人才观，而忽略知识观；侧重于整理邓小平的相关论述的理论框架，而疏于对这一思想的现代性内涵的阐发。为此，本章在简要叙述“双尊”思想的体系及其源流的基础上，着重从现代化理论视角出发，考察“双尊”思想的现代性特质，将“双尊”思想理解为一种现代性的知识观和人才观。我们认为“双尊”思想的确立，实现了中国知识观和人才观从传统向现代的转变。在实践层面，本章将围绕“双尊”思想的实践意义，描述中国人才资源开发体系，即知识与人才再生产体系的现代化转型。最后，我们将结合20世纪末和21世纪初社会主

① 徐颂陶：《中国人才战略与人才资源开发》，北京，中国人事出版社2001年版。

义现代化建设的新局面，略述“双尊”思想的理论发展与人才资源开发的实践拓展。

一、“尊重知识，尊重人才”

在毛泽东之后，邓小平是新中国的又一位杰出领袖。他所预见的是一个“尊重知识，尊重人才”的崭新时代。他的预见不是一种没有呼应的孤立的观察，在发达社会的知识精英那里，我们可以看到对于“后工业”时代众说纷纭的讨论。“后工业社会”是表达工业社会形态变异的术语之一，它灵活地概括了工业社会的转型，但是对于真正的转变则采取了一种模糊的态度。更为明确地反映这个新时代的术语是“知识社会”。发明“后工业社会”这一术语的丹尼尔·贝尔就曾经写道，“显而易见，后工业社会就是一个知识社会”，因为“知识”是后工业社会的“一种基本资源”。彼得·德鲁克也认为知识将置于“我们社会的中心，以及经济和社会行为的基础”地位。正像“工业”可以作为前一种社会形态的标志一样，“知识”也可以标识这个正在从工业社会中脱胎而出的社会——知识社会，因为现代社会的主要机制或特性正日益受到“知识”的驱动。① 人才是知识的主体性载体，而且知识社会最本质的特征就是知识的生产与人才的造就将成为一种最广泛最基本的社会实践。从这个意义上讲，知识社会也就是一个人才社会。

与知识社会的兴起这一时代节拍相一致，邓小平提出了一系列关于时代变迁与社会发展的观点，其中最富有战略眼光的是关于知识与人才的观点。这是一系列观点构成的思想体系，其核心思想是强调“尊重知识，尊重人才”，把人才作为最重要的战略资源，创造适宜人才成长的良好环境，积极开发各级各类人才资源，从而实现中国社会主义现代化的伟大目标。邓小平关于知识与人才的一系列观点也可以称之为“人才资源”观。邓小平人才资源观是邓小平理论的一个关键组成部分。从理论体系上说，邓小平人才资源观涉及邓小平关于中国知识和人才生产与再生产问题的全部论述。邓小平作为一个战略家，他对这个问题的论述广泛地渗透在教育、科技、人才、体制改革、对外开放、经济建设、社会发展、精神文明建设乃至社会主义本质等话题之中。对于这个以现实问

① 〔加〕尼科·斯特尔：《知识社会》，上海，上海译文出版社1998年版，第8～9页。

题为中心的全面的观念体系和战略思想，从单一的部门角度和单一的学科角度显然都难以完整地把握。因此，本书采取了具有跨学科论域的“现代化”理论框架来研究这一问题。在很大程度上，理解邓小平人才资源观取决于我们对于邓小平理论整体的把握。邓小平理论作为一种关乎中国现代化命运的理论，它具有独特的现实基础和理论生长点，因而，它代表了一种与西方现代化理论具有本质差异的理论范式。

关于邓小平是否站在知识社会的立场来强调人才的重要性。这涉及对邓小平“眼光”的一种理解。通常我们会不自觉地把邓小平的富有实践指导意义，乃至具有直接可操作性的观点，视为一种受科技进步潮流和发达国家的景象刺激之后的“条件反射式”反应，即从被动性和战术意义上解读邓小平的言论。这种理解显然不够准确。邓小平既是灵活应变的战术家，更是高瞻远瞩的战略家，他的发展观以主动的构想和抉择为基础，他的立足点肯定是在他所预见的未来局面之中的。其一，邓小平是一个实践的马克思主义者，他很少纠缠学术性的概念，但是他并不是没有概念，他能够提出“面向未来”的号召，自有他对未来独特的理解。他的理解与学者们所预见的知识社会大体是相通的。其二，在我国发展战略的第三步，我国的目标是与发达国家的社会经济状况相仿，2050年左右包括我们在内的发达国家肯定已经处于一种与现在非常不同的“知识社会”了。其三，邓小平往往将知识与人才相提并论，这是对一种重要的战略制高点的强调，这种强调并不是要用知识和人才去维持和充实社会的现状，而是要改变现状，这既涉及发展观的变革——以知识和人才为发展的轴心，同时也涉及社会发展的目标模式的变革——以知识社会为社会发展的蓝图。

学者们更多地关注随着知识的地位上升而带来的政治、经济、社会与文化变迁的状况和趋势；作为战略家的邓小平则主要关注中华民族在时代变迁背景下生存与发展的现实与可能。他看到了正在发生的转变，他将分析和阐释的趣味留给理论家，他感兴趣的是在多元现代化进程相互交织的格局中，在一种日趋成形的全球知识社会前景中，中国发展的战略制高点应该是什么？它的回答很简单：人才资源。改革开放以来，中国的发展明显地从“物质主义”战略向“以人为本”战略转型。发展战略转型的指导思想正是邓小平人才资源观。

对于邓小平有关人才资源的一系列论述，我们着重关注的不是它们在当时语境中的具体所指，而是其中包含的观念本身——基本的战略意图、发展观、价值取向和伦理原则等。这些观念到底与中国现代化进程中的哪些现实运动内在相关？这些观念到底对于中国社会发展的趋势作出了怎样的理解，以及这些观念在何种意义上指引了中华民族的未来走向？前一个问题旨在理解观念的现实基础，后一个问题则关注观念的战略意义。

把观念视为反映社会存在的社会意识是马克思主义的基本观点和方法。这种方法不是把观念作为孤立的对象来研究，而是把它作为非观念的社会现实运动的一个主观能动的组成部分。观念不能从社会发展的“自然历史过程”中割取出来，这种割裂必然损害观念的现实性与生命力，使其成为抽象的假设与僵化的符号。要在其现实性上理解观念，唯一正确的方法是将观念与其所依存和所从属的社会历史“自然过程”本身联系起来考察。也就是说，只有从整体上把握了观念所依托并与之互动的社会存在的结构及其演化过程，才能洞悉观念的具体意义及其演变。

观念只是在一定程度上，即有限的意义上是表述者本人的观念。观念本身的生命在很大程度上超越了表述者个人的生命。从根本上看，观念是一种社会历史现象。在特定社会历史条件下，观念的孕育和产生具有客观必然性，观念的表达则是这种必然性基础上的偶然现象。因此，某种观念的表述者只是该观念的根源与具体表达之间的中介；观念的确是通过表述者呈现的，但观念所表达的并不只是表述者本身，虽然它必然带有表述者的个人因素和个性特点。那么，这就要求我们把邓小平人才资源观放在人类文明发展的历史格局中去理解，放在中国现代化进程的现实运动中去理解，放在中华民族的时代命运和未来前景中去理解。

将观念与邓小平个人的生命体验及思想（精神）境界相关联，与将观念的根源归结为这个时代的社会历史转型，尤其是中国现代化历程的具体状况，这两者在本质上并不矛盾。将这两者适当地结合起来有助于对观念的产生及观念的内涵作出合理的解释。准确地说，应该把邓小平人才资源观，不仅仅作为邓小平的观念来看待，更应该作为中华民族在现代化转型时代的知识与人才“宣言”来理解。

如果我们不能准确地辨明与理论相对应的现实社会运动，那么，我们就无法真正进入那种理论富有生命力的核心。邓小平理论是一种气韵生动的理论与现实“对话”的产物。从总体上讲，邓小平的言说，表达了中华民族在现代化格局中的思索、探询、回答、期望和信念。它反映了我们民族面对时代的潮流，站在自己的历史与现实基础上对于有中国特色的社会主义现代化道路的思考和抉择。

如果拘泥于邓小平话语的字句，会把它变成单调的独白。于是，理解的道路就会被话语中的跳跃、空白和断裂所阻碍。其实，在理论的生长过程中，在具体的实践与思想所交织的对话中，这些难以理解的“空白”恰恰充满了不言而喻的事物——社会生活的实际运动、文化与思想的历史性交汇。

“尊重知识，尊重人才”的思想，是邓小平的一个重大理论贡献。它为中国人才资源开发体系的现代化转型提供了指导思想。早在1977年“左”的思想相当盛行的时候，邓小平就提出：“一定要在党内造成一种空气：尊重知识，尊重人才。”[①] 1984年，在讨论经济体制改革决定时，他又强调，这个文件一共十条，最重要的是第九条。第九条，概括地说就是“尊重知识，尊重人才”。[②] 长期以来，邓小平围绕“尊重知识，尊重人才”这一主题的诸多方面进行了一系列论述。这一系列论述构成了一个相对完整的思想体系，一般称之为“双尊”思想。

“双尊”思想是邓小平在新的历史时期，为适应现代化建设的新形势而提出的一个带有根本性的战略思想。一般认为“双尊”思想主要包括三个方面的内容：第一，“知识分子是工人阶级的一部分”。这一重要论断着眼于作为人才主体的知识分子的阶级属性和政治地位问题，从根本上解决、确立了在社会主义历史条件下知识分子的政治地位，并将其提到空前的高度。第二，“科学技术是第一生产力”。它揭示了科学技术对于当代生产力发展和社会发展的第一位的变革作用；从而肯定了掌握科学技术的人才在当代生产力发展和社会经济发展中的关键地位和重要作用。第三，坚持“百花齐放，百家争鸣”这一党领导科学技术、文化教育和文学艺术事业的重要方针。认真实行“双百”方针，就是对于专门从事创造性、探索性劳动的专门人才的劳动特点的尊重，有利于发挥各类人才的专长，调动人才的积极性，促进科学研究、技术探索、文学创作和理论成果的繁荣与发展。[③]

可以肯定，上述三个方面属于“双尊”思想的基本内容，但是，仅仅从这三个方面还不能全面地展现“双尊”思想的整个理论体系。我们认为，“双尊”思想是知识观与人才观的统一体，它还应该包括邓小平理论中涉及知识问题和人才问题的另外三个重要内容：一是“大胆吸收和

---

① 《邓小平文选》第2卷，北京，人民出版社1994年版，第41页。

② 《邓小平文选》第3卷，北京，人民出版社1993年版，第91页。

③ 沈荣华、吴国耀等著：《尊重知识，尊重人才——振兴中华的百年大计》，上海，上海人民出版社1994年版，第54～65页。

借鉴人类社会创造的一切文明成果”。党的十一届三中全会以后，为了早日实现社会主义现代化目标，缩小和发达国家的差距，邓小平曾反复强调要学习资本主义国家的先进科学技术知识和经营管理知识，大胆吸收和借鉴人类社会创造的一切文明成果。1978 年，他在《全国科学大会开幕式上的讲话》中指出：“认识落后，才能去改变落后。学习先进，才可能赶超先进……科学技术是人类共同创造的财富。任何一个民族、一个国家，都需要学习别的民族、别的国家的长处，学习人家的先进科学技术。”① 他还说，“社会主义要赢得与资本主义相比较的优势，就必须大胆吸收和借鉴人类社会创造的一切文明成果，吸收和借鉴当今世界各国包括资本主义发达国家的一切反映现代社会生产规律的先进经营方式、管理方法。”② 二是为人才的成长和发挥作用创造良好的环境和条件。一要在思想上高度重视人才的培养和使用工作，要大胆培养，大胆使用，让他们在关键岗位上锻炼成长。二要建立科学合理、公开公平公正的人才评价机制，做到量才使用、人尽其才。三要坚持干部“年轻化、知识化、专业化、革命化”的方针和任人唯贤的原则，拓宽视野，打破论资排辈、求全责备等习惯做法。四要建立有利于优秀人才成长的制度和机制，为优秀人才脱颖而出创造环境。③ 三是人才“是来自人民的，又是为人民服务的”。邓小平认为，“在广泛的群众基础上，才能不断涌现出杰出人才。也只有有了成批的杰出人才，才能带动我们整个中华民族科学文化水平的提高。”④ 从这个意义上讲，尊重人才意味着尊重广大人民群众。因为，一方面，广大人民群众是杰出人才产生的基础；另一方面，人民群众中的个人本身，或者是各级各类人才中的一员，或者是潜在的人才。

上述六个方面构成了“双尊”思想的基本内容。大体上，“科学技术是第一生产力”、“大胆吸收和借鉴人类社会创造的一切文明成果”、坚持“百花齐放，百家争鸣”方针这三条，侧重于“尊重知识”，集中体现了中国的现代知识观；“知识分子是工人阶级的一部分”、为人才的成长和发挥作用创造良好的环境和条件，以及人才“是来自人民的，又是为人民服务的”这三条，侧重于“尊重人才”，集中体现了中国的现代人才观。由于“双尊”思想是一个整体，其中包含的知识观与人才观也是紧

---

① 《邓小平文选》第 2 卷，北京，人民出版社 1994 年版，第 91 页。

② 《邓小平文选》第 3 卷，北京，人民出版社 1993 年版，第 373 页。

③ 徐颂陶：《中国人才战略与人才资源开发》，北京，中国人事出版社 2001 年版，第 59 页。

④ 《邓小平文选》第 2 卷，北京，人民出版社 1994 年版，第 96 页。

密联系、相互补充、相辅相成、不可分割的统一体。

中国是一个历史悠久的文明古国，在中华民族延续了几千年的文化传统中，尊重知识和尊重人才的观念绵延不绝。在不同的历史阶段，知识与人才的含义是有很大差别的，对知识和人才的尊重也有着意义上和程度上的不同。关于尊重知识和尊重人才的最初的典籍记载，至少可以追溯到先秦时代。例如先秦的两大显学流派——儒家和墨家，都强调尊崇知识和人才。孔子本身是一个大教育家，对于知识，他“学如不及，犹恐失之”（《论语·泰伯》；对于人才，他主张“选贤与能”（《礼记·礼运》）。墨子主张“尚贤”，他认为尚贤是政事之本，对于人才应“有能则举之，无能则下之”（《墨子·尚贤上》）。这些思想对于后世影响至深。纵观整个君主专制的漫长历史时期，统治阶级对于知识和人才的“尊重”，总是以知识和人才依附于统治者的权威和服从于统治者的利益为原则。超出这一原则的限度，知识和人才就不被尊重了。从焚书坑儒到文字狱，知识和人才由于不合统治者的胃口被践踏、被迫害的历史也是相当漫长的。可见，中国传统中对于知识和人才的尊重是有很大的历史局限性的，尽管如此，“尊重知识，尊重人才”也在相当程度上成为我们民族文化传统的一个重要成分，在一定意义上成为我们民族个性特色的一个组成部分。

在马克思主义理论和实践中蕴含着一种现代性的知识观。马克思、恩格斯在唯物主义的立场上，把知识理解为人类实践的产物，是对实践规律的总结。知识不仅解释世界，而且参与对世界的改造。知识源于实践，又通过运用于实践而发挥作用并得到发展。在一定历史条件下，具体的知识既包含绝对真理的成分，又具有进一步发展的可能性，因而是一种相对真理。人类实践活动的历史性展开，使人类的知识不断拓展。

在《共产党宣言》中，马克思、恩格斯指出，自 18 世纪启蒙运动击败基督教思想以来，自由竞争原则在现代知识领域也确立了其统治地位。①而且，由于世界市场的开拓，资产阶级使一切国家的生产和消费都成为世界性的了。“过去那种地方的和民族的自给自足和闭关自守状态，被各民族的各方面的相互依赖所代替了。物质的生产是如此，精神的生产也是如此。各民族的精神产品成了公共的财产。民族的片面性和局限性日益成为不可能，于是由许多种民族的和地方的文学形成了一种世界的文学。”这里的“文学”一词，实际上泛指人类精神文化成就的全部领

① 《马克思恩格斯选集》第 1 卷，北京，人民出版社 1995 年版，第 292 页。

域。这是对人类多元共存的现代知识的世界性联系状况的典型描述。

对于现代知识最伟大的成就——现代科学技术，马克思、恩格斯也给予了极大的关注。他们主要表达过如下四个重要观点：

第一，自然科学是一切知识的基础。马克思是在强调现代知识发展的经济基础时提到这个重要观点的。他说："自然科学本身（自然科学是一切知识的基础）的发展，也象与生产过程有关的一切知识的发展一样，它本身仍然是在资本主义生产的基础上进行的，这种资本主义生产第一次在相当大的程度上为自然科学创造了进行研究、观察、实验的物质手段。""随着资本主义生产的扩展，**科学因素**第一次被有意识地和广泛地加以发展、应用并体现在生活中，其规模是以往的时代根本想象不到的。"①

第二，科学技术是生产力。马克思指出："随着大工业的发展，现实财富的创造较少地取决于劳动时间和已耗费的劳动量，较多地取决于在劳动时间内所运用的动因的力量，而这种动因自身——它们的巨大效率——又和生产它们所花费的直接劳动时间不成比例，相反地却取决于一般的科学水平和技术进步，或者说取决于科学在生产上的应用。"② 正是在这种认识的基础上，马克思提出了"生产力中也包括科学"的著名论断。③ 马克思认为，科学技术不仅以"知识的形式"，而且以"直接的生产力"的形式表现为社会生产力。他指出：在现代条件下，"机器体系表现为固定资本的最适当形式"，而"它们是**人类的手创造出来的人类头脑的器官**；是物化的知识力量。固定资本的发展表明，一般社会知识，已经在多么大的程度上变成了**直接的生产力**，从而社会生活过程的条件本身在多么大的程度上受到一般智力的控制并按照这种智力得到改造。它表明，社会生产力已经在多么大的程度上，不仅以知识的形式，而且作为社会实践的直接器官，作为实际生活过程的直接器官被生产出来。"④

第三，科学技术是推动社会变革的革命力量。资本主义的产生得益于科学技术的进步。从一定意义上讲，"手推磨产生的是封建主的社会，蒸汽磨产生的是工业资本家的社会。"⑤资本主义生产方式"第一次使自然科学为直接的生产过程服务，同时，生产的发展反过来又为从理论上征

---

① 《马克思恩格斯全集》第47卷，北京，人民出版社1979年版，第572页。
② 《马克思恩格斯全集》第46卷（下），北京，人民出版社1980年版，第217页。
③ 《马克思恩格斯全集》第46卷（下），北京，人民出版社1980年版，第211页。
④ 《马克思恩格斯全集》第46卷（下），北京，人民出版社1980年版，第219~220页。
⑤ 《马克思恩格斯选集》第1卷，北京，人民出版社1995年版，第142页。

服自然提供了手段……资本不创造科学，但它为了生产过程的需要，利用科学，占有科学。”① 在马克思看来，资本主义生产方式所能容纳的生产力发展是有限度的。“资产阶级历史时期负有为新世界创造物质基础的使命：一方面要造成以全人类互相依赖为基础的普遍交往，以及进行这种交往的工具，另一方面要发展人的生产力，把物质生产变成对自然力的科学统治。”② 但是资本主义历史使命的实现是以人被资本奴役为代价的。马克思说，资本主义时代人类的进步就像可怕的异教神像一样，只有用人头做酒杯才能喝下甜美的酒浆。③ 它只是“通过使工人从属于资本，只是通过压制工人本身的智力和专业的发展来实现的”。④因此，以现代科学技术为核心的生产力的发展，必然导致伟大的社会革命，最终将改变资本主义生产方式，从而使社会主义代替资本主义。社会主义继承了资本主义时代发展起来的全部知识成果和生产力，社会主义生产方式消除了资本对人的统治，是最有利于科学技术和生产力发展的社会形式。在社会主义社会，科学技术和生产力的不断发展，也将推动社会主义本身不断发展和完善。

第四，科学技术的发展与人的发展内在统一。科学技术的发展既是人的生产力的发展，又为人的发展创造了物质基础和条件。科技在生产中的应用，节约了劳动时间。“节约劳动时间等于增加自由时间，即增加使个人得到充分发展的时间，而个人的充分发展又作为最大的生产力反作用于劳动生产力。”⑤

马克思主义创始人也确立了具有现代性的人才观。马克思认为，人才是一定社会历史条件的产物。他在《1848—1850年的法兰西阶级斗争》一文中指出：“如爱尔维修所说的，每一个社会时代都需要有自己的大人物，如果没有这样的人物，它就要把他们创造出来。”⑥ 马克思认为社会主义是一个自由人联合体，在这里，每个人的自由发展是一切人的自由发展的条件。这就必然从肯定每个人自由而全面发展的权利和可能性的意义上，否定一切精英主义的人才观，也就是肯定了人才属于人民群众，人才来源于人民群众又服务于人民群众。

---

① 《马克思恩格斯全集》第47卷，北京，人民出版社1979年版，第570页。
② 《马克思恩格斯选集》第1卷，北京，人民出版社1995年版，第773页。
③ 《马克思恩格斯选集》第1卷，北京，人民出版社1995年版，第773页。
④ 《马克思恩格斯全集》第47卷，北京，人民出版社1979年版，第576页。
⑤ 《马克思恩格斯全集》第46卷（下），北京，人民出版社1980年版，第225页。
⑥ 《马克思恩格斯选集》第1卷，北京，人民出版社1995年版，第432页。

从马克思主义的上述基本观点中，我们可以推出这样的逻辑结论：马克思主义的知识观与人才观本质上是现代性的，它体现了对现代科学技术知识的尊重，以及对与人民群众相联系的人才的尊重。马克思和恩格斯本人也是尊重知识与尊重人才的的楷模。对人才的尊重可以从他们把人民群众尊为历史的创造者看出来；对于知识的尊重也是显然的。列宁曾经指出："共产主义是从人类知识的总和中产生出来的，马克思主义就是这方面的典范。"在评价马克思的贡献时他还这样说："如果你们要问，为什么马克思的学说能够掌握最革命阶级的千百万人的心灵，那你们只能得到一个回答：这是因为马克思依靠了人类在资本主义制度下所获得的全部知识的坚固基础；马克思研究了人类社会发展的规律，认识到资本主义的发展必然导致共产主义，而主要的是他完全依据对资本主义社会所作的最确切、最缜密和最深刻的研究，借助于充分掌握以往的科学所提供的全部知识而证实了这个结论。凡是人类社会所创造的一切，他都有批判地重新加以探讨，任何一点也没有忽略过去。凡是人类思想所建树的一切，他都放在工人运动中检验过，重新加以探讨，加以批判，从而得出了那些被资产阶级狭隘性所限制或被资产阶级偏见束缚住的人所不能得出的结论。"①

在社会主义实践中，列宁和毛泽东进一步发展了马克思主义的知识观和人才观，他们更多地从社会主义建设的角度，强调了社会主义应该尊重知识和人才。

列宁认为不能简单地摧毁资本主义的一切东西，对于资本主义社会积累的文化成就必须予以相当的尊重，批判地继承下来。"必须取得资本主义遗留下来的全部文化，并且用它来建设社会主义。必须取得全部科学、技术、知识和艺术。否则，我们就不可能建设共产主义社会的生活。"②十月革命胜利后，针对俄国的极左派反对信任和使用从旧社会过来的知识分子和专家的观点，列宁严厉地驳斥道：所谓共产主义只能用"清白的共产党人的双手"，不要"资产阶级专家"帮助的想法，是非常幼稚的。在资本主义社会里，专家不能不为资产阶级服务，但他们不是剥削者的仆役，而是文化工作者。科学、技术、艺术都在专家们手里，在他们头脑里，必须信任他们，争取他们为社会主义服务。"不弄清这些专家究竟是什么样的人就把他们统统叫作'资产阶级'专家，这样做简

① 《列宁选集》第4卷，北京，人民出版社1986年版，第298页。

② 《列宁全集》第36卷，北京，人民出版社1985年版，第48页。

直不象共产党人。”①列宁还十分重视建设社会主义的新生代人才的成长，他在《青年团的任务》的演说中号召青年要努力学习，掌握知识，成为社会主义建设的有用人才。他说，青年“必须善于吸取人类的全部知识”，“你们不仅应该掌握知识，而且应该用批判的态度来掌握这些知识，不是用一堆无用的垃圾来充塞自己的头脑，而是用对一切事实的了解来丰富自己的头脑，没有这种了解就不可能成为一个现代有学识的人”。“只有了解人类创造的一切财富以丰富自己的头脑，才能成为共产主义者”。②马克思主义认为人才蕴藏在广大人民群众之中。列宁坚持这一基本观点，认为人民群众是人才的最大的宝库。列宁指出：“有才能的人在人民中间是无穷无尽的。”③列宁还说，劳动者“中间有组织才能的人比其他任何阶级多得多”。④可是，“资本主义扼杀、压制、摧残了工人和劳动农民中的大批人才。这些人才在贫穷困苦、人格遭到侮辱的压迫之下毁灭了”。⑤只有社会主义制度才破天荒第一次为人才“大显身手，施展自己的本领，发现有才能的人”创造了有利条件。⑥

以毛泽东为核心的这一代领导人，具有现代知识观和人才观。大体上，他们的知识观是理性主义的，人才观是普遍主义的。

毛泽东在《论十大关系》中指出：“一切民族、一切国家的长处都要学，政治、经济、科学、技术、文学、艺术的一切真正好的东西都要学。但是，必须有分析有批判地学，不能盲目地学，不能一切照抄，机械搬用。他们的短处、缺点，当然不要学。”⑦ “自然科学方面，我们比较落后，特别要努力向外国学习。但是也要有批判地学，不可盲目地学。在技术方面，我看大部分先要照办，因为那些我们现在还没有，还不懂，学了比较有利。”⑧毛泽东也强调学习工业发达国家的企业管理经验，他说：“工业发达国家的企业，用人少，效率高，会做生意，这些都应当有原则地好好学过来，以利于改进我们的工作。”⑨

在人才观上，毛泽东深信人民群众中蕴藏着丰富的人才，人才来源

---

① 《列宁全集》第 40 卷，北京，人民出版社 1986 年版，第 49 页。
② 《列宁选集》第 4 卷，北京，人民出版社 1995 年版，第 285 页。
③ 《列宁全集》第 33 卷，北京，人民出版社 1985 年版，第 200 页。
④ 《列宁全集》第 38 卷，北京，人民出版社 1986 年版，第 255 ~256 页。
⑤ 《列宁全集》第 37 卷，北京，人民出版社 1986 年版，第 230 页。
⑥ 《列宁全集》第 33 卷，北京，人民出版社 1985 年版，第 200 页。
⑦ 《毛泽东文集》第 7 卷，北京，人民出版社 1999 年版，第 41 页。
⑧ 《毛泽东文集》第 7 卷，北京，人民出版社 1999 年版，第 42 页。
⑨ 《毛泽东文集》第 7 卷，北京，人民出版社 1999 年版，第 43 页。

于人民群众，又服务于人民群众。儒家曾经相信“人皆可以为尧舜”（《孟子·告子下》），毛泽东则以革命的乐观主义态度写出，“六亿神州尽舜尧”的诗句。早在1937年，毛泽东在《中国共产党在民族战争中的地位》一文中就曾经指出：“政治路线确定之后，干部就是决定的因素。”在这篇著作中，他还指出，在使用干部的问题上，我们民族历史中从来就有“任人唯贤”和“任人唯亲”两条对立的路线。共产党的干部政策应当坚持“任人唯贤”的正确路线。①

当然，毛泽东本人的知识观和人才观是比较复杂的，其中也有一些否定知识和人才的“左”的成分。这是他在知识与人才问题上发生反复，以及导致他晚年发动“文化大革命”这一全局性、长时间的“左”倾错误的一个思想根源。邓小平1980年在同中央负责人的讲话中指出：“一九五七年以前，毛泽东同志的领导是正确的，一九五七年反右斗争以后，错误就越来越多了。”这句话对于理解毛泽东在知识与人才问题上的失误也是适宜的。

毛泽东知识观和人才观的矛盾特点，在如何对待知识分子的问题上集中地体现出来。知识分子是一个特殊的人才群体。一般说来，知识分子是指具有较高文化水平，从事知识生产、传授和运用的人。他们虽然分布在很多不同的职业和岗位上，却往往被视为同一个群体，与知识文化水平较低的普通工人和农民区别开来。中国共产党一直非常重视知识分子问题，在新中国成立以前，党就成功地团结和领导广大知识分子参加到中国人民的解放事业中。新中国成立以后的社会主义革命和建设时期，我们党对知识分子的地位和作用又有了新的认识，并且制定了“团结、教育、改造”知识分子的政策。1957年，毛泽东在《关于正确处理人民内部矛盾的问题》一文中指出：“我国的艰巨的社会主义建设事业，需要尽可能多的知识分子为它服务。”②

不久，毛泽东又指出，为了建成社会主义，工人阶级必须有自己的技术干部的队伍，必须有自己的教授、教员、科学家、新闻记者、文学家、艺术家和马克思主义理论家的队伍。③

1956年，党中央首次在北京召开了关于知识分子问题的专题会议，这次会议具有重要而深远的历史意义。在会上，周恩来代表党中央所作

① 《毛泽东选集》第2卷，北京，人民出版社1991年版，第526～527页。

② 《毛泽东文集》第7卷，北京，人民出版社1999年版，第225页。

③ 《建国以来重要文献选编》第10册，北京，中央文献出版社1994年版，第491页。

的报告认为，新中国成立后经过对知识分子的团结、教育、改造，知识分子中的“绝大部分已经成为国家工作人员，已经为社会主义服务，已经是工人阶级的一部分”。[①]尖锐地指出党在知识分子问题上的主要错误倾向是宗派主义，低估了知识界的巨大进步和对社会主义事业的重大作用；还提出对知识分子应当信任、支持，改善他们的工作条件和提高他们的待遇。毛泽东在会议最后一天讲话，号召全党努力学习科学知识，同党外知识分子团结一致，迅速赶上世界科学先进水平。同年3月，在周恩来直接领导下，集中优秀科学家200多人，经过半年努力，制定了1956至1967年的12年远景发展规划。同年5月，毛泽东在最高国务会议上，正式提出在艺术上“百花齐放”，学术上“百家争鸣”的著名的“双百方针”，社会上尤其是知识界一时有“春天来了”之感。可惜好景不常。由于对国内外阶级斗争形势作了过分严重的估计，反右斗争开始，对中国知识分子原来的正确判断立即发生了根本的动摇，整个知识界终于伤筋动骨。[②] 此后的“文化大革命”，更是对知识与人才的大摧残。

从总体上看，毛泽东的知识观与人才观是现代性观点与反现代性观点的混合物。两种性质的观点一直处于内在的紧张和冲突之中。1957年以前，反现代性的观念不太明显，1957年以后反现代性的观点日渐突出。一般说来，现代性知识观和人才观，肯定知识的理性本质和知识专业化趋势的必然性。毛泽东的观点在很多时候却是与此相反的，他持有某些根深蒂固的反现代性的知识观和人才观。如以毛泽东晚年的教育思想为例，我们可以看到他的思想中有打击鄙薄知识分子，夸大实践经验的一面。毛泽东对教育有一种实用化的理解，他强调“教育与生产劳动相结合”。为了突出生产劳动在教育中的重要性，学生花大量时间学工、学农、学军、参加生产劳动；与此同时，大大降低学校教育的学术水准和知识基础，降低学科教学、理论教学和基础教学的地位，增强实践性和实用技能的教学，请有实践经验的工人、军人管理学校；大学以培养具有实用技能的初、中级专业人才为主，大力发展非正规的七二一大学、五七大学；等等。在毛泽东的观念中，对经验理性的尊崇与对价值文化的贬损是相互关联的，这突出表现在他对理工科教育和文科教育的不同态度上。他轻视文科，但是比较重视理工科。他提出要改造文科大学，要学生下去搞工业、农业、商业。对于理工科，他却表现出不同的态度。

① 《周恩来选集》（下），北京，人民出版社1984年版，第162页。

② 李锐：《毛泽东的早年与晚年》，贵阳，贵州人民出版社1992年版，第284～286页。

当他在1968年提出恢复大学招生时，直言不讳地说“大学还是要办的，我这里主要说的是理工科大学还要办”，言外之意，文科大学或大学文科似乎是可办可不办的。毛泽东对经验和实践的倚重，不仅仅是对学校教育的主张，而且是一种深刻的文化态度。他对书本知识和掌握书本知识最多的知识分子有一种根深蒂固的排斥和怀疑，这既是来自片面强调经验的认识论，也来自一种文化观。这种文化观就是带有民粹主义色彩的反智主义，集中体现在他的“卑贱者最聪明，高贵者最愚蠢”的名言中。[①]奴隶创造历史、书读得越多越蠢、书读多了无用、书读多了害人这样的文化心态和价值判断，成为贬低、否定和打击知识分子的理论基础。它造成一个时代的社会风气。“文化大革命”时期泛滥成灾的读书无用、“知识越多越反动”和打倒“反动学术权威”的社会氛围，正是这一文化心态的自然延伸。[②] 尽管毛泽东在知识和人才问题上有过严重的“左”的失误，但是在他关于知识与人才的正确观点和实践中，还是比较鲜明地体现了对于知识和人才的尊重。

邓小平立足于中国社会主义现代化建设迫切需要知识和人才的现实，以马克思主义的相关理论生长点为依托，批判地继承并创造性地发展了马克思主义的现代知识观与人才观。“尊重知识，尊重人才”集中表达了邓小平的现代知识观和人才观。

二、“双尊”思想的现代性内涵

“双尊”思想的现代性内涵，表现在两个方面。一是“双尊”思想表达的知识观和人才观是现代性的；二是“双尊”思想为中国人才资源开发体系的现代化确立了指导性原则。

我们认为“双尊”思想表达了中国的现代知识观与人才观，这主要是因为“双尊”思想的知识观是理性主义的，人才观是非精英主义的，它们实现了对传统的和反现代性的非理性主义知识观和精英主义人才观的超越。在邓小平提出“双尊”思想以前，中国的知识观和人才观是带有传统色彩的和反现代性色彩的，其中包括许多非理性的成分和精英主

① 《建国以来毛泽东文稿》第7册，北京，中央文献出版社1992年版，第236页。

② 杨东平主编：《艰难的日出——中国现代教育的20世纪》，上海，文汇出版社2003年版，第208~212页。

义的成分。正是从这个意义上看，邓小平“双尊”思想实现了中国知识观和人才观从传统向现代的伟大转变。“双尊”思想作为一种现代性的知识观与人才观，既是对传统的落后观念的革命性批判，又是对传统知识观和人才观的合理成分的继承与发展。同时，从马克思主义理论发展的角度来看，邓小平“双尊”思想立足于中国社会主义现代化建设迫切需要知识和人才的现实，批判地继承并创造性地发展了马克思主义的现代知识观与人才观。

对于中国社会主义现代化建设实践而言，作为理性主义知识观和非精英主义人才观的“双尊”思想具有批判性和创造性两重意义。很显然，“双尊”思想的批判性主要是针对以“文化大革命”为典型的不尊重知识和不尊重人才的“左”的错误，其目的是拨乱反正。我们这里着重要讨论的是“双尊”思想的创造性。我们认为“双尊”思想确立了中国人才资源开发体系现代化的指导性原则。

现代化是人类的一种普遍性的历史进程，它是由科技进步及其科学精神驱动的一种整体性的社会变迁。对于不同文化传统和制度的社会而言，现代化进程中共有的普遍性成分或要素是科学精神、体现科学精神的技术和工具系统、适应变迁的社会结构和文化。这三个方面构成一个相互联系相互作用的系统。

现代化的精神实质是“创造性的理性”，它意味着创新和秩序的结合。现代化包括三个相互联系相互影响的基本要素：一是对事物的相互联系和因果关系的存在有坚定的信念。这种信念维持着一种连续不断的、系统的和创造性的知识探索——换言之，便是具有分析因果关系式的观念和创造发明的观念，即科学精神。科学精神产生了系统的科学方法，其中分析因果关系的方法是现代化的核心。世界有一个秩序，一切事物之间存在着一种联系，任何事情的发生无不有一个原因；凡发生的事情，无论是宗教的还是世俗的，都有可能对它提出问题，进行分析，迫使它呈现出奥秘。任何思想都是活动的，任何知识状况都不是终极的。有一些陈述可能是绝对正确的，但没有完全的和绝对的真理。二是产生于科学精神并对之加以促进的工具和技术的大量增加。新技术和新工具与创造性具有互为因果的关系，它们加快了探索，推动了研究。机器以及使用机器的技术知识（特别是数学知识）包含着理性的和普遍适用的规范。三是社会结构的灵活性和文化适应变革的能力。为了不断追求知识，人们始终对新思想敞开大门，适应新发明给他们带来的思维和生活，人们的头脑中必须有接受变化的愿望和能力。为了应对信仰、生产方式和时空关系等方面的广泛的文化变迁，人们的头脑必须有良好的适应能力，能够维持个人和社会的连续认同。概而言之，“现代化是探索性和创造性思想态度的发展，它既是个人的思想态度，也是社会的思想态度。这种态度隐藏在技术和机器使用的背后，引起个人之间社会关系产生新形式。”勒纳认为，现代性意味着一种新的“生活方式”和行为系统。它所包含的各种成分在有效功能的意义上是相互作用的，其中任何一种功能都需要所有其他成分也起有效的作用。这些成分在它们只有通过个别的人类活动才能产生作用的意义上说，是行为的。它们形成一个系统，意味着每个成分的活动中发生的重大变化都将与所有其他成分的活动中发生的重大变化有联系。这个观点表明，构成现代性的态度、工具和结构，或者说思想观念、器物和制度之间具有错综复杂的交叉关系——这种关系是互为因果的，并没有时间上的先后次序。①

对于中国这样的后发现代化国家而言，体现“创造性的理性”的现代化的三要素并不是自然产生的，也不是通过被动地接受世界现代化潮流的冲击就可以轻易获得的。无论是科学精神、体现科学精神的技术和工具系统，还是适应变迁的社会结构和文化都需要我们主动去建设，才能够形成。在“文化大革命”结束之际，我们除技术和工具系统的某些方面有所成就之外，科学精神还远未普及，适应变迁的社会结构和文化的建设任务还远未完成。“文化大革命”结束，中国人心思治，在痛定思痛的同时，我们再一次睁眼看世界。我们发现中国的现代化进程已经被极大地延误了；我们也发现“冷战”的阴云散去，和平与发展的时代来临，世界正在进入一种多极化的格局。正是在这种背景下，邓小平站在指导中国社会主义现代化建设的战略高度，提出了作为现代知识观与人才观的“双尊”思想。作为中国现代化建设的一个重要的指导思想，“双尊”思想集中体现了促进现代化的三要素形成和发展的要求和原则：

1. “双尊”思想确立了科学技术在生产力中的首要地位，促进了科学精神的普及和弘扬。马克思曾经指出，自然科学是一切知识的基础。这是在现代性立场上对现代知识领域内各种知识之间的秩序的总结和界定。这一论断确立了科学知识，尤其是自然科学知识在现代知识体系中至高无上的地位，从而也确立了科学精神在现代社会生活中的主导地位。马克思还指出，现代生产力中包括科学技术，科学技术是生产力。邓小

① 〔美〕西里尔·E. 布莱克主编，杨豫、陈祖洲译：《比较现代化》，上海，上海译文出版社1996年版，第25～34页。

平更进一步，他提出“科学技术是第一生产力”。于是就形成了这样一种逻辑：社会发展的动力是生产力，首要的生产力是科学技术，因此，科学技术的进步是推动社会发展的首要力量。我们可以看到，这一逻辑既充分地突出了科学精神的重要性，又明确地指示了通过大力发展科学技术来普及和弘扬科学精神的现实途径。

2. “双尊”思想致力于创造一种有利于知识发展和人才成长的制度。制度属于生产关系范畴，现代社会的制度必须反映现代化生产力发展的内在要求，并与之相适应。现代社会生产力系统的物质载体主要是现代的技术和工具系统，它的正常运行和发展具有内在的规范。在一个现代社会中，个人如果不接受普遍和合理的规范指导，就不可能充分使用技术，那些使用最新技术的复杂机器便会损坏，或者远远不能发挥其生产能力。使技术有可能存在的复杂社会组织也会因为缺乏个人之间的信任而受到损害，如亲属关系与任人唯贤的准则会发生抵触，政治上的武断会使决策过程受到影响。[①] 现代生产力系统的主体性载体主要是掌握了现代知识，尤其是科学技术知识的人才和劳动者。根据生产关系与生产力相适应的历史唯物主义原理，我们知道，现代社会的组织和制度一方面必须要适应现代技术和工具系统的内在规范的要求；另一方面必须适应知识发展与人才成长的内在要求。这两方面的要求意味着“尊重知识，尊重人才”是我们建设现代化的组织和制度的基本原则。

3. “双尊”思想直接指向一种文化类型，这种文化类型意味着这样一种伦理原则：要求整个社会把知识与人才置于一种前所未有的权威地位。很多人以为，“尊重知识，尊重人才”只是中国为满足经济发展的需要而推出的一种手段。其实，作为手段的只是知识与人才，而不是对知识与人才的尊重，作为一种伦理原则和文化类型的“尊重知识，尊重人才”是目的本身。我们的确看到邓小平不止一次地谈到中国的经济发展和现代化建设需要知识与人才，这种需要从来就存在，只是现在更加迫切而已。例如，邓小平早在1977年就指出：“我们要实现现代化，关键是科学技术要能上去。发展科学技术，不抓教育不行。靠空讲不能实现现代化，必须有知识，有人才。没有知识，没有人才，怎么上得去？科学技术这么落后怎么行？”[②]但是，无论多么迫切的需要本身都不是尊重，

---

① 〔美〕西里尔·E. 布莱克主编，杨豫、陈祖洲译：《比较现代化》，上海，上海译文出版社1996年版，第32~33页。

② 《邓小平文选》第2卷，北京人民出版社1994年版，第40页。

需要也并不必然导致尊重。因此，真正新鲜的事物不是我们多么需要知识和人才，而是我们要创造一种新的文化或氛围——“尊重知识，尊重人才”，即对知识和人才的“尊重”。我们以前的文化是不尊重知识和人才的，这种旧文化不能再继续存在，一种与之相反的新文化必须被创造出来。新的“尊重知识，尊重人才”的文化，不是为了其他目的而设计的手段，或一种权宜之计，它直接就是我们文化建设的目标模式。对于中国现代化建设过程中的一切经济和政治的目的来说，“尊重知识，尊重人才”提供的是一种伦理原则。在这种原则指导之下，作为手段的知识和人才能够更多更好地涌现出来，为社会主义现代化建设服务。

在知识与人才已经成为现代化的制高点的时代，中国知识与人才再生产体系的现代化也就成为中国现代化的一个核心环节。在本书中，知识与人才再生产体系是人才资源开发体系的同义语。如果把一个社会的再生产体系大致区分为“物的生产”与“人的生产”两大体系，那么，由于知识与人才的内在统一性，知识与人才再生产体系，实际上是一个社会的“人的生产”体系的主体部分。正是从这个角度，人才资源开发体系可以理解为知识再生产体系与人才再生产体系的统一体。很显然，人才资源开发体系的现代化既包括知识再生产体系的现代化，又包括人才再生产体系的现代化。

中国人才资源开发体系现代化必然要遵循一定的伦理原则；这个原则就是“尊重知识，尊重人才”。作为一种具有实践指导意义的伦理原则，“双尊”思想既体现了现代知识再生产体系与人才再生产体系发展的内在规范，又体现了现代社会在知识与人才方面的社会公正。就现代知识再生产体系发展的内在规范而言，“尊重知识”意味着要按照现代知识体系的本质特征来对待知识。现代知识体系具有两大本质特征，其一是科学技术和科学精神在现代社会的全部知识中占主导地位，其二是知识超越国家、民族和文化的界限在世界范围内联为一体。这两大本质特征要求现代化国家的知识体系必须是崇尚科学精神，以科学技术为核心，以科技进步为导向，全方位地向整个世界知识网络开放的体系。就现代人才再生产体系发展的内在规范而言，“尊重人才”的要义之一就是尊重现代人才生产、配置和使用的经济规律。现代人才资源主要以人力资本的形式在市场经济中生产、配置和使用。这就要求现代化国家必须尊重人力资本产权的“个人所有制”，充分利用市场机制促进人才的成长、合理配置和有效使用。

就现代社会在知识和人才方面的社会公正而言，现代社会要求唯才是举，选贤任能，人尽其才。从一定意义上讲，与无原则的平均主义相反，现代社会出于在知识和才能面前人人平等的普遍性原则，肯定人才应该拥有与其才能相关的“特权”，这正是现代社会公正的体现。虽然人才作为公民与普通公民在基本权利上是平等的，但是，从个人拥有的才能来看，人才优于普通公民。因此，人才应该根据其才能的性质和大小承担不同于普通公民的相应的社会职责，从而也相应地拥有不同于普通公民的特殊社会地位和特殊权威。当然，这里的“特权”决不是一种凌驾于普通公民之上的特殊的政治和经济权利，而是一种来源于知识和才能的理性的权威。社会大众服膺于这种理性的权威，而不是臣服于某种特殊身份的拥有者。现代社会赋予人才以特殊权威，是各种现代组织、部门和专业对于特定的知识和才能的客观要求。从这个意义上讲，是现代化进程本身而不是任何政治集团和利益群体，要求我们在职责上给予人才以优先地位和特殊权威。因此，人才“特权”的获得，不是特殊主义的“分封”和世袭的产物，而是普遍主义的产物，它是出于现代化进程的客观要求，实行“在知识和才能面前人人平等”的结果。

邓小平曾经在许多场合，结合各种实际问题，以一系列非常通俗的话语，从不同的角度表达过上述伦理原则的内涵。例如邓小平指出，要“用先进的科学知识来充实中小学的教育内容”①，“教育要面向现代化，面向世界，面向未来”②就反映了现代知识再生产体系发展的内在规范。当他把体制改革与人才问题联系起来时，他说：“改革经济体制，最重要的、我最关心的，是人才。改革科技体制，我最关心的，还是人才……要创造一种环境，使拔尖人才能够脱颖而出。改革就是要创造这种环境。”③他实际上强调了现代人才再生产体系发展的内在规范。当邓小平主张，“在人才的问题上，要特别强调一下，必须打破常规去发现、选拔和培养杰出人才”，④“在鼓励帮助每个人勤奋努力的同时，仍然不能不承认各个人在成长过程中所表现出来的才能和品德的差异，并且按照这种差异给以区别对待”时，⑤我们可以看到，他充分理解并坚持了现代社会在知识与人才问题上的社会公正原则。

正是从“双尊”思想所包含的上述伦理原则出发，我国通过改革开

① 《邓小平文选》第 2 卷，北京，人民出版社 1994 年版，第 104 页。
② 《邓小平文选》第 3 卷，北京，人民出版社 1993 年版，第 35 页。
③ 《邓小平文选》第 3 卷，北京，人民出版社 1993 年版，第 108 页。
④ 《邓小平文选》第 2 卷，北京，人民出版社 1994 年版，第 95 页。
⑤ 《邓小平文选》第 2 卷，北京，人民出版社 1994 年版，第 106 页。

放的一系列政策和措施，重构了我们的知识再生产体系和人才再生产体系。就知识再生产体系而言，我们已经从相对封闭的，对知识有许多政治性的限定的体系，转向崇尚科学精神，以科学技术为核心，以科技进步为导向，全方位地向整个世界知识网络开放的体系。就人才再生产体系而言，我们已经从计划经济体制下的“单位”垄断的人才资源积累与配置模式，转向市场经济体制下的充分发挥市场机制的人才资源积累与配置模式，或者说是从人力资本成长的“计划模式”向“市场模式”转变。[①]这两大转变的初步实现，也就意味着我国的人才资源开发体系已经发生了一种革命性的现代化转型。

三、中国知识与人才再生产体系演化的历程

中国的知识再生产体系向世界性的知识网络开放由来已久。大体上说，“中国的学术思想，受外国学术思想的影响者，前后共有两次。第一次是佛教的输入，后一次是西学东渐。”[②]佛教的传入改变了中国传统的思想与学术体系的总体格局，佛教与中土原有的儒家和道家主流思想不仅分庭抗礼而成鼎足之势，而且佛教思想与儒家和道家思想广泛地相互渗透。佛教及其思想已经深深地融入前现代中国的知识体系和传统。对于中国的现代化进程而言，西学东渐的影响是更为直接、深入和持久的。改变现代中国知识再生产体系的动力来自两个方面，一个动力是源于西欧资本主义现代文明中的理性主义知识潮流，沃勒斯坦称之为资本主义世界体系的“普遍文明”。另一个动力是中国文明在遭遇这种普遍文明的冲击与创伤之后主动的文明再造运动。

产生于16世纪西欧的资本主义世界体系本来是一种特殊的文明，但随着资本主义世界体系在随后几个世纪向全球的扩张以及对世界其他国家和地区的征服，这种被西欧核心区国家创造的“特殊的文明”逐渐被普遍化。沃勒斯坦认为这种“普遍化”的过程主要是通过三种机制来实现的，一种机制是社会科学；一种机制是意识形态；一种机制是运动，如体系扩张的殖民主义运动和反体系的民族主义运动。与知识的世界体

---

① 参见拙著《人力资本与中国现代化——中国人力资本成长模式研究》，济南，山东大学出版社2003年版。

② 杨冬莼：《中国学术史讲话》，北京，东方出版社1996年版，第255页。

系直接相关的显然是社会科学的兴起与制度化的进程。沃勒斯坦认为，在西方文化传统中，对社会的研究和对自然的研究一直是两大主流。在17世纪，传统的自然哲学由于经典科学观的产生而变成自然科学。沃勒斯坦指出，几个世纪以来，所谓经典的科学观一直占据着主导地位。它基于两个基本前提，一个是牛顿模式，认定有一种对称格局存乎过去和未来之间。这是一种准神学的视界：如同上帝一样，我们也能够达至确实性；既然万物共存于永恒的现在，因此我们不必区分过去与未来。第二个前提是笛卡尔的二元论，它假定自然与人类、物质与精神、物理世界与社会精神世界之间存在根本的差异。①

在这种科学观的指导下，科学开始被界定为一种追寻超越时空的、永恒的、普遍自然法则的事业。认识自然的相对成功，促使一些研究人类、社会以及精神的思想家们也开始构建在这些领域的“科学”知识。在19世纪以前，尽管自然科学已经获得了普遍性，但是社会科学仍没有明显地从哲学中分离出来。今天我们已经习惯了那些有关社会进程和社会结构知识的学科，其中最重要的有：人类学、经济学、历史学、政治科学和社会学。这些学科中最少有三个学科在19世纪以前是没有的。在19世纪后半叶，有三种主要方法把这些学科制度化：大学以这些学科名称设立学系（或至少设立席位）；成立国家学者机构（后来更成为国际学者机构）；图书馆也开始以这些学科作为图书分类的系统。截至1945年，组成社会科学的全部学科基本上都已经在世界上的绝大多数主要大学里被制度化了。而且，到1945年，社会科学一方面与研究非人类系统的自然科学；另一方面也与研究人类（文明）社会的文化、思想和精神产品的人文学科有了明确的区分。②

沃勒斯坦着重考察了社会科学的制度化和普遍化的脉络，其实，自然科学制度化和普遍化的过程也是按大致相同的步伐推进的。至1945年，欧洲知识传统中发展出来的自然科学和社会科学两大分支体系已经成为世界性的知识体系的主干。以此为基础构建的全球性的知识网络吸引和容纳了各民族人民在知识再生产方面的广泛参与。

中国的传统知识体系所依托的世界观具有“天人合一”的特点，与西方世界观将人与自然二元分立的传统有很大的不同。例如，就知识再生产的目的而言，中国人很少发展自己为知识而知识的志趣，尤其是纯

① 王正毅：《世界体系论与中国》，北京，商务印书馆2000年版，第184页。

② 王正毅：《世界体系论与中国》，北京，商务印书馆2000年版，第184～198页。

粹出于对自然的好奇和惊异的知识，而是从“天道”与“人道”的相通性出发，着眼于知识对于社会生活的实际功用，发展出独特的技术知识体系，如儒家伦理、中医、历法和营造法式等。西方传教士将西方的知识传入中国使中国的传统知识体系受到了最初的触动；自鸦片战争以来的历史，也是西方的知识体系与中国传统的知识体系剧烈碰撞的历史。在这段充满痛苦的曲折历史中，与西方知识的“普遍化”过程交织在一起的另一个过程，是中国文明在遭遇这种普遍文明的冲击与创伤之后主动的文明再造运动。

最早是儒学一统天下的天朝传统被打破，提出“中体西用论”，在保中“体”的前提下采用西洋的器用，这样就形成了顽固派（或正宗儒学派）与体用派（或称儒学修正派，即折中派）的斗争。及至五四运动前后，对外全面开放，新思潮大量涌入，西化派才异军突起，彻底批判中国传统的旧文化，于是引起了“孔化”与“西化”的大辩论。西化派随之一分为二，形成“西化”与“俄化”两大派的斗争。从孔化派中也分化出现代化的新儒学。到20世纪30年代，从“中体西用”引申出“中国本位”，从“西化”发展而为“全盘西化”，又引起新的论争。[①]后来在文化方面的主要动向是中国选择了马克思主义。在中国共产党的领导下，以马克思主义为指导，中国力图批判地继承和吸收古今中外人类创造的一切优秀的思想文化成果，并加以新的创造，推陈出新，从而建设中国特色的社会主义文化。

从中国现代教育兴起的历史也可以看到以学校这种组织形式为载体的知识体系再造过程：如果说外来的西方教育和教会教育是一种新的实践和示范，产生了广泛的影响，那么，晚清时期中国也向现代教育主动迈出了两步。起先是洋务运动中举办的新式学堂、新式教育，在大一统的封建教育局面中打开了一个缺口；后来是维新人士改革教育的呼吁呐喊和教育实践开辟了新的阵地。一般认为，1862年创设的京师同文馆，是中国第一所按照西方教育模式建立的学校。同文馆是中国官办教育引进西方文化的开端，也是近代中国高等教育的肇始。此后，洋务派大臣在各地陆续兴办了30多所新式学堂。它们大致分为方言（外国语）、武备（军事）和科技三类学堂。19世纪末，出现了中国第一批近代大学。1895年创办的北洋大学堂，是我国最早的工科大学，为天津大学的前身；

---

① 罗荣渠主编：《从“西化”到现代化——“五四”以来有关中国的文化趋向和发展道路论争文选》，北京，北京大学出版社1990年版，第29页。

1896年创办的南洋公学，为交通大学的前身。洋务教育的内容不限于举办培养专门人才的学堂，另一个重要方面是改革传统书院，使之增加西学和实学内容，造就了一批中西合璧的书院，著名者如上海的格致书院、杭州的求是书院、陕西的崇实书院等。它们是后来各地第一批新式中学的前身。①

在向西方学习的过程中，开始了最初的留学教育，这是近代留学运动的第一次浪潮。1872年，清政府派遣首批30名幼童，在1872～1897年间，清政府派遣留欧美学生共215人，其中包括后来成为著名人物的詹天佑和严复等人。②

甲午战败使国人把学习西方的目光转向日本。此后的一二十年，中国以日本为媒介，系统地传入西方教育思想、学说、制度和方法。1898年成立的京师大学堂和1904年制定颁行的我国第一个现代学制"癸卯学制"，都是向日本学习的产物。

以康有为和梁启超为代表的维新派知识分子为宣传维新思想，培养维新人才，也积极兴办教育，设立学堂。其中著名的如广州万木草堂、浏阳算学馆、北京通艺学堂、湖南时务学堂、广州时敏学堂等。③

清末民初的知识体系再造，是一个充满冲突的过程，"学校与科举之争，新学与旧学之争，西学与中学之争"为其具体表现。④及至庚子事变之后的清末"新政"，教育上的除旧布新，颁布新学制、废除科举制和设立学部等举措，终于使现代教育体制粗具规模。由于提倡和奖励出国留学，20世纪初年出现了中国留学史上的第一次高潮。⑤

民国开创了中国民主共和的新纪元，随后经过五四运动的洗礼，至抗日战争之前，中国现代教育体制从模仿日本、借鉴欧陆，逐渐走向主要接受美国模式的过程。经过20世纪20年代教育公共领域的勃兴和南京政府10年的相对平稳发展，随着现代大学制度的建立、留学欧美的强劲浪潮的兴起、各级各类新式学校的蓬勃发展，以及西方教育中国化的各

---

① 杨东平等：《艰难的日出——中国现代教育的20世纪》，上海，文汇出版社2003年版，第2～4页。

② 杨东平等：《艰难的日出——中国现代教育的20世纪》，上海，文汇出版社2003年版，第4页。

③ 杨东平等：《艰难的日出——中国现代教育的20世纪》，上海，文汇出版社2003年版，第5页。

④ 《毛泽东选集》第2卷，北京，人民出版社1991年版，第696页。

⑤ 杨东平等：《艰难的日出——中国现代教育的20世纪》，上海，文汇出版社2003年版，第11页。

种努力，中国知识体系再造的运动达到了一个迄今为止依然值得仰望的高度。抗日战争在很大程度上扰乱了中国知识体系再造的进程，但是在这种特殊环境下，由于民族精神的激发与一系列机缘的巧合，也产生了西南联大这样的“教育奇迹”。

新中国成立之后，“文化大革命”前的17年，学习苏联是中国当时知识体系再造的主旋律。“文化大革命”几乎使中国知识体系与世界知识体系的直接联系完全隔离，知识体系再造的过程也陷于停滞和中断。改革开放以来，中国的知识体系再造过程重新勃发，中国知识体系与世界知识体系的联系，在广度、深度和密切程度上都达到了前所未有的境界，正在进行的“面向现代化，面向世界，面向未来”的教育体系的建设，使中国的知识体系逐渐成为世界知识体系的有机组成部分。

如今，中国的现代知识体系已经从根本上不同于传统知识体系。从中国高等教育现在的学科体系结构可以清楚地看出来，中国整个知识体系已经按照起源于西方的自然科学、社会科学和人文科学三大分支结构来组织，中国传统的知识体系被分解之后，其内容经过拣择，作为三大分支中的某种部分继承下来。更为重要的是，正像互联网的结构一样，中国的知识体系与世界知识体系已经连为一体。

与知识体系再造的过程大体同步，中国人才再生产体系从传统到现代的变迁大体经历了三种历史性的模式：鸦片战争以前的人才再生产体系表现为一种人力资本成长的“自然模式”，其后经过清末民初的一段过渡时期，转入新中国成立以后的“计划模式”，再经过“文化大革命”的动乱，最终转向今天正处于形成过程中的“市场模式”。①

四、从“科教兴国”到“人才强国”

进入20世纪90年代以后，以江泽民为核心的第三代领导集体，继续坚持和遵循“尊重知识，尊重人才”的思想和伦理原则，进一步发展了邓小平所主张的现代知识观和人才观，并把知识与人才再生产问题提到基本国策的高度，提出并实施了“科教兴国”战略。

20世纪90年代以来，中国现代化进程的一个主旋律是“把经济建设

① 杨柳新：《人力资本与中国现代化——中国人力资本成长模式研究》，济南，山东大学出版社2003年版。

真正转移到依靠科技进步和提高劳动者素质的轨道上来”，这也是一场深刻的革命，是与党的十一届三中全会决定的工作重点转移同样具有战略意义的“第二步转移”，是对工作重点转移到经济建设上来的深化，是把这个转移推到一个更高的阶段。[①]为了实现这一战略转移，我国于1995年明确提出并开始实施“科教兴国”战略。江泽民指出：“全面实施科教兴国战略，加速全社会的科技进步，关键是要加强和不断推进知识创新、技术创新。”[②] 他同时也指出：“实施科教兴国战略，关键是人才。”他强调，“在社会的各种资源中，人才是最宝贵最重要的资源。各级党委和政府一定要不断促进和积极扶持各类优秀人才的脱颖而出，并十分珍惜和用好人才。”[③]

理论的发展与实践的推进是相辅相成的。随着科教兴国战略的实施，“尊重知识，尊重人才”的具体内涵得到了进一步深化。在20世纪90年代以来的一系列相关论述中，我们可以看到，我国的知识再生产和人才再生产已经全方位地与世界知识共同体联系起来。

在知识观上，我们进一步突出了科学的核心地位，对于科学的理解也更加全面和深入。邓小平曾经指出：“科学当然包括社会科学。”[④] 江泽民继承并发展了这一观点，他认为，要“加强自然科学和社会科学的紧密结合，深刻认识并掌握当今经济和社会发展的内在规律，运用科学的理论和方法去指导实践”[⑤]。江泽民系统地阐述了自然科学与哲学社会科学之间的辩证统一关系，首次提出在认识和改造世界、培养高水平科学家、提高全民族科学素质、任用好科学人才并充分发挥他们的作用这四个方面，哲学社会科学与自然科学“同样重要”。[⑥] 从而使“尊重知识”的思想具有新的更加全面深刻的具体内涵。

在人才观上我们也有了一系列新的理论发展。江泽民提出要坚持“全面发展”的人才标准，要求人才具备良好的思想道德素质和科学文化素质。他还认为，“创新”是现代人才的本质特征，在党的十六大报告中强调要“全面推进素质教育，造就数以亿计的高素质的劳动者、数以千万计的专门人才和一大批拔尖创新人才”。根据我党一贯主张的任人唯贤

---

① 江泽民：《论科学技术》，北京，中央文献出版社2001年版，第21页。
② 江泽民：《论科学技术》，北京，中央文献出版社2001年版，第147页。
③ 江泽民：《论科学技术》，北京，中央文献出版社2001年版，第77页。
④ 《邓小平文选》第2卷，北京，人民出版社1994年版，第48页。
⑤ 江泽民：《论科学技术》，北京，中央文献出版社2001年版，第58页。
⑥ 《十六大以来重要文献选编》（上），北京，中央文献出版社2005年版，第684页。

和德才兼备的原则，江泽民对人才选拔任用的标准作出了系统的概括：第一，坚持任人唯贤，反对任人唯亲；第二，既要德才兼备，又不求全责备；第三，既坚持选人标准，又要不拘一格，要敢于破格提拔优秀人才；第四，既要搞五湖四海，又要唯才是举，用人不论亲疏；第五，坚持用其所长，防止用其所短，要充分发挥人才优势。① 对于作为人才队伍核心部分的知识分子群体，我们不仅继续坚持知识分子是工人阶级的一部分的正确观点，而且进一步肯定了“知识分子是工人阶级队伍中掌握科学文化知识较多的一部分，是先进生产力的开拓者，在改革开放和现代化建设中有着特殊重要的作用”。②这就突出了知识分子在先进生产力开拓方面的特殊重要地位和角色，是一种新的理论概括，是我国现代人才观的新发展，具有重大的理论意义和实践指导意义。随着我国社会主义现代化建设的深入，我们党对知识分子也提出了新的富有时代特色和现实针对性的要求。1997 年 9 月，江泽民在党的十五大报告中，要求广大知识分子努力成为先进思想的传播者、科学技术的开拓者、“四有”公民的培育者和优秀精神产品的生产者。关于我国人才队伍的结构，我们也有了更加全面和深入的认识。为了进一步落实科教兴国战略，2001 年 3 月，全国人大通过的《中华人民共和国经济社会发展第十个五年计划纲要》（以下简称《纲要》）专门列出一章“科技、教育和人才”，强调要把培养、吸引和用好人才作为一项重大战略任务切实抓好。《纲要》提出要培养众多的多层次多领域的人才，其中包括：坚持走有中国特色社会主义道路，有较高政治理论素质和开拓精神，掌握现代科学文化和管理知识，并经过实践考验的高素质领导人才；具有科学素养、适应经济和社会发展需要的各类专业人才队伍，特别是具有世界前沿水平的学科带头人；具有创新精神和创新能力，适应国际竞争需要的企业家队伍；具有较高技术素质的技术工人队伍、农业产业化经营和农业科技队伍。

知识观和人才观上的新进展，带来了人才资源开发的新局面。2001 年 5 月，江泽民对世纪之交的我国人才资源开发状况进行了总结，他指出：“中国政府十分重视人才培养，提出并大力实施科教兴国战略，提倡尊重知识、尊重人才，把开发人力资源作为推动经济社会持续发展的重要途径。我们坚持优先发展科学教育事业，推进整体性人才资源开发，改革人事制度和劳动就业制度，努力为各类人才发挥作用创造条件和环

---

① 汪波：《从“科教兴国”到“人才强国”》，《理论前沿》2004 年第 3 期，第 31 页。

② 江泽民：《论科学技术》，北京，中央文献出版社 2001 年版，第 35 页。

境，不断提高全民族的思想道德素质和科学文化素质，提高劳动者的知识和技能水平……中国正在积极实施人才战略，大力开发人才资源，全面提高劳动者素质，努力形成人力资源优势，为改革开放和现代化建设提供强大支持。”①

进入21世纪以后，全球性的经济、政治和文化联系更加密切，综合国力的竞争愈益突出地体现为知识与人才的较量。与此同时，我国开始朝全面建设小康社会的发展目标努力。从根本上说，要实现这一目标，就要求我国把推动科技进步和提高劳动者素质的步子迈得更大。在这种新形势下，党中央从社会主义现代化建设的全局出发，作出了实施人才强国战略的重大决策。2004年新年伊始，《中共中央、国务院关于进一步加强人才工作的决定》（以下简称《决定》）正式颁布。这一《决定》集中体现了“双尊”思想在理论和实践上的新发展，把我国的人才资源开发引向了前所未有的广度和深度，从而进一步推动了整个人才资源开发体系，即知识与人才再生产体系的现代化。

《决定》在最广泛的意义上坚持和拓展了“双尊”思想及其原则，它强调“尊重劳动、尊重知识、尊重人才、尊重创造”。《决定》对人才标准作出了新的界定，明确提出了只要具有一定的知识或技能，能够进行创造性劳动，为推进社会主义物质文明、政治文明、精神文明建设，在建设中国特色社会主义伟大事业中作出积极贡献，都是党和国家需要的人才。新标准的提出，实现了人才观念的历史性突破：一是坚持人才存在于人民中的观点，鼓励人人都作贡献，肯定人人都能成才，充分强调了人才的广泛性；二是第一次提出“要坚持德才兼备的原则，把品德、知识、能力和业绩作为衡量人才的主要标准，不唯学历、不唯职称、不唯资历、不唯身份、不拘一格选人才。”

《决定》设计了我国人才资源开发体系现代化的蓝图。第一，明确了指导思想和原则。“实施人才强国战略，必须以邓小平理论和‘三个代表’重要思想为指导，贯彻落实十六大精神，根据人才资源是第一资源的科学判断，坚持党管人才原则，坚持以人为本，充分开发国内国际两种人才资源，紧紧抓住培养、吸引、用好人才三个环节，大力加强以党政人才、企业经营管理人才和专业技术人才为主体的人才队伍建设，努力把各类优秀人才积聚到党和国家各项事业中来，为全面建设小康社会

① 江泽民：《加强人力资源能力建设，共促亚太地区发展繁荣》，2001年5月16日《人民日报》。

提供坚强的人才保证和广泛的智力支持。”第二，统筹兼顾。《决定》提出要“坚持人才资源开发与经济社会发展相协调”；要“推进人才资源整体开发，实现人才工作协调发展”。第三，改革和创新人才资源开发的体制和机制。《决定》指出：“人才的活力取决于体制和机制。遵循人才资源开发规律，坚持市场配置人才资源的改革取向，加强和改善宏观调控，建立充满生机与活力的人才工作机制。”第四，人才队伍建设结构合理，重点突出。《决定》在坚持党政人才、企业经营管理人才和专业技术人才三支人才队伍建设一起抓的同时，强调要“把高层次人才队伍建设摆上重要位置。中高级领导干部、优秀企业家和各领域高级专家等高层次人才，是人才队伍建设的重点”。同时，还要“着重培养造就大批适应改革开放和社会主义现代化建设的高层次和高技能的人才，带动整个人才队伍建设”。第五，坚持在人才方面“更广大地开源”，鼓励人人成才。

2010 年 5 月，全国人才工作会议召开。这是在我国全面建设小康社会进入关键时期、人才发展面临战略机遇期召开的一次重要会议。胡锦涛在会上发表讲话，阐述了加快建设人才强国的重大意义，对贯彻国家中长期人才发展规划纲要、落实加快建设人才强国战略任务进行了全面部署，就加强和改进党对人才工作的领导、动员全党全社会为加快建设人才强国而奋斗提出了明确要求。这次会议的召开，对于全面提高人才发展水平、加快建设人才强国，推进社会主义现代化、实现中华民族伟大复兴具有重大而深远的意义。①

2010 年 6 月，《国家中长期人才发展规划纲要（2010—2020 年）》（以下简称《人才规划》）正式颁布。《人才规划》是我国第一个中长期人才发展规划，是当前和今后一个时期全国人才工作的纲领和指南。制定并实施《人才规划》，是贯彻落实科学发展观、更好实施人才强国战略的重大举措，是在激烈的国际竞争中赢得主动的战略选择，对于加快我国经济发展方式转变、全面建设小康社会，具有重大意义。

《人才规划》提出了到 2020 年我国人才发展的总体目标，即培养和造就规模宏大、结构优化、布局合理、素质优良的人才队伍，确立国家人才竞争比较优势，进入世界人才强国行列，为在本世纪中叶基本实现社会主义现代化奠定人才基础。围绕这一目标，《人才规划》提出了“服务发展、人才优先、以用为本、创新机制、高端引领、整体开发”的人才发展指导方针，明确了人才队伍建设的主要任务。一是突出培养造就

① 2010 年 5 月 27 日《人民日报》。

创新型科技人才，努力造就一批世界水平的科学家、科技领军人才、工程师和高水平创新团队，注重培养一线创新人才和青年科技人才；二是大力开发国民经济和社会发展重点领域急需紧缺专门人才，为发展现代产业体系和构建社会主义和谐社会提供人才智力支持；三是统筹推进党政人才、企业经营管理人才、专业技术人才、高技能人才、农村实用人才、社会工作人才等人才队伍建设，培养造就数以亿计的各类人才，数以千万计的专门人才和一大批拔尖创新人才。①

“尊重知识，尊重人才”的思想对我国的人才资源开发产生了巨大而深远的影响，这一思想及其实践发展到今天，其最新结晶就是人才强国战略。我们要努力营造尊重劳动、尊重知识、尊重人才、尊重创造的环境，从而在中国特色社会主义道路上实现我们的强国之梦。

---

① 2010年6月7日《人民日报》（海外版）。

第五章　超越资本：人的时间价值与经济发展

一、在资本的全球网络中

中国的对外开放是一个契机，由此，中国逐渐变为一种开放的人才资源生态环境。世界市场网络贯通到国家的经济生活之中，使全体国民都被纳入一种由世界性的分工所决定的经济秩序之中。目前，这种经济秩序仍然是由资本的逻辑所统治的，利润原则既主宰着物的再生产也主宰着人的再生产。全球市场网络的触角已经深入国家的每一个角落，像中国西南地区深山里的少数民族山寨这样的“偏远”地区，也能感受到资本的冲击力。这里已经在“出口”民俗风情旅游，娃娃们从小就开始学习英语——一种世界性的交流工具和文化模式。那些原先自我维持的原生经济与文化的“活化石”，现在已经整个地参与了世界性的商品生产，以及资本与劳动相对立的“游戏”。

资本的逻辑带有“异化”的残酷性，马克思指出在资本与劳动的对立关系中，“劳动的客观条件对活劳动具有越来越巨大的独立性（这种独立性就通过这些客观条件的规模而表现出来），而社会财富的越来越巨大的部分作为异己的和统治的权力同劳动相对立。关键不在于**物化**，而在于**异化**，外化，外在化，在于巨大的物的权力不归工人所有，而归人格化的生产条件即资本所有，这种物的权力把社会劳动本身当作自身的一个要素而置于同自己相对立的地位。”①

目前，负责贸易、投资和生产的是一个匿名的资本主义制度网络。越来越多的金融资本和其他资源正由一种没有任何人能支配的力量分配，

① 《马克思恩格斯全集》第46卷（下），北京，人民出版社1980年版，第360页。

形成了一个自发的世界。在财富这种冷酷的抽象的压迫下，没有冒犯、没有愤怒、没有暴行的执行者，人与人之间没有关系。通常，"暴徒"和他的受害者互相都不知道各自的姓名，居住在不同的国家，说着不同的语言。被压迫的人不知道向谁祈祷，憎恨谁；压迫者可能远不是铁石心肠的人，而可能是慷慨而富有同情心的人。他根本不知道他所犯的罪恶，他也受制于目前统治着整个工业社会的天命。尽管人们承诺自由、平等，但正是这种天命压迫着人类。[①]为这种逻辑辩护的发展问题专家们或"现代化"理论家们喜欢把这种残酷性作为"发展的代价"来欣然接受，但是，我们认为发展的本质是从根本上超越资本的逻辑，把人从"异化"状态中解放出来。

在世界市场对地方性传统文化的破坏问题上，人们有许多讨论。我们应该承认传统的消失，正像物种的灭绝一样，是令人痛惜的事情。但是，我们这里要撇开关于文化保存和延续的问题，着重关注不发达国家在世界市场分工体系中的地位问题。如果说在改革开放之前，中国通过一种特殊的"独立自主，自力更生"的政策使自己暂时游离于世界体系之外，那么，开放之后，中国就融入了"中心—边缘"关系的格局之中。中国的位置现在既不在"中心"，也不在"边缘"，而是在"半边缘"。

在当今这个总体上由资本的逻辑主宰的全球资本运行的网络中，像中国这样的社会主义国家，既要积极参与世界市场的经济活动，又要超越资本的逻辑，在发展市场经济的过程中逐渐消除资本与劳动的对立。当然，目前仍然处于发展中世界的中国还苦于资本的不发达，正像马克思在《资本论》中论及西欧大陆的情形时所说："不仅苦于资本主义生产的发展，而且苦于资本主义生产的不发展。除了现代的灾难而外，压迫着我们的还有许多遗留下来的灾难，这些灾难的产生，是由于古老的陈旧的生产方式以及伴随着它们的过时的社会关系和政治关系还在苟延残喘。"[②]

超越资本逻辑的道路不在物质资本领域而在人力资本领域，与物质资本的相对固定性和有限性相比，人力资本具有极大的灵活性和无限可开发的特性。消除物质资本与劳动对立的途径，在马克思的设想中应该是变个人私有的资本为社会公有的资本。在这条道路上的激进实践已经

---

① 〔美〕马克·A. 卢兹：《经济学的人本化：溯源与发展》，成都，西南财经大学出版社2003年版，第328页。

② 《马克思恩格斯全集》第23卷，北京，人民出版社1972年版，第8～11页。

遭受了严重的挫折，苏联解体的结果是私有资本的全面复活，中国的改革开放则在“多种所有制并存”的经济基础中为私有资本提供了适当的位置。在人类社会现有的发展阶段上，消除物质资本与劳动对立的实践仍在继续，但是这些实践的基调已经是渐进性的了。通过发展“劳动”来改变资本与劳动对立的基本格局，是现代经济生活中出现的新动向。最初是为了适应资本本身在科技上的先进性而要求提高“劳动力”的素质，后来发现“劳动力”的素质提高在经济上的重要性其实超过了物质资本。这正是马克思在《资本论》中通过劳动价值论范畴早就发现了的奥秘，不过当今的主流经济学自20世纪60年代以来，又利用“人力资本”这一新的术语重新表述了这一奥秘的某些方面。

人力资本相对重要性的凸现实际上意味着劳动主宰资本的时代已经来临。国家经济战略一直是资本与劳动关系的晴雨表，经济战略意图的根本转变已经呈现出来：劳动而不是资本成为经济战略的重心。哈佛大学教授罗伯特·赖克指出：“在日益显示全球性的经济中，国家的边界逐渐消失，那么此中的国家应起什么作用呢？我希望我所提出的答案是清楚明白的。国家的经济作用不是为挂该国国旗的公司增加盈利率，不是为它的公民扩大在全世界拥有的财富，而是通过提高公民为世界经济所作贡献的价值来提高他们的生活水平。”①

公民为世界经济作贡献的能力成为国家最重要的战略资源，那么，每一个国家仅仅为了经济上的利益也不能无视这种提高公民能力的时代要求。并且，对于中国来说，为了最终超越资本的逻辑，发展和提高国民的发展能力（不仅是经济贡献能力）尤为重要。

从国家利益的立场出发，优先开发人才资源（在广义上与人力资源相通），是一种理性选择。如此选择的成功例证是东亚的崛起。阿马蒂亚·森指出：有一种偏见以为“人的发展”（经常用来指教育、医疗保健和人类生活其他条件的扩展过程）仅仅是只有富国才负担得起的某种“奢侈品”。也许始自日本的不少东亚经济体的成功最重要的影响，是彻底否定了这种隐含在各种理论和政策中的偏见。②

固守传统的产业战线，以农业、工业和服务业为阵地的经济“战争”

① 〔美〕罗伯特·赖克：《国家的作用——21世纪的资本主义前景》，上海，上海译文出版社1994年版，第304页。

② 〔美〕阿马蒂亚·森：《以自由看待发展》，北京，中国人民大学出版社2002年版，第7页。

已经过时，新的“战争”已转入每个国民个人素质的较量。这是一个以个人为基本单位的竞争。例如，当一个来自中国西部的青年在中国南方沿海的特区找到一份组装电脑部件的工作时，也许美国的一个以前从事这一职业的工人就失去了他的工作机会。其实，重要的倒不是这种常规生产性工作的转移，而是“工作”本身在价值上的升级，一个较为发达的国家之所以转移出其常规生产性职位，往往是因为其国民有能力从事能创造更高价值的工作。

按照罗伯特·赖克的划分，符号分析工作是比常规生产和直接服务工作更能创造价值的工作。他指出：“实质上，与美国人发现的他们自己所处的三类不同的竞争位置相对应，正在形成三个大的类别。同样的三个类别也正在其他国家形成。它们称为常规生产服务、直接服务和符号分析服务。”① 符号分析服务，包括所有解决问题、识别问题和战略经纪活动。符号分析服务像常规生产服务一样可在全世界交易。但它们不作为标准化商品进入世界贸易，而是通过符号的操作——数据、文字、口头的和形象化的表述来进行交易。从事这一类工作的人员包括研究科学家、设计工程师、软件工程师、土木工程师、生物技术工程师、音响工程师、公关经理、投资银行家、律师、房地产开发者，甚至少数有创造性的会计师。管理顾问、金融顾问、税务顾问、能源顾问、农业顾问、军备顾问、建筑顾问、管理信息专家、组织发展专家、战略规划者、公司物色人才者和系统分析者也包括在内。还有：广告经理和销售战略家、艺术指导、建筑师、电影摄影师、影片编辑、产品设计者、出版商、作家和编辑、新闻工作者、音乐家、电视和电影制片人，甚至大学教授。②

发达国家比不发达国家有更多的国民从事符号分析工作；并且从经济结构上看，在最发达的国家，符号分析工作者是经济生活的龙头，常规生产和直接服务工作者处于从属和补充的地位，而最不发达国家的情形完全相反。

在现代国家经济生活中，每一个人在知识上的充实既是符合经济理性的，也是符合个人自由发展的道德要求的。现代国家的发展所显示的局面是：国家间的经济竞争已经转化成个人发展自己的价值创造能力的

① 〔美〕罗伯特·赖克：《国家的作用——21世纪的资本主义前景》，上海，上海译文出版社1994年版，第176页。

② 〔美〕罗伯特·赖克：《国家的作用——21世纪的资本主义前景》，上海，上海译文出版社1994年版，第179页。

自我挑战，国家利益问题已经转化成为个人自由发展创造环境和条件的伦理问题。

自20世纪后期以来，信息技术已经将全世界连结成一个信息网络，这种信息技术的革命为发展个人的能力这一主题增添了新的动力。欧洲委员会1996年出版了题为《信息社会中的生活和工作：人民第一绿皮书》，其中的一个重要主题是，为了迎接信息通讯技术革命，欧洲必须大力改革教育和训练。

“欧洲所需要的是大力改革教育和训练，使之能够迎接今后信息通讯技术革命，并跟上信息通讯技术的继续发展。我们需要在工作和训练之间建立一种新的相互作用，而不是在工作和失业之间维持老的相互作用，这种新的相互作用给个人以机会，去发展技术和能力并适合永久的信息通讯技术革命。从长期来看，欧洲突出的需要是发展一种终身教育和训练的新结构，涉及教育和训练制度的所有部分，包括学校，以更加合适的方式设计和提供教育和训练，特别关心性别，而且还要更加有效地关怀老人和残疾人。”①

欧洲委员会的报告认为，利用信息通讯技术自学的潜力是巨大的，它可能是缩小知识差距的主要工具。欧洲的许多国家已经提出了计划，把它们的教育制度同信息社会的动力一致起来。欧洲委员会也注意到，向信息社会转变的严峻挑战之一是，应该针对学习者的需要组织教育和训练，特别要同不平等作斗争，保证接受教育和训练的机会均等，以便解放全体人民的生产潜力。②

鉴于这种形势，我国也在战略部署上迈出了实际的步伐。1999年江泽民在全国第三次教育工作会议上指出：“改革开放二十年来，我国经济建设和科技进步都取得了巨大的成就。也要清醒地看到，我国经济增长方式还没有根本转变，沉重的人口负担还没有转化为人力资源的优势。我们的劳动力素质和科技创新能力不高，已经成为制约我国经济发展和国际竞争能力增强的一个主要因素。中央全面分析国际国内发展的大势，认为必须坚定不移地实施科教兴国的战略，大力提高全民族的思想道德和科学文化素质，提高知识创新和技术创新能力。”③党的十六大报告中明

---

① 〔美〕詹姆斯·科塔达主编：《知识工作者的兴起》，北京，新华出版社1999年版，第252～253页。

② 〔美〕詹姆斯·科塔达主编：《知识工作者的兴起》，北京，新华出版社1999年版，第254～356页。

③ 《十五大以来重要文献选编》（中），北京，人民出版社2001年版，第877页。

确指出："教育是发展科学技术和培养人才的基础，在现代化建设中具有先导性全局性作用，必须摆在优先发展的战略地位。"①

当前现代化进程的基本走向，是从人的异化和人的分裂回归到人的全面性。这是一种结构性的位移，是从物的再生产本位向人的再生产本位的转变。现在的世界正处于人作为资源的极端化阶段，对人作为资源的最极端的肯定必然导致对人的全面发展的关注。物质资本的普遍利用曾经是经济问题的核心，在这个意义上，"经济"就是没有弃物；相比较而言，在当前日趋人性化的现代化进程中，经济的核心是人的利用，这意味着"经济"就是没有弃人。人的能力全面开发和利用，与人的全面而自由的发展具有内在的一致性。

从一定意义上讲，当今世界是一种未来驱动型的社会，未来的前景引领着现实生活的变化。怎样才能让每一个社会成员充分发挥自主性和创造性去参与不断变化的现实生活，是现实对人类社会提出的一个严峻挑战。

与变化共舞的生活的本质就是"学习"，因为在变化中生存和发展没有一劳永逸的法宝可以依赖，唯有通过参与变化的过程而理解它，并运用这种不断加深的理解来利用变化而生活。于是上面的挑战就变成这样一个问题：如何保证每一个社会成员自由学习的权利与机会，从而使每一个人都能充分发展他生活所需的知识、技能、创造性、品格和纪律性，等等。总之，是要保证其自由而充实地驾驭变化和建设性地参与社会共同体生活的一切智慧、能力和习性。

在传统类型的学习中，儿童和青少年成为家庭生命体的学习中心，家庭的学习需求主要表现为家庭中儿童和青少年的学习需求，整个社会的学习动力主要依赖于年轻一代的求知欲和生活热情。在现代类型的学习中，家庭依然是社会的一个基本学习活动单位，但是家庭中的学习中心是多样化的，全部家庭成员都体现出较为强烈的学习需求。成年人的学习需求一方面与变动着的工作要求相适应；另一方面也表现为创造性的学习。老一代的学习带有休闲和保健的性质。儿童的学习围绕启发天性和继承传统这两个富有张力的焦点来进行；青少年的学习将主要围绕自主探索和创造活动来进行。由于自然的规律，年长的一代富有经验，而年轻人富有激情，在面对变化时，年长者的经验与年轻人的激情应该相互激荡，协同作用。社会应该成为一种类似于理想的大学的梦想之境。

① 《十六大以来重要文献选编》（上），北京，中央文献出版社2005年版，第30页。

怀特海曾经指出："大学存在的理由是，它使青年和老年人融为一体，对学术进行充满想象力的探索，从而在知识的追求和生命的热情之间架起桥梁。"①如果大学真是这样，这种大学就应该是未来社会的原型。

对年轻一代的重视无论达到怎样的程度都不会过分，而忽视年轻一代的学习和成长对一个社会将是致命的错误。从一定意义上讲，关心年轻一代的成长，是年长的一代无可替代的职责。无论年长的一代其成就如何显赫，都不能弥补年轻一代的不发展而造成的损失。我们有足够的理由相信，在科学技术的不断进步使现代生活成为一种连续不断的变化过程，而不再是一种"生命轮回"式的循环之后，人类中最有希望驾驭这种变化而自由地生活和发展的人群将是每一个世代中的青少年一代。而人类和平共存与和谐生活的希望也寄托于青少年身上，甚至更纯洁的儿童身上。

在现代社会使国家陷于分裂的各种力量中，最危险的力量是具有自我复制性的人们之间发展空间上的不平等。在这里，平等不是指整齐划一的均等，而是包含着"自由"本身的无限多样性的一种平衡与和谐状态。从发展空间上看，在权利轴上，是各种基本自由的平等；在交往轴上，是交往形式的多样化和每个人的人格在交往关系中的平等地位和尊严；在知识轴上，微观上是每个人学习机会的平等，宏观上是不同机会之间资源配置的平衡。

从个人的立场看，个人发展的空间应该是一种无限的空间，在权利、交往和知识轴线上发展都是没有边界的：自我实现的自由是无限的；自组织和自由的交往（其中包含互惠的规则和习俗）是无限的；求知的欲望和活动也是无限的。

从现代社会的基本政治载体——国家的立场来看，个人的发展空间是具有特定的限度的。例如，国家会把个人的学习活动纳入作为社会的公共事业的教育体系之中；国家会通过意识形态来限定社会的性质和共同体发展的目标；国家作为一种社会共同体本身就要求社会组织和正规秩序的相对稳定性和连续性；国家也会对个人自由的合法性进行界定。但是，国家的立场与个人的立场应该在目的上统一起来，国家对个人发展空间的限定，应该是实现个人的自由发展所必需的，这是国家立场合法性的根据。

---

① 〔英〕怀特海：《教育的目的》，北京，生活·读书·新知三联书店2002年版，第137页。

在当前的现代化阶段，国家在满足个人的发展需要方面面临着两个不易克服的困难：一个困难是由于现代个人的需要本身是畸形的，国家对这种需要的片面刺激与满足，不仅不能促进个人的发展，反而使人陷入不发展的恶性循环。在发达国家的消费主义文化中，我们可以看到以贷款和周薪制为基础的提前消费的生活方式，支撑着过去的帝王也可能会羡慕的物质消费水平。发展中国家的“中产阶级”也对这种似乎消费有功的经济风尚趋之若鹜。这个时代过于发达的生理的和欲望的需要显示了人类的一种普遍的不成熟性。如果按照马斯洛的观点，现阶段的人的爱的需要、尊重的需要（自尊和尊重他人的需要），以及自我实现的需要，尚处于蒙昧之中。造成这种状态的根源在于，物质主义的生产方式及其价值体系在现代人的生活中占主导地位。要使当前的现代化进程变得符合人的本性或人道化，唯一的出路是让人的再生产成为占主导地位的生产方式，并且人的发展代替货币价值成为主导性的价值标准。我们可以称这种转变为人本主义转型。这种转型的最初阶段将是人本主义经济生活的出现，这时，经济生活的价值重心从物质资本转移到人力资本上来，人的经济价值凸显出来，人成为最重要的经济资源。

另一个困难是与人们的发展需要普遍兴起的状态相比，国家所能提供的满足在数量、质量和方式上都不能令人满意。其主要原因在于过时的“人的再生产”体系的缺陷，即构成这种体系的诸多制度以复制人们围绕物质财富和职业而形成的社会分层为主要功能，它们的作用就是保证按照某种“优秀”的标准，将一部分人的成功和发展与另一部分人相对的和绝对的不成功与不发展区别开来。然而，每个人无限多样的发展的可能性是不能被这种单一的“优秀”标准所容纳的。这种过时的“人的再生产”体系包含着内部分裂的因素，它通过对一部分人（有时是大部分人）的排斥、隔绝和剥夺，来维持另一部分人的发展和成功，并且这种分裂是可以“轮回”的，下一个世代将继续上一代的这种“游戏”。在这种过时的体系中，正像物质资本使人们在财产上两极分化一样，人们在人力资本上也是两极分化的，而且这两种两极分化还是互相联系、彼此加强的。解决这一难题的办法是制度变革，从根本上改变过时的“人的再生产”体系。体系变革的目标是保证社会的每一个成员自由发展的空间：在平等权利的基础上，每一个人都有现实的可能性充分地发展自己的才能和社会交往。

上述两个困难可以说是国家在促进人的发展时所面临的内部限制，克服限制的要点有两个：其一是把整个生产方式从“物质主义”转向

“人本主义”，以促进人的全面的需要的形成和人的全面的价值的呈现；其二是对国家的“人的再生产”体系进行根本性的变革，彻底改变在“人力资本”方面的两极分化“游戏”。

除此之外，国家也面临着外部的限制，即在发展空间上的国际秩序的限制。前文已经分析过，在发达国家与发展中国家之间存在着“中心—外围”依附格局。发展中国家民众的发展空间显然从整体上受到了这种不平等格局的限制。这种关系不是一种值得肯定的永恒的国家之间的游戏框架，而是发展中国家必须面对的客观环境。中国未来的发展不是挤入“中心”，从而让其他国家成为自己的外围，而是成为一种平衡的力量。中国正在极力摆脱这种不平等的发展格局，她一向致力于不依附发达国家而发展，她的发展过程和发达的实现也不以任何其他国家的依附为条件。例如，邓小平有关中国人才资源问题的一系列观点都体现了中国力图摆脱各种形式的依附，尤其是知识与人才依附的意图；不仅如此，在这些观点指导下的“科教兴国”和“人才强国”战略本质上是否定任何国家间的依附秩序的。

二、发现“人的时间价值”

现代经济在 20 世纪下半叶的发展历程，似乎正在应验马克思 100 年以前的预见：“**资本本身由于生产力的提高而丧失价值。**”[①] 在整个 20 世纪里，世界各国的人们都从不同的侧面目睹了经济重心的转移。最初，人们附着于土地之上，将土地视为财富之母；后来是为世界市场生产商品的物质财货资本统治着人们的经济理性；再后来则是人本身所具有的价值终于从经济生活的深流中凸显出来，作为经济发展的真正根源，取代了土地和资本的地位。如今人们正在用“人力资本”、“知识经济”、“智力革命”、“新经济”等一系列名词描述着这种革命性的变迁。人们越来越清醒地体会到，一个“人的时间价值”占统治地位的时代已经来临。新古典经济学人力资本理论作为一种“人的时间价值经济学”，无疑为我们提供了某种理解上述动态关系的钥匙。这一理论对人的时间价值的关注，很自然地让我们联想到马克思主义劳动价值论及其相关理论。我们感兴趣的是马克思主义对于人的时间价值与经济增长之间的关系到

① 《马克思恩格斯全集》第 46 卷（下），北京，人民出版社 1980 年版，第 526 页。

底作何解释？如果说存在着一种马克思主义“人的时间价值经济学”的话，那么，它与西方人力资本理论有何异同？是否可以在马克思价值理论的基础上吸收西方人力资本理论的合理内核，以丰富马克思主义经济发展理论？

西方人力资本理论兴起于二战之后，当时主要有两个方面的理论动向，引起了经济学家们对于人的时间价值与经济增长关系问题的兴趣：第一，美国经济学家在20世纪50年代解释美国经济成长时，发现在考虑了物质资本和劳动力增长后，仍有很大一部分经济成长不能被解释清楚。这个未能解释清楚的部分就是所谓“增长剩余”或“残差”。在这里经济学家们面临的问题是，为什么物质资本和劳动力的增长不能解释全部经济增长或大部分经济增长？或者说，为什么产出总量比要素投入总量以更快的速度增长？第二，发展经济学家一直强调教育对经济发展有重要推动作用，但教育是如何影响经济，其作用的效果又如何呢？正是对这些问题的探索使人力资本理论应运而生。[①]

20世纪50年代末60年代初，由西奥多·舒尔茨和加里·贝克尔等人确立了比较定型的人力资本范畴，并建构了分析人力资本与经济增长之间关系的基本理论框架。自20世纪80年代以来，随着以信息技术革命为主导的新技术浪潮的蓬勃兴起，世界各国进入新一轮的经济增长，人力资本理论研究也进入了一个新的阶段，即内生经济增长理论阶段。以保罗·罗默和罗伯特·卢卡斯等人为代表的西方经济学家将人力资本投资、研究与开发投资及“工作中学习”（learn by doing）等作为内生变量引入经济增长模型，从而将人力资本置于经济增长和经济发展的核心地位，进一步明确了人力资本的“增长引擎”作用。

所谓人力资本是指体现在人身上的技能和生产知识的存量。人力资本投资主要涉及人们在教育和培训、医疗保健以及为获取经济机会和信息的迁移等方面的投入。人力资本理论的基本方法是新古典经济学的均衡分析和计量分析方法。它注重从宏观和微观两个层面来考察人力资本的投资与收益之间的关系，以及人力资本积累与配置的机理。

人力资本理论的基本观点可以大致概括如下：1. 人力资本投资提高了人的知识技能和企业家才能，使主体能够对经济机会和风险作出有效的反应。2. 由于人力资本投资的收益率往往较物质资本要高，因而人力

---

① 余明德：《人力资本与经济发展》，载北京大学经济研究中心编《经济学与中国经济改革》，上海，上海人民出版社1995年版，第171～172页。

资本具有抑制物质资本规模收益递减的作用。3. 人力资本与科技进步是现代经济增长的源动力。4. 收入分配也与人力资本密切相关，人力素质的普遍改善有助于形成一个财富分配更为公平的社会。5. 人的时间价值与经济制度之间的互动，影响经济绩效的历史变化。

人力资本理论为一些重大的经济谜题提供了比较有说服力的解释。如战后联邦德国和日本的经济之所以能够迅速恢复并飞跃发展，其原因之一就是，与物质资本相比，人力资本在战火中并未遭到严重破坏。而美国经济的长期遥遥领先，也与其人力资本的存量密切相关。人力资本理论研究的进展也为经济学开辟了一些新的领域，其中最为著名的就是家庭经济学。同时，发展经济学、制度经济学、教育经济学和农业经济学等也由于人力资本理论的渗入而大为改观。

三、马克思的“人的时间价值经济学”

整个新古典人力资本理论可以借用舒尔茨的说法，称之为“人的时间价值经济学”。这种表述更能够反映人力资本理论所秉持的“三位一体”（萨伊）的庸俗价值观和新古典方法的特质。而马克思主义则基于一种不同的价值观和方法——劳动价值论和历史与逻辑相统一的方法，事实上已经创立了一种更为深刻和合理的“人的时间价值经济学”。

马克思主义是人力资本和人力资本投资观念的一个鲜为人知的思想渊源。美国经济学家 T. W. 舒尔茨 1961 年在《人力资本投资》一文中提到：在少数把人视为资本的人们当中，有三位杰出人物，他们分别是亚当·斯密、H. 冯·屠和马歇尔。[①] 1987 年舍温·罗森（Sherwin Rosen）在为《新帕尔格雷夫经济学大辞典》编写的“人力资本”辞条中，将威廉·配第和弗兰克·奈特等人也列为人力资本理论的先驱。[②]他们都有意无意地忽略了一个重要人物，或者说，整个西方主流经济学长期以来都有意无意地忽略了一个重要人物——马克思。

其实早在舒尔茨提出人力资本范畴之前 100 年，马克思就已经表述

---

① 〔美〕T. W. 舒尔茨：《论人力资本投资》，北京，北京经济学院出版社 1990 年版，第 3 页。

② 〔美〕约翰·伊特韦尔主编：《新帕尔格雷夫经济学大辞典》，北京，经济科学出版社 1992 年版，第 736 页。

过这样的观点：节约劳动时间等于增加作为固定资本的人本身。[①] 他还提到，"**劳动是工人的资本**"和"劳动能力作为**资本**!"[②]

同样是在《人力资本投资》中，舒尔茨明确表述了将某些消费视为人力资本投资的观点。他指出："好多我们称之为消费的东西，就是对人力资本的投资。直接用于教育、保健以及为了取得良好的就业机会而用于国内移民的费用，便是明显的例子。上学的成年人和接受在职培训的工人所放弃的收入是同样明显的例子。"[③]尽管这一观点以及与之相关的理论为舒尔茨带来了鹊起的声誉，但是，所谓"人力资本投资"并非前所未有的新观点。又是在马克思那里，我们看到了同样观点的更为深刻的表述：真正的经济——节约——是劳动时间的节约。"而这种节约就等于发展生产力。可见，决不是**禁欲**，而是发展生产力，发展生产的能力，因而既是发展消费的能力，又是发展消费的资料。消费的能力是消费的条件，因而是消费的首要手段，而这种能力是一种个人才能的发展，一种生产力的发展。"[④]显然，人力资本概念和关于人力资本投资的观点，早已为马克思敏锐的思想所触及。值得注意的是，虽然一般说来，资本意味着能够带来一定收益的投资，但是马克思的资本概念与新古典经济学的资本概念具有根本性的差异：在新古典经济学体系中，**"资本被理解为物，而没有被理解为关系"**。[⑤] 马克思认为资本不是物，而是资本主义生产关系的体现。从这个意义上讲，物只是资本的载体，资本家亦只是资本的人格化。

从人的时间价值与资本主义生产方式的关系角度来看，马克思对价值和资本的阐释，主要是为了揭示资本主义生产方式对人本身，以及人的时间价值的压抑和扭曲。但是，如果从人的时间价值与经济发展的关系来看，我们则会发现马克思通过剖析资本主义生产方式所揭示的全部经济原理，其实可以服务于经济发展的目的。从这种意义上讲，我们可以将劳动价值论以及资本雇佣劳动的理论理解为一种马克思主义的"人的时间价值经济学"，即一种与经济发展相关联的人的时间价值理论。

大体说来，马克思主义对于我们理解人的时间价值与经济发展的关

---

① 《马克思恩格斯全集》第46卷（下），北京，人民出版社1980年版，第225页。

② 《马克思恩格斯全集》第46卷（下），北京，人民出版社1980年版，第523页。

③ 〔美〕T. W. 舒尔茨：《论人力资本投资》，北京，北京经济学院出版社1990年版，第1页。

④ 《马克思恩格斯全集》第46卷（下），北京，人民出版社1980年版，第225页。

⑤ 《马克思恩格斯全集》第46卷（上），北京，人民出版社1979年版，第212页。

系，已经奠定了如下几个方面的理论基础：

第一，经济增长和经济发展的实质在于人的（劳动）时间价值的量的增加与质的提高。将劳动时间理解为价值的本质，是古典经济学的遗产。马克思在此基础上澄清了抽象劳动与具体劳动、社会必要劳动时间与个别劳动时间、价值与使用价值、交换价值与价格等一系列对应范畴之间的差别与联系，从而确立了科学的劳动价值论。由于价值在质上意味着无差别的人类劳动，在量上体现为社会必要劳动时间的多少，因此，根据这种经济价值观的内在逻辑，经济增长必然意味着特定社会价值总量的增加，即一般人类劳动时间总量的增加；经济发展，就社会生产力水平的提高和经济结构的演进而言，则意味着社会必要劳动时间的缩短，或人的劳动时间价值的提高。马克思指出，经济发展，即“劳动生产力的增长无非是使用较少的直接劳动创造较多的产品，从而社会财富越来越表现为劳动本身创造的劳动条件”。①

第二，马克思揭示了价值生产、价值分配与价值实现的奥秘。虽然经济增长和经济发展本质上只是价值本身的量和质的变化，但是这种价值运动只有通过劳动者本身与物质生产条件的具体结合才能表现出来。特定的“活劳动”必须与特定的“物化劳动”相结合才能创造新的价值。物质生产条件作为“物化劳动”参与了价值的创造，但是它本身并不是价值的根源。全部物质生产条件所包含的价值最初都是由人类劳动所创造，它们在价值生产、分配、交换和消费的循环运动中只是转移其所包含的价值，这种转移本身并不创造新增的价值。新增的价值只能唯一地来源于“活劳动”的创造性的运用。也就是说，“进行生产的**只有**劳动；它是**价值**这种产品的唯一**实体**”。②

马克思主义基于科学的劳动价值论，将价值的本质与生产价值的经济要素区分开来，从根本上否定了土地—地租、资本—利润、劳动—工资相对应的庸俗价值观及其分配论。虽然社会再生产循环要求对参与价值创造的物质生产条件进行价值补偿，但是这种按比例分配社会劳动的必要性并不是对“三位一体”的要素分配论的肯定。在马克思看来，无论是土地还是资本（物质财货），都不是产生价值的根源，因此也就不能作为分享增值价值或索取“剩余”的权利主体。拥有分配权的主体只能是在价值生产中投入了劳动时间的人本身。

① 《马克思恩格斯全集》第46卷（下），北京，人民出版社1980年版，第360页。

② 《马克思恩格斯全集》第46卷（下），北京，人民出版社1980年版，第114页。

在商品经济条件下，人的时间价值的市场实现取决于价值运动的规律，马克思揭示的价值规律把握了价值决定与价值实现的必然趋势，而不是对现实经济生活中偶然现象的简单“复写”。在马克思看来，商品价值的实现是私人劳动转化为社会劳动的问题，而私人劳动与社会劳动的矛盾是否能够顺利解决，与具体的市场供求状况密切相关。个别生产者的劳动，或者说潜在的价值是否必然能够完成从商品到货币的惊险的跳跃，以及价值到底以何种价格来实现都具有很大的偶然性。

第三，经济发展的具体历史形态取决于人的时间价值与特定社会制度的互动关系。生产力与特定的生产关系和上层建筑之间的相互关系，历史地表现为人的时间价值与特定社会制度之间的互动关系。随着生产力的发展，人的时间价值必然日益提高，与之相关的社会制度必然发生相应的变化与调整。

人的时间价值与社会制度的互动具有两种基本的表现形式：一是生产方式的整体性变革；二是在生产方式基本稳定前提下，人的时间价值与社会制度之间的适应性调整。马克思对资本主义生产方式的剖析已经提供了理解这两种互动形式的典范。就前者而言，马克思指出，在资本主义制度下，人的时间价值被分割为必要劳动时间与剩余劳动时间，价值总量也被分割为劳动力的价格（工资）和剩余价值（利润），资本主义制度对人的时间价值的扭曲，使得资本主义具有自身无法克服的内在矛盾，这种矛盾的最终解决必然是社会主义代替资本主义。就后者而言，马克思认为，资本主义制度并非一成不变，生产力的发展促使资本主义制度不断作出适应性的调整；在资本主义制度可调整的限度内，人的时间价值也一直在不断提高。

由于都关注人的时间价值，西方人力资本理论对经济增长与经济发展的理解，很大程度上同马克思主义的价值观和经济原理相通。这种相通性从人力资本理论最近的价值观修正和一系列实证研究的新进展中比较明显地表现出来。

本来新古典经济学的人力资本范畴最初只是作为与土地、劳动力（原劳动）和物质资本相并列的生产要素而提出的。新古典经济学家们并没有改变他们对于价值来源和价值分配的“三位一体”公式。关于这种根深蒂固的庸俗价值观，马克思早就指出：“在资本—利润（或者，更好的形式是资本—利息），土地—地租，劳动—工资中，在这个表示价值和一般财富的各个组成部分同财富的各种源泉的联系的经济三位一体中，资本主义生产方式的神秘化，社会关系的物化，物质生产关系和它的历史社会规定性直接融合在一起的现象已经完成：这是一个着了魔的、颠倒的、倒立着的世界。在这个世界里，资本先生和土地太太，作为社会的人物，同时又直接作为单纯的物，在兴妖作怪。”虽然古典经济学的伟大功绩在于曾经揭穿过这种假象，但是，“甚至古典经济学的最优秀的代表……也还或多或少地被束缚在他们曾批判地予以揭穿的假象世界里，因而，都或多或少地陷入不彻底性、半途而废和没有解决的矛盾中”。①

随着人力资本理论的发展，人力资本从增长模型的外生变量变为内生变量，新古典经济学的价值观也发生了微妙的变化。“三位一体”的价值观逐渐变为某种接近于古典价值观的价值一元论。现在对时下的经济现实有所反思的经济学家已经提出了这样的观点：“经济增长之源……不是新古典经济学的要素投入流量——对称地涉及资本与劳动，而是唯一地归因于人类的知识和技能（通常被冠以‘人力资本’这一误导性的名词）。从而，衡量经济发展的尺度不是出于商品与劳务产出的价值，而主要是出于体现在个人与制度之中的知识和能力。”②这种向劳动价值论的“回复”甚至有些激进的意味，人力资本概念本身也被认为带有贬低人的误导性而受到质疑。

人力资本理论产生至今已被广泛地应用于发达国家和发展中国家的经济增长研究；研究范围涉及人力资本与经济增长关系的实证分析，以及人力资本与经济增长关系的运行机制、均衡条件等方面的理论和模型等。③这些研究提供了许多值得吸收的理论成果：（一）经验性实证研究的某些重要结论：(1) 人力资本与物质资本之间存在互补关系，物质资本积累率是人力资本积累水平的增函数。(2) 人力资本可以生产人力资本，人力资本积累率是人力资本积累水平的增函数。(3) 人力资本投资，尤其是教育投资具有影响长期增长潜力的永久性效果，因为它影响可利用的知识的存量，而且这种存量可以在代际间传承。(4) 人力资本投资存在某种阈限，在此阈限值之下，经济被限于缓慢增长的“低度发展陷阱”；超过这一阈限，则快速的发展成为可能。(5) 对给定的 GNP 水平而言，历史形成的人力资本禀赋的差异意味着非常不同的现实增长表现和

① 《马克思恩格斯全集》第 25 卷，北京，人民出版社 1974 年版，第 938 ~ 939 页。

② Geoffrey M. Hodgson, *Economics and Utopia: why the learning economy is not the end*, Routledge, 1999, p. 239.

③ 李建民：《人力资本与经济增长》，《南开经济研究》1999 年第 4 期，第 1 ~ 6 页。

发展前途。①

（二）有关的政策建议：（1）理想的投资方式应该是增加那些可能产生最佳预期收益率的资本形式，即从包括物质资本和人力资本的完整的资本观出发，优先考虑人力资本投资。（2）教育不是一般意义上的消费和“福利”支出，而是一种具有特殊重要性的人力资本投资和人力资本产业，国家应该制订相应的产业政策予以指导和扶持。（3）各种人力资本都存在正的外部效应，国家应提供适度的公共干预以补贴和刺激微观主体的人力投资。（4）低收入国家及其人民投资于初等和中等教育的收益率较高，初等义务教育的普及对发展中国家未来的经济福利和社会公平意义深远。（5）人力资本只是经济发展的必要条件，而适宜的制度是经济发展的充分条件。建立有利于人力资本积累与配置的制度，甚至比增加人力投资更为重要。②

四、以制度创新提高人的时间价值

就理论意义而言，上述比较启示我们，可以在马克思主义理论基础上吸收人力资本理论的合理内核，丰富和发展马克思主义的人的时间价值经济学。在这里我们只是提出这一理论发展的方向，具体的理论上的综合创新还有待进一步研究。就实践意义而言，从上述比较中可以看出，两种理论都把握住了一个共通的原理：经济发展的本质在于人的时间价值的提高，人的时间价值的提高有赖于人力资本投资和适宜的制度环境。从中国的现实来看，有利于人力资本成长的制度创新也许比人力资本投资本身更为关键。

我们已经明白人力资本对于经济发展的重要性，事实上，我们这个民族从来就奉行着节衣缩食培养人才的行动哲学。但是仅仅具有人力资本投资的理性并且肯于投资，并不必然能提高人的时间价值，从而带来经济的发展。我们当前面临的难题在于社会主义市场经济制度——无论是正式制度还是非正式制度——都处于正在成形的过程之中，因而，有

---

① Naohiro Ogawa, Gavin W. Jones, Jeffrey G. Willimson, *Human resources in development along the Asia-Pacific rim*, Oxford University Press, 1993, p. 5-8.

② 〔美〕T. W. 舒尔茨：《制度与人的经济价值的不断提高》，载〔美〕R. 科斯等编《财产权利与制度变迁》，上海，上海三联书店、上海人民出版社 1994 年版，第 251～257 页。

利于人力资本成长与配置的相关制度有待于通过改革和创新而确立。有学者认为，与人力资本成长相关的关键制度涉及产权制度、劳动力市场制度、人力资本积累制度、经济体制和开放政策等。①这些制度的建立和完善正是我们当前的紧迫任务。不仅如此，在开放的中国日益步入全球化的市场经济之际，发达国家由于人的时间价值的普遍提高，已经进入一个以处理信息和应用思想为产业核心的“报酬递增的世界”，这是一个与传统的非知识推动型经济根本不同的世界。②马尔萨斯所教导的是土地规模报酬递减，马歇尔又教导了资本规模报酬递减。这些真知灼见依然像魔咒一样纠缠着像中国这样的人的时间价值低廉的发展中国家。但是经济全球化也带来了后发赶超的现实可能性。这种机遇的一个重要方面就是我们能够借鉴先进的市场经济制度。保罗·罗默指出，一个完整的市场经济主要包括三套经济制度：市场制度，包括企业制度、金融制度；稳定化制度，包括财政制度、中央银行制度；科学制度，包括专利制度、知识产权保护等。发达国家的市场制度和稳定化制度已经相当完善，现在它们正在探索和建构与“新经济”有关的弱化产权的科学制度。所有这些制度，包括先进国家正在探索的制度的存在，使得我们在经济重心从土地向资本再向人力资本转移的过程中，不必“重新发明轮子”。当然，借鉴也同样需要创造性，全盘照搬既不现实也不可能。

世界已经进入了21世纪，经济发展的核心要素将进一步更加明显地表现为人的知识、技能与素质，综合国力的较量将更加突出地表现为国民素质和人才的较量。我国是世界第一人口大国，中华民族是富有创造精神和创新能力的伟大民族，因此，我们拥有世界上储量最为丰富的人力资源和人才资源富矿。如果我们能够建立合理的制度，并适度地进行人力投资，开发我国潜力巨大的人的时间价值，我们将能够在21世纪实现我国的经济现代化，从而实现中华民族的伟大复兴。

① 董智强：《人力资本、制度与经济发展》，http：// www. connobel. com/。

② 达尔·尼夫：《知识经济》，珠海，珠海出版社1998年版，第109页。

第六章　中国的人才资源生态建设

在21世纪的今天，一个国家如果不把人才资源开发作为经营国家未来的事业来重视，它就没有发展的可能性。当今的社会生活是由未来的可能性驱动的，而不是由以往的传统决定的。今天的生活不是昨天生活乐章的反复，而是明天甚至后天的可能生活的前奏。生活环境的不断变化是我们这个时代的一个显著特征，国家的发展必须依靠具有适应变化的能力的人才。

现代国家正在驶向知识与人才再生产可持续发展的彼岸，它们所经过的航路上空飘荡着新自由主义迷人的歌声。新自由主义的许诺是，摆脱国家控制的经济与市场的全球化能够解决人类的重大问题，通过释放利己主义就可以与全球范围的不平等进行斗争，并且可以实现全球公正。[①]对于国家内部而言，新自由主义许诺，以私有制为基础的市场经济的“自发扩展秩序”将既带来效率又带来平等。然而，事实上，没有哪一个国家是通过放弃国家对促进知识与人才可持续再生产的公共事务的权威与责任，而获得知识与人才的兴盛局面的。国家是人才资源生息繁衍的生态环境，保护和改善这种生态环境既是开发利用人才资源的基础，又是人才资源开发利用的核心。治理人才资源生态环境的责任既然要由国家这一政治实体来承担，国家就必须具有足够的权威和经济能力，一方面，动员公共资源来提供作为公共产品的教学设施、图书馆、博物馆、计算机网络、出版物和传播媒介等，以保证全体国民，尤其是处于弱势的社会成员能平等地享有相应的权利和机会；另一方面，是致力于民族国家利益共同体的建设和文化认同的建设，以保证社会的凝聚力。

---

① 〔德〕乌尔利希·贝克：《哑口无言的失语状态》，载张世鹏编译《全球化与美国霸权》，北京，北京大学出版社2004年版，第168页。

一、国家与知识经济

21世纪的国家或多或少都建筑在一种流动的经济基础之上，组成这种经济基础的主要元素不是有形的物质财富和肉体力量，而是无形的知识、技能和创造力。这些元素并不是全新的，在较低的科学技术水平上，它们一直从属于有形的物质财富与肉体力量，从而参与构成以往时代的经济基础。随着社会生产力长期累积性的发展，如今这些无形元素的经济价值已逐渐居于首要地位，而原来的物质性“霸主”则退居从属地位，经济基础内部的结构发生了根本性的颠倒。无形的元素也是有载体的，其载体就是人本身，不仅仅是人的头脑、心思和灵巧的手，而且也包括人的情感、品德、心灵和精神，总之，是整个人的发展状态的各方面。之所以说这种由人所承载的无形的经济基础具有流动性，不仅因为这些知识、技能和创造力本身既飘忽不定又难以捉摸，不加以培植就无从产生，而且因为人本身在开放的环境下具有某种“游牧特性”——人逐适宜的“发展空间”而居。发展空间是知识、交往与权利有机统一的环境，由于知识在当今的经济生活中具有最直观的价值呈现，因此，我们在经济生活的画面上看到的是，人逐“知识”而居。

在造就我们这个时代的人才这一事业上，一个国家可能会遇到两种主要的障碍。一是国内存在的精英与大众分裂的社会结构，二是国家间的人才争夺。因此，人才资源开发很大程度上意味着，为克服上述两种障碍而变革和调整“结构性”关系的过程。概而言之，开发人才资源意味着国家本身必须发生某种根本性的转变。一方面是从传统向现代转变，另一方面是在现代化的进程中超越资本的逻辑。

国家作为一种政治经济共同体，它既有责任也有权利营造一个全体公民普遍参与的知识再生产体系。这一体系负有双重任务：一是在扩大再生产的意义上不断产出知识成果，二是保证体系的参与者在知识学习、传播、应用、创造等知识再生产的各方面的机会平等和成就上的最大化。近年来中国科技和教育在总体上的明显进步，说明第一个方面的任务问题不大，值得探讨的是第二个方面的任务。在这个方面我们看到“知识鸿沟”的存在，这些鸿沟存在于阶层之间、群体之间、地区之间、社区之间、家庭之间和个人之间。在特定环境下，这些鸿沟具有逐步扩大的迹象和趋势。在一极是从小学就开始的失学现象：这些孩子本来就没有学前教育，其父母也可能大多是文盲，家庭贫困，这些家庭所在的地区本身也一样是贫困的，学校校舍破烂不堪，许多教师没有受过正规的训练，尽管他们往往是非常勤勉和能干的人。在另一极是过度教育和后本科群体滞留于大学校园的现象：应试教育的魔棒驱使城市中小学学生及其家长将大量时间和金钱投入愈演愈烈的补习“战争”；职业机会对学历的要求越来越高，本科毕业生从事只需要高中毕业水平的工作、博士从事只需要本科水平的工作；研究生招生数逐年攀升，很多高校研究生与本科生的比例已接近甚至超过1:1……

国家如何建立一个基础性人力资本平台？这个平台将保证每一个公民接受大体上同等质量和水平的基础教育，九年义务教育，或者有可能的话推进到十二年？这个平台在经济上的必要性和可行性已经被经济学的理论和发展得比较成功的国家的实践所证明。①由于我国的九年制义务教育并不是免费的，家庭经济条件对学生能否完成这一阶段教育具有决定性的影响，所以家庭贫困导致儿童失学，儿童失学又成为家庭无法摆脱贫困的一大根源，这样的恶性循环已经出现。摆脱困境的出路在哪里？我们认为政府应该承担这一任务上的主要责任。政府应从总体上来统筹公民的义务教育，应由国家（中央及各级政府）来担任义务教育的直接投资者，其目的是使公民享受义务教育的实际权利不再受其家庭经济条件的限制。具体办法到底是采取普遍的免费公立学校系统，还是对义务教育进行专项补贴？这应该根据各地的具体情况，一切以“效率”和“机会公平”的兼顾为原则来作出抉择。

在以往的历史中，因知识鸿沟而形成的社会分层，从来就是与世袭特权、精英主义观念交织在一起的，从这个意义上讲，知识鸿沟及其社会分层不是什么新现象。在世袭特权、精英主义观念越来越淡漠的今天，知识鸿沟及其社会分层却并没有消退，反而与以物质财产占有上的差异为基础的社会分层连成一气，促成了现代世界普遍存在的两极分化、阶级和阶层间的紧张关系。在有些社会这种紧张导致了社会结构的断裂，甚至社会秩序的崩溃。发展中的种种病态都可以从“经济化”的知识鸿沟及其社会分层中找到根源。

知识鸿沟从义务教育阶段就开始出现，这就是文盲与非文盲的分野。经过中学的“筛选”之后，在能够进入大学（一般以四年制本科大学为

---

① 杨柳新：《人力资本与中国现代化——中国人力资本成长模式研究》第一章第四节，济南，山东大学出版社2003年版。

典型）的与不能进入大学的青少年之间，知识鸿沟又一次出现。此外在中学水平即结束学业的人口与中学后能够接受各种职业和专科学校训练的人口之间也存在知识鸿沟。尽管这些知识鸿沟早已失去了可以为其辩护的政治和观念基础，但是它们依旧赫然地呈现在人们的现实生活之中。无论从民主还是从平等的原则来看，知识鸿沟的存在在政治上和观念上都没有合理性。

不仅如此，从经济效率的观点来看，阻隔在知识鸿沟的“无知”之岸的人们由于不能最大限度地利用知识资源作出经济上的贡献，既限制了他们个人获得良好的经济利益，也限制了整个社会总的经济福利水平。经济学理论认为，人力资本结构系数反映学习的平等。人力资本结构系数介于0—1之间，系数越大表明人力资本分布就越不平衡，人口受教育程度越不平等；系数越小，则反之。已有的研究表明，人力资本结构系数对于经济增长具有负的直接效应。而且，人力资本结构系数对于经济增长之间的关系，比收入分布结构系数、平均受教育水平对经济增长的关系更加显著。[①] 这样看来，知识鸿沟在经济效率上也是不合理的。如果我们承认发展具有理性进步的含义，那么，无论是从个体的理性能力的充实而言，还是从社会的政治、经济和文化上的合理性出发，我们都应该得出消除知识鸿沟的结论。

消除知识鸿沟的责任应该主要落在国家的肩上。与依据价格杠杆而运转的市场和依某些特殊主张而行动的个人或组织相比较，国家在权威、资源、整体性等方面具有“天然”的优势，国家可以通过改革体制和完善相关的法律和政策来引导消除知识鸿沟的社会进程。在国家行为上要避免无所作为和表面文章（这是那些知识鸿沟越拉越大的国家的通病），同时，也应该避免把消除知识鸿沟变成消除知识的多样性和学习者的个性差异的简单化“运动”。我国的国家行为在这两个方面都是有待改进的。我们不妨看看一位学者前些年对中国西部某地的调查片段：

> 政府规定每个娃娃要上学，小学一年要用200多元到350元，初中一年要用400多元。东山寨施家的儿子在镇初中住读，除了杂费书费校服等要400元外，每星期在学校吃饭要25元（每天5元，早1元，中午晚上各2元）。施家离学校四五公里远，没钱就跑回家吃饭，下雨就饿着。施家儿子说：“班里那些住大山里的同学路远不能

① 操基平、卢志宏：《论学习的经济增长意义》，《学术界》2004年第4期，第55页。

回去，又没有钱吃饭（两个学期40周要1000元），今年不来上学了，考试开会来一下。”施家村里大部分孩子也都上不完初中。

其实读完书与不读书，对家里的活计区别不太大。农村孩子在学校用的课本与城里孩子的一样，他们懂得“过马路左右看”但不曾学过如何种植水稻、玉米、烤烟和养猪。例如马家儿子初中毕业，还跟父母一样地用撒秧、插秧、薅草和割谷子这些简单的词汇描述水稻种植过程中的农活，对根系发育、分蘖、抽穗、扬花、灌浆等水稻生长特征和概念缺乏了解，诸如光合作用等生物词汇，氮、磷、钾对农作物生长的作用，他一概不懂，也说不清水稻病虫害的症状。

段家的孩子上高中，学校有劳动技术课教编篮子和摄影。本地不产竹子，学校没有摄像机，他只能从教师那里听得一点概念。“老师随便讲讲而已，没有用；只要考试考得出来就行了……考试不用编篮子，只写在纸上就行了。”他回家干活，还要听从仅有小学程度的父亲和文盲的母亲指导，他也不问究竟，这些与学校考试无关。当然，农民认为能上完小学还是有点用。一个读过初中一年级的农民得意地告诉笔者：“栽烟种玉米，有病症时买点农药，我会读说明，知道哪样（农药）可以配哪样（肥料），没读书的还要来问我……要加100倍水还是400倍，不读书就不认得啦。”①

国家的发展与知识作为最重要的经济资源的趋势关联在一起，这就在教育机会平等、建设普遍覆盖的基础性人力资本平台、消除知识鸿沟等方面对国家提出了迫切的要求；反过来，国家及其经济体系也对知识本身的性质提出了要求。国家、社会和市场都从经济价值角度对知识本身进行规范，知识的实用性的大小成为各种知识价值大小的主要根据。“为知识而知识”的追求成为这个时代的一种奢侈。在这种讲究知识的实用性和商业价值的社会环境中，人文知识、艺术和社会科学知识一方面受到社会的冷落，另一方面又被充满商业气息的环境所改造。很可能文化已经变得庸俗了，而文化产品的生产和消费却是一派繁荣景象。

国家与知识之间的关系应该是一种全面的关系，这种关系的全面性不能被经济与知识的关系所遮蔽。尽管我国奉行“以经济建设为中心”

---

① 萧今：《现代化进程中严重滞后的村落：西部农村的社会环境》，《战略与管理》2004年第2期，第26~27页。

的发展原则，但是重视经济建设既不是知识从属于经济需要的理由，也不是国家与知识之间的关系狭隘化和片面化的根据。国家既然是一种知识生态，当知识已经成为一种最主要的经济资源之际，国家与知识之间关系的首要的经济原则应该是：国家保护并发展知识群落或知识分支的多样性和可持续性。

有学者指出，当前初露端倪的知识经济是以知识的生产为核心，以科学技术的开发为动力，以高新技术产业和知识型服务业为支柱的经济，这一切又都依赖于国民素质的提高和人力资源的开发。[①]这是否意味着国家应该在教育、科技等各方面发挥主导作用？答案是肯定的。邓小平说要创造一种环境，“在人才问题上，要特别强调一下，必须打破常规去发现、选拔和培养杰出的人才……把尽快地培养出一批具有世界一流水平的科学技术专家，作为我们科学、教育战线的重要任务。”很显然，他正是从营造良好环境的角度强调国家应该承担发展教育和科技这类公共事业的职责。

阿马蒂亚·森认为教育在经济上具有正的外部性以及公共物品的特点，他指出：“鉴于基本教育提供了社区共享的好处，超出了受教育的个人的收益，基本教育也含有属于公共物品的成分（因此可以看作是半公共物品）。”[②]

事实上，在全世界，国家通常在普及基本教育上发挥了主要作用。今天的富裕国家（包括欧美国家、日本和其他东亚国家）历史上识字率的迅速提高，依靠的是低成本的公共教育以及公共收益的共享。值得注意的是，有些热衷于市场的人士建议发展中国家应该甚至在基本教育方面也完全依赖于自由市场——从而使发展中国家无法经历过去在欧洲、北美、日本和东亚为快速提高识字率起了关键作用的那种教育扩展过程。这些所谓亚当·斯密的追随者，应该知道亚当·斯密说过这样的话：“只需要用很少一点费用，公众就可以促进、鼓励甚至强制几乎所有的人取得最基本的教育。”从“公共物品”角度提出的超越市场机制的观点，补充了从基本可行能力的需要的角度（诸如初级医疗保健和基本教育机会）提出的由社会来提供有关支持的主张。因此，效率方面的考虑补充了公平方面的考虑，两者都认为应在基本教育、医疗保健设施以及其他公共

① 袁贵仁等：《WTO与中国教育发展》，北京，北京理工大学出版社2002年版，第244页。
② 阿马蒂亚·森：《以自由看待发展》，北京，中国人民大学出版社2002年版，第124页。

（或半公共）物品方面提供公共支持。①

中国的教育和科技发展虽然具有一定的基础，但是我们在为知识经济准备知识和人才方面与其他国家的差距还很大。美国经济学家詹姆斯·海克曼不久前曾经指出：“中国各级政府现在把大约国民生产总值的2.5%用于教育投资，30%用于物资投资。这两项投资在美国分别是5.4%和17%，在韩国分别是3.7%和30%。各国统计显示，中国对人进行投资的支出远远低于各国平均数。每年物质资本投资和人力资本投资的比率大大高于世界上大多数国家。”海克曼相信，“人力资本是最终决定中国富裕的资本。”②值得肯定的是，我国财政性教育经费支出占国内生产总值的比例在2012年终于达到了4%。可谓如期兑现了《国家中长期教育改革和发展规划纲要（2010—2020年）》中的“承诺”。③

二、教育机会平等与促进平衡的发展战略

对于每一个发展中国家而言，少年儿童，未来的公民、人才和民族的希望，不能接受良好的教育都是一种巨大的损失和苦难。孩子失学对于一个家庭，对于孩子本人命运的打击，是无声无息的，却是极端沉重的。失学的具体原因也许是多种多样的，据此可以把失学分成各种类型，其中有一种失学的类型对于社会和个人的长远发展影响最大，并且它与社会制度的价值取向密切相关，这就是由于权利局限而导致的失学。

在这里，“失学”的直接原因，不是教育机会的总供给，而是每个人享受的受教育权益。如果我们把失学视为一种知识上的“饥荒”，它就与食物上的饥荒问题有着惊人的相似。阿马蒂亚·森认为：“一个人支配粮食的能力或他支配任何一种他希望获得或拥有东西的能力，都取决于他在社会中的所有权和使用权的权利关系。”④我们也可以这样说，由于教育和非教育经济活动之间的密切联系，很多人得不到受教育机会，不是因为教育过程本身的问题，而是因为在经济活动中的不利地位或失败而失去了获得教育的能力。此外，获得食品的资格很大程度上取决于交换条

① 阿马蒂亚·森：《以自由看待发展》，北京，中国人民大学出版社2002年版，第125页。
② 詹姆斯·海克曼：《人力资本是最终决定中国富裕的资本》，2003年5月18日《经济日报》。
③ 21世纪网：《21世纪经济报道》，http：//learning.sohu.com/20130104/n362320912.shtml。
④ 阿马蒂亚·森：《贫困与饥荒》，北京，商务印书馆，2001年版，第189页。

件：出售或购买产品的能力，以及不同产品的相对价格（如工艺品对主食的价格，或副食品对主食的价格）。[①]与此类似，在教育与其他产品或劳务之间，以及不同等级的教育之间也存在着“相对价格”差异。如，近年来农副产品价格的逐年降低，学校收费的逐年升高，尤其是高等教育收费市场化之后，高等教育相对价格的大幅度提高，使得低收入的农民群体的受教育能力普遍降低，在接受高等教育方面能力的降低更为显著。

农村学生失学很大程度上是因为权利局限导致的，权利局限主要通过资源和机会的分配不均表现出来。从21世纪初的情况来看，截至2002年年底，全国拖欠教师工资额达134亿元。2001年全国30%左右的县，小学生人均公用费不足125元，财政预拨款不足8元。26个省农村中小学有4000万平方米左右的危房。[②]由教育部发布的我国首份《中国教育与人力资源问题报告》显示：优质教育资源供给匮乏，区域教育均衡化水平偏低，不利人群受教育困难与教育机会不公平现象加剧。九年义务教育普及任务在西部农村仍然艰巨，各种因素造成中小学辍学学生剧增，2001年部分西部地区小学适龄儿童净入学率在96%以下，小学五年保留率最低的省份只有64%；转移人口子女的就学问题严峻，大量初中文化程度进城的青少年丧失再学习的机会，高中阶段教育成为发展“瓶颈”。城乡人口教育水平存在十分明显的差距，农村教育发展严重滞后；地区人口文化素质存在“东高西低”的梯度差异；产业、行业人口文化程度结构差距悬殊。2000年，我国农村15岁及以上人口平均受教育年限为6.85年，与城市平均9.80年的水平相差近3年。中小学及以下文化程度占52.3%；高中及以上文化程度只占7.7%，低于城市33个百分点；而大专以上学历仅有0.74%，低于城市12个百分点。全国3/4以上的文盲、半文盲集中在西部农村、少数民族地区和国家级贫困县。[③]

虽然政府在《中国21世纪初可持续发展行动纲要》中提出了发展的目标：到2010年，全国普及义务教育的人口覆盖率进一步提高，初中阶段毛入学率超过95%，高等教育毛入学率达到20%左右，青壮年非文盲率保持在95%以上。[④]但是，进入21世纪之后，我们的状况仍不容乐观。

---

① 阿马蒂亚·森：《以自由看待发展》，北京，中国人民大学出版社2002年版，第164页。

② 中国“三农”形势跟踪调查课题组编：《小康中国痛》，北京，中国社会科学出版社2004年版，第241页。

③ 《中国教育与人力资源问题报告》，《高等教育研究》2003年第3期。

④ 中国“三农”形势跟踪调查课题组编：《小康中国痛》，北京，中国社会科学出版社2004年版，第11页。

在义务教育方面，农村中小学数量严重不足，以致每年有百万以上适龄儿童无法上学，更多的少年无法升入初中接受教育。20 世纪 90 年代初，我国每年的小学毕业生数量均为 1800 多万名，正好与 1975 年的初中招生数相接近，然而此时初中学校每年的招生数却只有 1400 多万名。每年因无学可升而失学的 400 多万名儿童，实际上全部是农村孩子。自 1983 年至 1998 年，因无校就读而失去在初级中学受教育机会的农村孩子的总数为 7148 万名，平均每年失学量为 476 万名。①

尽管农村的学费、书费是很低的，一般只需要几十元钱（自 20 世纪 90 年代以来，费用已呈现出迅速上涨的趋势），但对于一个年收入不到 1000 元，现金收入不到 500 元的最贫困农村家庭来说，这就是一笔难以承受的沉重负担。即使对于那些能够上学享受教育权利的农村幸运儿来说，他们与城市儿童少年平等的受教育权利也仅仅是形式上的。从教师方面的情况来看，许多农村教师的月“工资”不到 100 元，他们不得不下田耕种以补充微薄的收入。可这样的教师却要承担两三个年级的教学工作量。在有些地区，学生与教师的比例高达 60∶1 以上。1986 年 9 月 11 日，国务院转发了国家教委、国家计委、财政部、劳动人事部《关于实施〈义务教育法〉若干问题的意见》（以下简称《意见》）。解读这个《意见》，可以说我国义务教育的范围是不完全的。只有城镇中的中小学教育才是真正意义上的国家义务教育。②

1998 年 3 月 2 日，国家教育委员会和公安部联合发布《流动儿童少年就学暂行办法》（以下简称《办法》）。这个办法的主要目的在于控制社会秩序，而不是保护全体公民的受教育权利。它只是保护了城市户口居民的权利，却损害了流动农民的权利。《办法》规定：流动儿童少年就学，以在流入地全日制公办中小学借读为主，也可以入民办学校、全日制公办中小学附属教学班（组）以及专门收流动儿童少年的简易学校接受教育。“招收流动儿童少年的全日制公办中小学，可依国家有关规定按学期收取借读费。专门招收流动儿童少年就学的学校、简易学校和全日制公办中小学附属教学班（组）收费项目和标准按国务院发布的《社会力量办学条例》中的有关规定执行。”（不许农民工自己办学，一次性缴

① 中国“三农”形势跟踪调查课题组编：《小康中国痛》，北京，中国社会科学出版社 2004 年版，第 164 页。

② 中国“三农”形势跟踪调查课题组编：《小康中国痛》，北京，中国社会科学出版社 2004 年版，第 165 页。

纳借读费。）在深圳、广州、上海、北京都曾出现多起以“未经批准而设立”为由，关闭甚至用推土机将“民工子弟学校”推平的事件。[①]

一向以来，我国义务教育财政资源分布都严重不均。1985年的教育财务改革把筹集中等和高等教育经费的一大部分责任，以及分配这些经费的控制权从中央下放到省和地方政府。同时，初等教育仍由省里负责，而小学继续由县政府管理。这样，由于各地县级政府的收入能力相差很大，因此，它们对农村初等教育支持力度的差别也很大，而且差别愈来愈大。[②]近年来，城乡之间的不均等进一步加剧。城乡之间的不均等除了学校教育资源的差距外，还表现在教育经费负担和对农村居民的教育歧视。《教育法》规定农民要负担教育费附加。有学者曾经指出：中国初等教育的高普及率并不代表贫困地区的情况。例如，1990年我国小学入学率已经高达97.8%，但是，在广西的西部地区，小学入学率不足80%，而且从一年级开始上学的儿童只有60%能读到五年级。[③] 在大多数贫困乡村，由于初等教育经费不足，学校的物质条件极差，校舍破烂不堪、教具残缺不全、教科书和练习本都配备不齐全，有时全班连老师带学生只有一本教材，而且配备的教职工很少。中国西南和西北的许多地方，往往是几个自然村才有一个教学点，这种教学点一般只有一两间房子，一名教师，学生有两三个年级，所谓复式班。儿童要上四年级必须到几公里以外的完全小学就读，每天往返要几个小时，因此，大多数贫困家庭的孩子难以读完小学。贫困地区的小学教师绝大多数没有经过专业训练，往往教学质量不高。诸种因素综合作用，使得这些地区学校教育成绩平平，给贫困人口带来的是很低的升学率。[④]

康晓光当时提出这样的政策主张：“为了改善贫困地区初等教育极度落后的状况，开发贫困人口的人力资源，提高他们的生产能力、竞争能力和流动性，国家应当加大对这些地区初等教育的投入力度。今后新增的教育经费应主要用于贫困地区的初等教育和中等教育，城市和发达地区的农村教育主要让他们自己解决，国家不必再增加对他们的教育

---

① 中国“三农”形势跟踪调查课题组编：《小康中国痛》，南宁，中国社会科学出版社2004年版，第166页。

② 康晓光：《中国贫困与反贫困理论》，南宁，广西人民出版社1995年版，第201页。

③ 康晓光：《中国贫困与反贫困理论》，南宁，广西人民出版社1995年版，第200页。

④ 康晓光：《中国贫困与反贫困理论》，南宁，广西人民出版社1995年版，第201页。

投入。”①

大约20年之后的今天，这种状况改变得很少。农民的教育支出有增无减，尤其是近年中高级教育的学费增长过快，村级小学的合并增加了9年义务教育的费用，成为导致农民贫困的一个主要因素。据估计21世纪初我国一个高中生的花费平均每年在4000～6000元。高等教育的收费变化更大：从新中国成立到1988年，我国的高等教育都是免费教育，且国家每年还要给大学生以助学金的形式发放生活补助，到1989年我国进行高教收费改革，当年对大学新生只是象征性地收取学费200元，1996年高等教育试行并轨招生，当年大学新生平均学费超过2000元。以后学费逐年上升，每年上涨幅度超过20%，并且住宿费也在逐年上涨，这两项收费到世纪之交每年平均在5000元左右。据国家统计局2001年的数据来看，高校的收费已经占到比较富裕的城镇居民可支配收入的87.46%，是农村人均收入的2.5倍以上，加上一个大学生每年的生活开支平均为5000元左右，一个大学生一年就要支出1万元，一个本科生4年的支出就相当于一个农村劳动力20年的收入总和。在九年义务教育方面，这些年各乡镇为了减少教育经费支出，实行村小合并，有的是几个邻近村的小学合并成一个小学，有的甚至就撤销了所有的村小，在乡里建一所中心小学，这样可能是减少了政府的教育经费支出，但是却增加了农民的负担，主要包括：集资建校费、住宿费、伙食费和交通成本等。②

国家应该承担起全国义务教育的责任，努力消除这方面的不平衡。可以通过区别地区收入差别等级，对低收入和贫困地区实行基础教育补贴。在这方面应该形成一系列旨在矫正这种不平衡的制度和法律，制度和法律的目标在于向因权利局限而失学者赋予权利和分配资源。这意味着我们的政府行为要纳入一种促进平衡的教育发展战略。

也许先要排除一个似是而非的误解：中国是一个不发达国家。实际情况是，中国按照以GNP为典型的国际经济比较指标体系来衡量是一个不发达的国家，除此之外，这一信息对于理解我国的国情没有更多的意义。从我国的区域、省份、城市、阶层、行业、职业、家庭、个人等角度来看，每一个角度上我们都能看到一种几乎是“全色谱”的从最发达

---

① 康晓光：《中国贫困与反贫困理论》，南宁，广西人民出版社1995年版，第201～202页。

② 李小云等：《2002中国农村情况研究报告》，北京，中国农业大学出版社2003年版，第101页。

到最不发达的分层格局。

发展，如果说有一个目标是将整个国家的各方面都提高到发达状况，那么，就应该在每一个分层序列中，优先并着重提升最不发达层面的发展水平。这意味着对低收入者、贫困地区和贫困人群的发展进行有倾斜性的重点投入。这是一种“促进平衡的战略”。国家正在实施的政策，基本思路是“先把饼做大再分饼”，属于“不平衡战略”。“促进平衡的战略”和“不平衡战略”必须结合起来。

优先发展“不发达部分和人群”，这一战略将以更小的投入，引起更大的响应、更普遍的受益，更长远的、可持续的回报。“促进平衡战略”的着重点在于更平等的机会分配，更广泛的公众参与。在投资方式上，国家可以采取保障基金的形式。资金可以通过税收或发行教育国债来筹集。只要教育本身是成功的，社会为教育所花的成本总是会带来更大的回报。毛泽东时代在教育国民方面播种的种子，我们现在正在收获成果。我们这个时代为后来的时代播种些什么呢？

三、人才流动与社会凝聚力

作为一种经济资源，人才的流动性也许仅次于货币的流动性。有资料显示，美国是当今世界最大的人才流入地。从表面上看，世界各国的人才被美国吸引主要是由于经济上的原因。美国网罗世界人才的方法主要有四：一是利用开放的移民政策吸纳世界各国人才。美国本来就是一个移民所建立的国家，开放的移民活动是美国的特色与传统。它最早从欧洲移居过来的各种专业人才中尝到了甜头，多少年来它一直广泛接收从世界各地来的移民，并不断修改移民政策，向自己所需要的各种专业人才倾斜。如1990年，美国将科技专家的年移民限额从5.8万人提高到13万人。美国国家基金会的数字显示，1995年该国科学和工程项目的工作人员达1200万人，其中72%的人员出生在发展中国家。文化程度越高，出生在美国本土之外的人员所占的比例越大：23%拥有博士文凭的人出生地不是美国，在计算机行业，这个比例是40%。法国报界报道，全世界科技移民总数的40%被吸引到美国。二是大量从各国招收留学生，用优厚的薪水和良好的工作、教学、科研、生活条件吸引其中的优秀人才留下来为其服务。发展中国家的留学、进修人员在学成后滞留在美国的人数十分惊人，我国改革开放以来赴美留学、进修的大批人员至今还有 2/3 没有回国。其他发达国家留学美国滞留未归人员的比例也不小。欧洲的一份报告指出，在美国完成硕士学业的欧洲人中，有 50% 在美国居住很长时间，很多人留在那里。三是通过各种猎头公司以高薪、移民等做钓饵为其跨国公司从各国挖人才。四是利用各个突发事件大量搜罗人才。二战时期美国从法西斯国家搜罗的科技人才，曾经使美国在热核武器和运载火箭的竞争中，从一开始就处于世界的领先地位。苏联解体和东欧剧变造成其人才大量外流，美国等西方国家从中也大捞好处。据俄罗斯《论据与事实》周报第 50 期报道，10 年来，俄罗斯外流的科学家有 25 万人，大部分去了西方国家，以致以色列 40% 的科学家是俄罗斯人。俄罗斯出国的科学家大部分都是精力充沛和有才华的年轻人，1991—1992 年，俄罗斯出国的科学家中，博士占 60%，他们大多数去了美国、加拿大、以色列、澳大利亚、德国、法国。俄罗斯由于科学家大量外流，“每年造成的损失大致为 500 亿 ~ 600 亿美元，但这还不到科技领域不出成果造成损失的 10%。10 年中，科技成果减少了 9/10。”①

值得我们思索的是，为什么一个社会的凝聚力抵挡不住社会外部的吸引力？如果我们的社会有足够的凝聚力，人才就有可能被吸引过来，而不是流入他国。经济原因并不是人才流动的全部原因，像钱学森那一辈中国科学家从海外毅然回国，近年来中国海外回国人才数量的逐年增多，都不能仅仅从经济上来理解，社会本身的凝聚力也是吸引人才的一个重要原因。有凝聚力的社会不只是为人们提供了良好的经济机会，而且为人们提供了更加广阔的发展空间：更有保障的个人权利，更开放、自由与和谐的社会交往，更好的学习、运用和创造知识的机会和条件。

我们面临着两种分裂社会的力量；一是社会内部的制度性歧视导致的“社会排斥”。二是全球市场经济从“外部”对公民的文化认同、政治忠诚、经济互惠和社会群体休戚与共关系的冲击。这两种力量共同导致了公民在发展空间上的不平衡，即导致了对部分公民基本权利的剥夺，对普遍交往、知识的共享和协力创造的障碍。

有学者认为，社会排斥不单是指贫穷，而更广义地泛指除了物质上的匮乏外，弱势社会群体如何在不同的过程中被排斥于主流社会之外，进而被边缘化。这些过程包括参与政治决策，获取与就业相关的资源及

① 闭良干等：《21 世纪国际人才交流与开发》，北京，中国国际广播出版社 2001 年版，第 16 ~ 17 页。

参与社区及文化生活。社会排斥是一种强烈的情感体验，是一个情感的过程，是一种内在的心理状态，是一种被隔离和边缘化的情感状态。社会排斥是信息社会对这种弱势群体不断给予无价值、无政治利益标签从而使得社会财富与信息跳过这些群体的结果。当前我国存在的一个突出的社会排斥现象就是对城市流动人口的社会排斥。[①]

全球经济在公民中间造成了一种离心力，这种离心力也许在受过高等教育的高级人才身上表现得更为突出。这里出现的问题是，公民“是否有对地方足够的淳朴忠诚感和足够的公民责任感来导致牺牲精神？我们说到底既是公民又是经济活动的一分子；我们可以在市场上工作，但仍然生活在社会里。当经济纽带散落时，社会和政治纽带还有多紧密？”[②]文化传统的纽带作用值得重视。例如，在日本、瑞典、奥地利、瑞士、德国，这些国家的人在看待自己的文化时认为，他们民族的力量和存在某种程度上取决于较富有的人愿意作出的牺牲。这些地方的社会纽带和经济纽带之间的平衡偏向于前者。“我们大家祸福与共”的民族主义是这些地方的特色，它不仅建立在开明私利的原则上，也建立在共享传统遗产和国家命运的根深蒂固的认识上。[③]中国文化传统中具有民族凝聚作用的资源极其丰富，让这些传统绵延不绝是民族凝聚和凝聚人才的一个关键。

在对外开放和全球市场环境中，国家与人才之间的关系是相对松散的，生活在一个国家的人才并不一定是一个有社会责任感的国家公民。罗伯特·赖克指出，有一种作为世界主义者的知识精英，他们在一定程度上超越了狭隘的民族主义的偏颇，能够对世界上种种问题和可能性抱正确的看法，比那些观念狭隘的公民行事更加负责。但是，他们并非没有道德上的弱点。“持全球观点眼界开阔的人是否会选择公平的和充满助人激情的行动呢？我们今天和明天的符号分析人员缺乏对具体国家及其公民的特殊责任感，是否愿意同世界上较穷的人分享自己的财富，把自己的资源和精力提供给他们，改善他们为增加世界财富做贡献的机会呢？这里我们看到了世界主义的阴暗面。因为符号分析人员在家庭和朋友之

① 潘泽泉：《中国城市流动人口的发展困境与社会风险——社会排斥与边缘化的生产和再生产》，载《战略与管理》2004 年第 1 期，第 87 页。

② 〔美〕罗伯特·赖克：《国家的作用——21 世纪的资本主义前景》，上海，上海译文出版社 1994 年版，第 308 页。

③ 〔美〕罗伯特·赖克：《国家的作用——21 世纪的资本主义前景》，上海，上海译文出版社 1994 年版，第 308 页。

外没有强烈的爱慕和忠诚，也许永远不会培养出有社会责任感的习惯和态度。他们将是世界公民，但不会接受，甚至不会承认任何政治实体中的公民权通常意味的义务。”①

这就提醒我们，国家必须加强道德教育和公民教育，以培养既有才能又具有高尚道德和社会责任感的人。育人是教育的首要目标，我国的教育有一个基本宗旨是培养德、智、体、美、劳等方面全面发展的人才，并且我们把德育放在教育目标的首位。把这一宗旨贯彻到教育之中，需要我们长期坚持不懈地努力。道德品质和社会责任感培养其实是全世界的教育都必须肩负的一项职责，哈佛大学前校长德里克·博克曾经就大学教育指出：“不论是福是祸，大学和专业学院对年轻人一生中成长最关键的时期起着决定性的影响作用。这些学校可能无力满足人的每一项需求，但它们无疑应该尽其所能，大力培养学生的高尚情操。至少它们也应该努力防止出现这样的情况：关心他人的意识淡薄，对有目的性的改革行为无动于衷等。”②

四、国家、大学与创造性人才的培养

一般来说，现代的大学接受政府的资助，也为满足政府和社会在知识和人才方面的需要而服务，但是大学在“生命形态”和精神上自成一体，它从来就不完全从属于特定的国家或政府，大学的校史中往往连篇累牍地记载着它所见证过的王朝兴衰和政府更迭。哈佛大学前校长洛韦尔曾说：“大学的存在时间超过了任何形式的政府，任何传统、法律的变革和科学思想，因为它们满足了人们的永恒需要。在人类的创造中没有任何东西比大学更经受得住漫长的吞没一切的时间历程的考验。”③ 大学是一棵常青树，是一只不断浴火重生的凤凰。

现代社会的大学“垄断”了绝大部分知识资源，大学按照它自己的逻辑和节奏承担着社会的高深知识与杰出人才的生产。作为一种发展单

---

① 〔美〕罗伯特·赖克：《国家的作用——21 世纪的资本主义前景》，上海，上海译文出版社 1994 年版，第 313 页。

② 〔美〕德里克·博克：《走出象牙塔——现代大学的社会责任》，杭州，浙江教育出版社 2001 年版，第 347 页。

③ 〔美〕约翰·S. 布鲁贝克：《高等教育哲学》，杭州，浙江教育出版社 2001 年版，第 30 页。

位的国家，不可回避地要确立自己处理国家与大学关系问题的原则和立场。

大学是现代社会的知识与人才再生产中心。一个社会人才资源开发的全部问题在大学中都有所反映。比如我们可以通过这样一些问题来了解一个社会的很多重要方面：学生主要来源于哪些阶层？大学与政府和民间组织，尤其是企业之间的关系是怎样的？大学内部的教学研究人员与行政管理者分享着怎样一种权力结构？一个国家的大学在世界大学同行中的地位和声誉如何？显然，大学能够回答我们的远不止这些问题。大学实际上是反映一个国家现代化状况与水平的最灵敏、最集中、最全面的组织。我们了解了一个国家的大学，也就把握了这个国家知识与人才再生产的核心部分，从而也就基本上把握了这个国家现代化运动的脉搏。

大学并非从来就是知识与人才的中心，大学在科学发展和人才培养中扮演主角是一种比较晚近的现代现象。现代早期的科学家及其科学研究主要集中在政府研究机构、科学机构和博物馆。而且自 17 世纪以来，一直存在着科学家的业余社团。19 世纪前半叶情况发生了变化，法国、德国和英国的大学逐渐成为“纯”科学研究的中心。直到 19 世纪晚期，主要受德国大学体制的影响，美国大学才开始使它们的科学系科真正加强科学研究。直到 20 世纪，这种转变才较明显和坚决。① 中国现代大学兴起的历史只有一个世纪，中国大学从社会的边缘向中心的移动是一种急剧变化的过程。

大学在高深知识、高尚道德、理想的人类生活方式的追求上具有不可替代的独特地位和作用，这是大学在现代社会不可替代的角色定位。国家必须尊重大学的特性，并尽量为大学发展自己的特性提供必要的条件，这些条件包括学术自治、言论自由、交往的开放、意识形态的学术化介入、必要的经济资助等。

大学既是一种国家性的知识与人才再生产事业，又是一种世界性的知识与人才再生产事业。在中国现代大学和国家的关系中，大学作为国家事业的特点远远超过其作为世界事业的特点。中国大学的命运与国家的命运休戚相关，大学对于国家的兴衰负有责任，大学与国家在政治、经济和文化上具有一体性。中国大学普遍实行党委领导下的校长负责制，

---

① 〔美〕巴伯著，顾昕等译：《科学与社会秩序》，北京，生活·读书·新知三联书店 1991 年版，第 166 页。

《中华人民共和国高等教育法》明确规定："高等教育的任务是培养具有创新精神和实践能力的高级专门人才，发展科学技术文化，促进社会主义现代化建设。"这些制度安排使得中国的大学与国家之间联系的紧密程度也许超过了其他任何国家。但是，这种联系并没有排斥中国的大学或整个高等教育同时也是一种世界性的事业。

百年来中国的大学教育发展的历程可以大致分为新中国成立前30年、新中国成立后30年和近30年三个大的阶段。以蔡元培在北京大学的改革为起点，大学在新中国成立前的30多年间，培养了一大批在中国近现代政治、经济、文化建设上颇有建树的知识分子，包括那些在科学上获得世界性声誉的知名学者。新中国成立后，在以专门学院为主体的高等教育系统中，大学也同样专注于为各个行业、部门培养专业人才，形成了重视"基础理论、基本知识和基本技能"，强调严格的专业训练的新传统。近30年是一个中国大学和高等教育快速发展与转型的时期。在政府主导的一系列关键性政策、举措的推动下，包括大学在内的中国高等学校，完成了或者正在完成着整体性的转型：一是从计划经济时代各经济、社会部门的附属机构，向满足社会普遍需要的相对独立的社会机构的转型。这一历程从1985年起一直延续至21世纪初。二是从主要承担人才培养的教学型机构向人才培养、科学研究并重的服务型机构的转型。这一历程开始于20世纪80年代学位制度、研究生教育的恢复和大学科研机构的普遍建立，接着是专业调整、学科建设与"211工程"、"985工程"的实施。三是从作为社会公共福利机构的组成部分向半公共的成本分担型教育机构的转型。从20世纪90年代初试点收费到1997年高校全面实施收费制度，高等教育成本分担机制逐步形成。四是从精英教育机构向大众教育机构的转变。这一始于1999年的变革历程，一方面实现了高等教育的历史性增长，普通高校从1998年的1022所增长到了2008年的2263所，在校本专科生从1998年的340.87万人增长到了2008年的2021.02万人，研究生也从1998年的198885人增长到了128.3万人，高等教育毛入学率达到了23%，成为世界上最大的高等教育系统；另一方面，由于并未做好必要的准备，大多数高校不得不在规模迅速扩张的过程中，通过建设新的校园，缓解紧张的办学资源，这也导致了各地政府圈地、投资建设大学城的热潮。与此同时，由于教育发展存在着明显的区域、城乡发展的不平衡，高等教育大众化进程，无疑也进一步拉大了区域、城乡接受高等教育的人口规模、数量上的差距。1978年后，大学在政府主导的整体性变革中实现了转型。但是，这种整体性改革策略，在一定程度也上导致了高等学校办学取向的相对单一。就大学而言，最为明显的表现就是，大多数大学都逐步形成了依托学科发展推进师资队伍建设、科学研究和人才培养的格局。更为突出的问题则是，大学忽略了非常重要的一点，即作为一个知识分子汇聚之地，一个旨在保存、传播、创造知识的社会机构，大学的社会声誉既来自于历史上大学的成就，更来自于大学在积极适应社会变革的过程中，对塑造普遍的社会道德与价值观念的责任承担，对自身办学使命、理念与发展路径的自主探索与建构。正是这一点，恰恰被中国大学所忽视，以至于在蜕变为普通的社会机构后，无法在道德高度上塑造与批判社会现实。①

要在社会发展进程中发挥引领作用，确立自身的使命与价值，中国大学就要致力于解决中国问题，在精神重塑和社会服务两个方向上都作出应有的贡献。其一，作为一个知识共同体，大学应该联合起来，表明倡导公平、正义、民主、科学的社会立场，主动承担起重建价值观念、道德体系的社会责任。同时，基于这种共同的社会宣示，建立起约束大学内部成员的道德与价值准则。显然，大学绝不应该满足于仅仅承担经济、社会发展的服务者与适应者的角色，更不应该妥协于任何与大学坚守的准则相违背的社会取向与价值观。也只有这样，大学才能重塑其社会形象，才能获得足以引领社会的道德制高点。其二，从当代中国社会的发展趋势看，大学必须站在战略的高度，来分析当前中国的种种问题，考虑如何解决这些问题，以促进经济、社会的健康、和谐发展。为此，大学就必须准确把握国际国内政治、经济、社会、文化发展的大趋势，全面掌握世界自然、人文、社会科学知识与研究的最新进展，在此基础上，深入细致地了解行业、区域、城市、社区的实际问题与需要。但是，要做到这一点，就需要大学联合起来，在各个学科上建立真正意义的学术共同体。其三，要将大学塑造成为一个关注民生、实践民主的试验场所。首先，要将中国经济、社会发展的现实问题，特别是占据人口主体的中下阶层民众的真实生存状态，作为教学与科研的重要内容，作为课堂论辩、课外实践的核心议题，引导教师、学生了解、分析、研究中国经济与社会发展的真实状况与未来趋势。其次，要鼓励教师、学生体验真实的中国，不仅要走进城市的社区，更要走进乡村、市镇，了解、反映那些社会弱势群体、特殊群体的社会诉求并帮助他们实现这些诉求。

① 荀渊：《近30年来中国大学的转型与发展困境》，《江苏高教》2011年第1期，第12～13页。

再次，要在校园内普遍形成公开、公正、透明的民主协商机制，让大学每一个成员都真正成为大学的主人，参与到学校的决策、管理与监督活动中，借此积累参与社会民主建设的经验与能力。[①]

中国现代大学的兴起基于“教育救国”和“教育强国”的理念，这种理念百多年来已经根深蒂固。今天的大学校长们依然在民族复兴和强国的主题下思考中国大学的历史使命：“21 世纪中国大学的历史使命是什么？如何抓住机遇，迎接挑战更加睿智地预测和掌握大学的未来发展，自觉地担负起大学的使命？”“21 世纪的中国大学特别是研究型大学，至少应该肩负起人才培养、学术研究、社会服务、高等教育国际化四个方面的历史使命。”[②]

在 20 世纪与 21 世纪之交，中国高等教育界的有识之士思考着这样的问题：我们将把一个怎样的中国带到 21 世纪？我们应该将一个怎样的高等教育事业带入 21 世纪？他们呼吁，应对 21 世纪的严峻挑战的最重要、最有价值的对策，就是在发展教育以提高全民的素质，把沉重的人口负担转化为巨大的人力资源的同时，培养和造就一大批基础扎实、知识渊博、才华出众、富有献身精神及创造能力与合作精神的“跨世纪人才”。[③]

中国科学院前院长周光召预测从 20 世纪末至 21 世纪 30 年代科学发展的趋势，认为有 5 个方面的特点：（1）各门类科学、各层次分支学科将不断地交叉，同时又加速综合。使科学朝着在一个领域内不断深入和多个领域综合交叉的整体化方向发展。（2）自然科学与社会科学进一步结合并定量化，而科学理论将高度数学化。（3）科学与技术将互相依赖，更多地发生融合，以致朝着一体化的方向发展，即科学与技术将组成一个有机系统。（4）科学与社会之间将发生强烈的相互作用，即社会越来越以科学为基础，而社会的需求将决定科学发展的规模与速度。（5）科学研究将由国家规模向全球规模发展，尤其在研究自然系统的过程中，将形成全球科学活动。[④]

中国工程院前院长朱光亚也曾概括了当代和未来工程技术发展的五

---

① 荀渊：《近 30 年来中国大学的转型与发展困境》，《江苏高教》2011 年第 1 期，第 14 页。

② 许智宏：《中国大学的历史使命和发展前景——由北京大学创建世界一流大学引发的若干思考》，《中外大学校长论坛文集》，北京，高等教育出版社 2002 年版，第 202 ~ 203 页。

③ 曲钦岳：《跨世纪人才的培养与高等教育改革》，载许敖敖主编：《我们怎样培养面向二十一世纪的人才》，南京，南京大学出版社 1997 年版，第 1 ~ 2 页。

④ 曲钦岳：《跨世纪人才的培养与高等教育改革》，载许敖敖主编：《我们怎样培养面向二十一世纪的人才》，南京，南京大学出版社 1997 年版，第 3 页。

大特点，其中之一是信息技术革命在产业化过程中的作用日益增长，在推动当代社会进步的物质流、能量流和信息流中，信息流的作用日益重要。①

鉴于这种形势，有学者提出，我国大学教育进一步发展的方向如下：(1) 适应科学技术的突飞猛进和经济、社会发展的需要，高等学校现有的学科专业将有大幅度的调整，或者说将进行重组。学科的综合、交叉、新兴学科、边缘学科的产生与走向成熟的速度会加快，部分传统学科、专业的更新已经是大势所趋。(2) 人才观、教育观的转变势在必行。从21世纪的发展趋势与特点来看，“跨世纪的人才”应当是既有扎实的基础，又了解学科前沿，能够迎接高新技术革命挑战的新人；应当是既具有国际视野，又熟悉中国国情，能够参与全球竞争与合作的新人；应当是既胸怀大志、充满朝气，又脚踏实地，百折不挠，能够主动适应、积极推进甚至引导一系列社会变革的新人。而高等教育要完成培养这样的“跨世纪人才”的任务，就必须转变教育思想，更新教学内容，探索新的人才培养模式和途径。(3) 必须充分利用科学技术发展的成果，尤其是重视利用多媒体、计算机辅助教学系统、因特网、交互式网络及仿真技术等新的教育媒体与工具，极大地提高教育的效率与效果。(4) 必须充分利用改革开放所营造的良好的国内外环境，扩大对外学术交流与教育合作，取他山之石，攻中华之玉，使我国的教育事业在规模与水平上都有明显的发展与提高，缩小与发达国家的差距。②

中国的大学“并不是西方大学的简单翻版，而是对西方的模式进行了大量的修正。事实是，亚洲高等学校对其社会、历史、文化和政治背景的反映程度，至少不亚于它们所模仿的西方模式所反映的程度。亚洲大学是一种混合物，结合了几种不同的文化因素。西方的学术文化和组织占据支配地位，但本土的影响使之成形”。③ 中国高等教育的理想目标是建设中国特色的现代化高等教育体系，所有反映现代高等教育发展规律的学术文化和组织管理模式，我们都需要充分地借鉴和吸收。所有有利于中国高等教育现代化的因素，我们都需要极力加以利用。

---

① 曲钦岳：《跨世纪人才的培养与高等教育改革》，载许敖敖主编：《我们怎样培养面向二十一世纪的人才》，南京，南京大学出版社 1997 年版，第 3 页。

② 曲钦岳：《跨世纪人才的培养与高等教育改革》，载许敖敖主编：《我们怎样培养面向二十一世纪的人才》，南京，南京大学出版社 1997 年版，第 1～2 页。

③ 〔美〕菲利普·G. 阿特巴赫著，人民教育出版社教育室译：《比较高等教育：知识、大学与发展》，北京，人民教育出版社 2001 年版，第 184～185 页。

从宏观上看，在世界性的知识再生产体系中，中国的大学处于“边缘”地位，但是，从微观上看，通过学者和学生在国际的流动，在许多学科门类，在知识创造的许多分支和领域，中国与世界知识“中心”的联系渠道已经建成，信息沟通的人际和技术性的网络也建立起来，中国高深知识与高级人才再生产活动逐渐成为一种世界性的活动，整个知识与人才再生产体系从世界体系的“边缘”向“中心”的移动已经起步。

与中国大学的爱国主义和民族文化本位特色浓厚的特征相联系，中国大学教育体现了一种独一无二的“允公允能”的社会本位价值观。中国知识分子“以天下为己任”的宽广的责任意识传统，与以国家和社会利益为重的社会主义价值观，共同构成当代中国大学的基本精神。在一些优秀的大学教师以及深受这些教师学问与风范影响的学生们身上，高度的智慧与高度的社会责任感相当完美地结合在一起。在当今市场经济环境中，从个人本位出发的名利思想无所不在，但是在中国的大学中，却有一大批学者和教育工作者站在社会利益的立场上，超越一己名利，尊崇“计利当计天下利，求名当求万世名”的价值准则，在教书育人和钻研学问的岗位上辛勤劳作，自强不息。

“允公允能”的社会本位价值观是当代中国大学的精神主流，将这种精神灌注到大学教育的每一个方面和每一个参与者身上，是中国大学教育理想的一个重要成分。中国的大学在中国特色社会主义建设事业中发挥着至关重要的作用，在我们社会最关键的这个知识与人才再生产组织中，大学不仅致力于培养有知识有能力的人才，还致力于在人才群体中培养一种超越了狭隘个人主义的社会主义精神和情操。大学如果能使我国的公民中最有才华的青年具备勇于承担社会责任的优良品质，我们就有了支撑整个社会的社会主义道德风尚的骨干。

从发展空间的视角来看，中国大学与国家在价值取向上的相通性影响了每一个参与高等教育活动的公民的个人发展空间的性质，在大学中成功培养了社会本位价值观的人们，他们发展空间的开放性和相互协调性相对发达：他们的权利意识与责任意识平衡发展，彼此的交往更加广泛与和谐，知识方面的共享、互助与协作将成为他们普遍的社会习性。

怀特海曾经指出：“当你全面考虑教育国家的年轻一代这样重要的问题，考虑轻率的惰性导致绝望的生活、破灭的希望和全国性的失败时，你很难抑制心中的怒火。现代生活环境中的法则是绝对的。一个不重视培养智力的民族注定将被淘汰。并不是你所有的英雄行为、社交魅力、你的智慧以及你在陆地或海上取得的胜利可以改变你的命运。今天我们保持着自己的地位。明天科学又将向前迈进一步，那时，当命运之神对未受良好教育的人作出判决时，将不会有人为他们提出上诉。”[①] 我们今天也正在为教育本身的不发达而忧患，不发达的教育会导致名义上在校的学生事实上的“失学”，“失学”的后果是危及国家和民族的未来。

教育依托于人类智慧创造的符号系统，教育过程中对于符号系统的介入程度，反映了教育或学习的深度。人乃是自然、社会与文化的存在，在自然、社会和文化的客观宇宙与人这一小宇宙之间有一个作为中介和桥梁的符号世界，符号世界的缺失使一个人处于与世界的残缺的关系中，这就剥夺了一个人成为全面发展的人的可能性，这是一种深层剥夺。在当今的教育中，功利主义的技能培训代替了教育本身，这是一种变相的“残缺”，是一种渗透着文化“剥夺”、价值“剥夺”和意义“剥夺”的训练，而不是够格的教育。

我国当代公共教育面临着两个最突出的难题：一是教育机会的不平等，一是教育中对个性的摧残。孩子们要不就是上不了一定的知识平台，要不就是在某一知识平台上被平庸化。从幼儿园、小学一直到大学，我们的学生最典型的学习方式都是针对规定科目的被动式机械训练。这些训练压抑了作为学习主体的学生的主动性，有可能严重损害学生的个性和创造能力的形成。

教育是教人们掌握如何运用知识的艺术。[②]比知识更有价值的是有效和创造性地使用这些知识的能力。拥有专业人员证书不是这种能力的保证。实际上，放弃有独创性的思维，着重死记硬背来获得知识的专业教育，在以后的生涯中会阻滞这种能力。[③]

知识与人的认识能力或知性有关。康德认为，如果要把一般认识能力称为知性（在这个词的最广义上），它就必须包括：对给予的观念的把握能力（注意）以产生直观；对许多事物共同的东西的抽象能力，以产生概念；以及思考能力（反思），以产生对象的知识。[④]

康德正确地指出，知识是人的知性对关于事物的复杂观念的清晰把握。所谓“清晰”是一种高度的“明白”。用来把一个对象与另一个对象

---

① 〔英〕怀特海：《教育的目的》，北京，生活·读书·新知三联书店2000年版，第25～26页。

② 〔英〕怀特海：《教育的目的》，北京，生活·读书·新知三联书店2000年版，第8页。

③ 〔美〕罗伯特·赖克：《国家的作用——21世纪的资本主义前景》，上海，上海译文出版社1994年版，第183页。

④ 康德：《实用人类学》，上海，上海人民出版社2000年版，第17～18页。

区别开来的是明白，而使诸观念的组合也变得明白的意识则叫作清晰。在每一个复杂观念中清晰性都是建立于秩序上的。[①] 也就是说，知识是人的知性运用直观、抽象能力和思考能力建立起来的观念之间的合理的秩序。

康德承认在人身上存在普遍的和天生的认识能力，这可以称为人的“聪慧”，但是，人的认识能力中主要的部分是需要在经验和实践中培养才能产生的“健全知性”。不经过足够的教育和学习，健全知性是不可能形成的。人们要获得知识，仅仅靠聪慧，是不够的，尽管“当一个问题的解决有赖于普遍的和天生的知性规则时”，聪慧比学习来的机智也许更为可靠。[②]

知识、创造力、协作能力是三种学习的层次，学习方法则分别为编码和抽象、系统思维和实验、协作。如果说通过编码和抽象掌握知识只是一种浅层次的学习，那么在编码知识基础上的系统思维和实验、协作就是深度学习。没有深度学习也就不会有德才兼备的创造性人才。

罗伯特·赖克认为，系统思维把抽象进一步推进。符号分析人员的教育着重系统思维。要教导学生去研究为什么出现问题和它怎样与其他问题有联系，而不是教导他们怎样解决呈现在他们面前的问题。[③]

为了学习较高形式的抽象和系统思维，一个人必须学习做实验。但所谓最正规的学校教育却不大从事实验。然而在最好学校和大学的最好班级中，着重点是完全不同的。学生们都配备有找到他们自己道路的一套工具，而不是被指引走一条规定的途径。中心放在实验方法上：为了更好地理解因果，令现实的某部分不变，同时变换其他部分；系统地探索一系列可能性和结果，并注意有关的相似点和不同；作出深思熟虑后的猜测和直觉上的大胆判断，然后以此来检验以前的假定。最为重要的是，要教导学生们对他们自己今后持续的学习负责。[④]

在正规教育中，通常并不强调学习协作，交流抽象概念和取得一致意见。相反，在美国和其他国家的大部分课堂里，压倒一切的目标是安静和独自地完成专门的作业。不要谈话！不要传递笔记！不要互相帮助！

---

① 康德：《实用人类学》，上海，上海人民出版社 2000 年版，第 17 页。

② 康德：《实用人类学》，上海，人民出版社 2000 年版，第 19 ~ 20 页。

③ 〔美〕罗伯特·赖克：《国家的作用——21 世纪的资本主义前景》，上海，上海译文出版社 1994 年版，第 235 页。

④ 〔美〕罗伯特·赖克：《国家的作用——21 世纪的资本主义前景》，上海，上海译文出版社 1994 年版，第 236 页。

这样做的基本理由又是效率和假设的评价个人绩效的重要性。然而，在美国最好的课堂里，重点又改变了。中心放在群体学习上，而不是个人的成就和竞争。学生们学习明确表达和阐明问题，然后互相重新陈述他们是怎样识别和找到答案的。他们学习如何寻求和接受伙伴的批评，请求帮助，并承认别人的成就。他们还学习协商——说明他们自己的需要，了解别人需要什么和从别人的角度来观察事物，并发现互相有利的决定。这是为一辈子符号分析协同工作所作的理想准备。[①]

从人的社会性本质来看，价值创造和意义都建立在人与人的协作上，人们结成一个集体来面对世界和生活中的问题。这是一种不同于个人主义经济学的经济现实。个人的劳动价值和劳动效率没有作为首要的前提，而是把协作作为基础，把集体作为基本单位，个人的成果是集体成就的一种象征，而不是相反。那些获得承认的个人总是将成果归结为集体和协作的成果，这并不完全是谦辞，这实际上反映了一种团体协作的文化，从根本上不同于市场中流行的利己主义文化。

我国当前盛行只注重知识灌输的教学方式，这不利于创造性人才的培养。我们应该改造我们的教育文化，从培养学生的创造性着眼，加强在教学过程中系统思维、实验和协作的成分，促进深度学习。全民族“创造性的理性”的开发，必须建筑在一种能普遍地促进深度学习的教育文化基础之上。

---

① 〔美〕罗伯特·赖克：《国家的作用——21 世纪的资本主义前景》，上海，上海译文出版社 1994 年版，第 237 页。

第七章 大学的价值观教育与人才之德

大学是一个国家人才培养最高级最关键的社会组织。在理想主义者的眼中，是纯粹的追求真理的“象牙塔”，大学应该具有超尘脱俗的精神或品格。例如，在德国著名教育家洪堡眼中，大学“是以纯知识为对象的学术研究机构，而纯学术的研究活动正是大学孤寂和自由的存在形式的内在依据。据此，大学应有一种精神贵族的气质和对纯学术的强烈追求，而不考虑社会经济、职业等种种实际需要”①。然而，大学作为社会的一个内在组成部分，不可能与现实社会“绝缘”。大学其实是一个开放的场域，她崇尚真理，同时也服务社会，为社会培养既具有理性才能，又具有特定的德性品格的人才。在全球化的背景下，世界各国的大学在理性才能的培养方面已经越来越“趋同”，其培养体系彼此“联网”，相互交流日益密切。而在各个国家的边界之内，各国的大学在培养人才的德性品格方面，除了遵循某些基本的“共识”之外，无不持有各自特有的文化立场和价值取向。中国的大学所培养的人才，不仅需要具有真才实学的创造性“头脑”，也需要具有中国特色的德性品格的“心灵”。我们主要通过大学的价值观教育来承担这种培育“中国心灵”的使命。

中国大学的价值观教育依托于其特有的文化生态，致力于建构当代中国特有的文化认同，是现代价值观教育的一个特有的范式，在教育理念、方法和目标上都有其独特之处。

一、作为现代价值观教育的中国思想政治教育

当代中国思想政治教育的本质就是价值观教育。更进一步，就思想政治教育的时代特征而言，它从属于现代价值观教育范式。在不同的语

---

① 刘道玉：《中国教育反思录》，香港，香港中和出版有限公司2012年版，第126页。

境中，思想政治教育的含义往往不尽相同。在狭义的概念中，思想政治教育只是一种宣传和灌输政治意识形态的教育活动。在广义的概念中，思想政治教育不仅包括意识形态内容，还包括道德教育和公民素质教育。无论其内容是狭义的还是广义的，思想政治教育在本质上都是一种塑造价值观的教育活动，它的目的在于达成价值共识，从而保证社会的价值世界的和谐，它实现这一目的的手段是培养公民的价值理性。

通常人们将价值观直接等同于道德价值观，但实际上人类的社会生活涉及各种各样的价值观，包括精神的、道德的、社会的、文化的价值观；环境的、民主的、健康的、宗教的价值观，等等。在这里，我们从最广泛的意义上来界定价值观的概念。我们基本上同意这样一个价值观的定义：价值观是指一些原则、基本信念、理想、标准或生活态度，它们作为普遍的行为准则，或作为决策的参照点，或评价信念的参照点，或行动的参照点而起作用，与人格完善和自我认同密切相关。[①]我们还认为，价值观不仅体现于人们的理性和思想层面，也体现于人们的德性和行为层面。也就是说，价值观不仅体现为思想观念，而且还体现于与思想观念相关的实践之中。明确而稳定的价值观是思想与实践在生活中的统一体，是构成人格与精神气质的要素。

从整体上看，价值观教育既涉及具体的教育活动，又涉及社会的价值生态。价值生态是与价值观教育相关的价值生活环境和价值世界，它由社会生活所涉及的各种价值观及其实践共同构成。由于人们直接在社会生活中形成和发展他们的价值观念与价值理性，所以，价值生态不仅仅是价值观教育的一个背景，而是价值观教育所依托的基础和对价值观教育具有全面影响的一种强大的客观力量。价值观教育总是处于一定的价值生态之中，价值观教育与价值生态之间的互动关系是价值观教育的一种内在机制。特定时代的价值观教育与社会的价值生态之间的互动关系构成特定的价值观教育范式。在不同的文化背景下，这些范式体现为特色各异的文化类型。

人类社会在现代性的冲击之下正在经历着深刻的文化变迁。从传统价值观体系向现代价值观体系的转型构成这种文化巨变的核心。随着现代化进程的展开，人类的价值世界发生了整体性的演化：各种信仰、伦理观念、习俗和风尚等都在不断地发生着崩溃与创生、分裂与重组、冲

---

① J. Mark Halsted &Monica J. Taylor (ed.), *Values in Education and Education in Values*, The Falmer Press, 1996, p. 5.

突与融合。在这种动荡不定的环境中，无论是个体的人还是各种社会组织，无论是民族、国家还是国际社会，人类在宏观和微观的各种层面围绕多元复杂的价值取向展开了系统性的调适。作为这种调适反应的一个关键组成部分，价值观教育的范式也发生了根本性的变革。

从一定意义上讲，现代化导致了人类原本统一的价值生活整体的裂散；现代价值观教育是现代人对价值生活裂散的一种制度性反应方式，它的目的在于重新弥合人类的价值生活整体。作为整体的价值生活，对现代人来说是一种理想，但是对前现代的人来说却并不陌生。在前现代的各种家族的、地域性的和民族的共同体中，作为整体的价值生活曾经是一种活的生活方式。在那个时代，个人还没有从这些共同体中普遍地分化出来，个体在共同体内的角色相对单一和稳定，共同体的价值观得到共同体内每一个个体的普遍认同。对于前现代的人而言，人类的价值世界在形式和内容上都是非常单纯的：人们的价值眼光保持着似乎是与生俱来的天真无邪，清晰的价值准则似乎是自然呈现出来的；值得敬畏的神明与休戚相关的他人，为每个人的生活标定出明确的道路与领域。

价值生态的巨大变迁，是把价值观教育的现代范式与前现代范式区别开来的一个关键。前现代的价值生态是一种原生的价值生态，许多各具特色的原生价值群落散布于世界各地。由于各文化区域的相对隔绝，在各个地域性的文化群体内部，长期延续下来的价值传统具有高度的统一性、同质性和单纯性。在这种单纯的价值生态中，价值传统主要通过社会习俗中的濡染而自然“复制”，价值观教育渗透于宗教、国家、社会和家庭生活的具体过程之中，这些社会活动的基本价值取向是相对稳定的，它们都强调要维护共同体信仰的统一、利益的一致、各种权威和伦理的稳固。前现代价值观教育所要传递的价值和伦理原则、标准和规范是相对固定的，它们往往直接通过政治、宗教或各种家族组织中的权威以一种日常生活习性的方式来传递。因此，前现代价值观教育基本上是习焉而不察地施行的；不仅全部教育，乃至全部社会生活都带有价值观教育的意义。例如中国先秦时代的孔子认为，“六艺”教育的精髓在于道德，他强调“志于道，据于德，依于仁、游于艺”（《论语·述而》）。在前现代社会，价值观教育与社会的价值生态高度融合，也与知识性内容的教育高度融合。前现代社会的价值观教育是以普遍化、经常化、习俗化或信仰化的方式来实现的。前现代价值观教育并不是独立分化出来的一个专门领域或专业，而是与生活融为一体，生活既是富有内在价值的实践，又是富有启示与教化作用的教育。

现代社会教育体系内部分化出专门的价值观教育专业和领域，这本身就是一种前所未有的现代现象。现代社会的价值观教育是一种专门化或制度化了的价值理性培养活动和价值理性实践活动。现代教育体系分化出专门的价值观教育领域的结果，是使教育在总体上获得了一种形式上的价值中立地位，从而体现出教育体系对于现代社会多元价值的开放态度。在专门的价值观教育之外的教育领域，各学科除了在专业知识所涉及的有限价值问题上提供学术性的价值批评之外，基本上不过问社会的价值状况对于专业教育的目的、内容和过程的影响。也就是说，各种学科教育对于其专业之外的广泛的价值问题持一种价值无涉的超然立场。然而，对于价值观教育本身而言，社会的价值濡染对专业教育的影响是值得关注的重要问题。尽管各学科也相应地发展了各自的伦理学理论，并力图将某些伦理原则贯彻于其专业教育和专业工作的实践之中，但是，现代教育体系专业分化的力量也正在加强另一种趋势：价值观教育越来越不是紧密结合在具体教育过程中的一种精神和要素，而是分化为教育流程的一个专门环节和工序。价值观教育的专门任务似乎是，教育“产品”离开“生产线”之前的价值“打磨”。在现代社会，价值观教育与社会的价值濡染不再具有高度的一致性，社会价值生态的多元化和复杂化与价值观教育的反思性和选择性之间存在明显的反差。在这种状态下，价值观教育作为一个专门领域，它具有全面反映社会的价值观状况及其影响的基本功能；更重要的是，它必须对现存的各种价值观进行反思、批判、选择和引导，它是整个教育体系的价值“过滤”组织。在很大程度上，它的任务之一就是消除社会中带有普遍性的消极价值濡染的影响。在理想状态下，作为一个专门领域的价值观教育应该成为现代社会和整个教育的“良心”。

现代价值观教育范式所包含的基本矛盾如下：一是道德形成、社会控制与文化联系的矛盾；二是价值多元化与寻求普遍性价值认同的矛盾；三是理性方法与权威方法的矛盾。第一个矛盾涉及以学校为基地的价值观教育的目标定位；第二和第三个矛盾似乎是在现代状态下重新提出了两个苏格拉底式的问题：何为美德？美德可教吗？或者说，是否存在现代人普遍认同的价值准则？以什么样的方法教授价值观才是合适的？全部现代价值观教育就是围绕这几个核心问题展开的。

第一，教育目标。从现代社会生活中的功能性需要来看，价值观教育专门化是一种必然的结果，因为传统价值共同体的瓦解同时伴随着对新的价值整合的要求。由于社会结构的分化和社会流动性的加强，也由于工具性的交往关系在经济、政治和社会生活中的普遍化，在大众日常生活中渗透性地实现价值整合越来越不现实，因此，一种专门化的价值观教育领域就从社会的教育体系中分化出来。以学校为基地，作为课程的专门化的价值观教育是一种现代景观。它反映了现代人在价值生活上的结构性重组，可以视为现代价值观教育范式的标志。在现代社会，家庭、地域性的和职业上的社会组织、国家机构等都依然保留着对于青少年进行价值观教育的某些功能和责任，然而，这些带有传统色彩的价值观教育方式已经明显地衰落了。现代的学校尽管没有完全取代这些传统方式，而是与它们形成某种不无矛盾的共生关系，但是，价值观教育的重心已经转移到学校。

从一种全面的观点来看，学校价值观教育是精神、道德、社会与文化教育的同义词，它涉及现代人的生存、交往、心灵和存在。具体说来，学校价值观教育承担着多重任务。首先，它要承担社会性的与全球性的责任。这涉及反对社会偏见、尊重女性的平等地位与权利、维护地方性社会组织的凝聚力、世界和平的信念、生态意识等。其次，它要适应现代性的要求。如促进经济发展、培养具有自主性和价值反思能力的个人、灌输公民意识等。再次，它要保持文化的连续性。这关系到与家庭相关的伦理和价值、宗教和非宗教的信仰、日常生活的习俗和行为规范等方面的变迁。① 这些任务主要来自个人、国家和社会本身。也许前现代社会能够在日常生活中自自然然地实现个体的道德养成、群体的社会秩序和文化的接续传承，然而，在现代社会价值观教育要同时满足这三个方面的要求已远不是那么容易了。② 个人期望获得价值理性的启迪，国家要求宣传其意识形态和法制观念，而社会则需要保持某些传统信仰、伦理和习俗的延续，这三者之间很难不发生冲突。例如，个人价值选择能力的增强可能导致对抗国家价值和社会文化传统的反叛个性，而国家出于政治和法律价值要求的灌输与宣传很可能既限制自主个性的发展，又破坏传统的根基。也许人们认为可以寻求某种价值共识来统一这些立场分歧的意图，从而使价值观教育有一个稳定的价值基础。可是，强调现代性价值分歧的必然性的学者指出，这种寻求共识的企图存在内在的困境：

---

① M. T. Tatto et al. ,"Examining Mexico's Values Education in a Globally Dynamic Context", *Journal of Moral Education*, Vol. 30, No. 2, 2001.

② David Carr,"Moral Formation; Cultural Attachment or Social Control: What's the Point of Values Education?" *Educational Theory*, Winter 2000, Vol. 50, Issue1.

一是很难确定某种价值共识是否真正有利于社会。二是这种价值共识只可能在没有严重的道德价值分歧的世代中形成。三是价值共识对于道德正义只是一种可疑的基础。这样看来，如果说有某种共识存在的话，这种共识可能就是对于现代社会价值基础的分歧的必然性的认识。充分考虑到这种不可避免的价值分歧其实对于培养“完全的人”具有最高的积极意义。①

从表面上看，学校在价值生活中的地位同医院在大众健康方面的地位颇为相似：价值观教育专家系统和专门化的知识很大程度上表现为一种价值治疗性的功能。现代性的价值颠覆与价值共同体瓦解的过程，对于每一个个体都产生了一种由偶然性主宰的价值影响。在市场交往和消费主义盛行的日常生活中，过分随意的价值濡染和任性选择必然构成对健全价值理性和人格的威胁。媒体广告使奢侈消费成为时尚，商业大片塑造的时代偶像是暴力与阴谋的化身，而在学校里老师讲授的是温良恭俭让。现代人当然是把道德教育作为一种治疗手段，但是从本质上讲，“价值观教育是学习做人和作为一个人的本能的需要，而不是一种应付道德危机的治疗手段。”②我们对于价值观教育的最真切的需要是，希望它能帮助我们重新整合裂散了的价值生活，因此，真正具有教育意义的价值观教育必须超越价值相对主义，确立一种能够把现代的多样性价值联结为一个统一的整体的原则。这不仅需要道德上的勇气，而且需要创造性的智慧。

第二，价值准则。肯定要确立一个普遍认同的价值基础才可能开展真正的价值观教育，而不是流于形式的说教。对于现代人而言，要找到普遍价值基础就是要找到“何为美德”的共同认可的答案。当然，确定这个问题的答案是含有风险的。在价值观问题上持反普遍主义立场的人们提醒我们，将某种价值尊为普遍价值往往是提升主流文化价值地位的一种伪装。有些学者认为，所谓普遍主义价值不过是“暴虐的文化帝国主义”。③可是，如果我们不是在变动中的极其多样化的价值景象面前不知所措，如果我们不被各种过分强调价值主观性和相对性的观点所迷惑，

---

① David Carr, "Moral Formation, Cultural Attachment or Social Control: What's the Point of Values Education?" *Educational Theory*, Winter 2000, Vol. 50, Issue1.

② Monica J. Taylor, "Values Education and Values in Education", *Journal of moral Education*, Abingdon, Dev 1999, Val Fraser, Vol. 28, Issue 4.

③ Kinnier, Richard T. et al., "A Short List of Universal Moral Values", *Counsseling & Values*, 01607960, Oct 2000, Vol. 45, Issue 1.

那么，我们可以透过种种危机和幻象看见现代价值生活希望的地平线。

首先是现代人本质上具有普遍的精神生活倾向：现代人对于超越自我价值的更伟大、更高尚的价值的尊重是一种普遍的精神倾向，正像对自我实现的追求是一种普遍的精神倾向一样。虽然许多证据显示宗教信仰至少在发达的现代社会已经明显衰落，但是人类希望将自我价值与超越自我的价值联系在一起的本能需要，在现代社会依然存在。有研究者比较了包括犹太教、基督教、伊斯兰教、道教、儒家思想、印度教、佛教、人文主义、古希腊雅典的思想和当代美国文化等各种文化体系的核心价值观之后，肯定了人类普遍倾向于将自我存在寄托于至上的存在、更高的原则、超越的目的和意义，或者说寄托于某种比一己更伟大的存在。①其次是历史的积淀与日益密切的文化交流显示出，人类具有某些为最大多数人所共享的价值观和伦理法则。也许关于普遍伦理法则的例子是“黄金法则”，即耶稣教导的“你愿意别人怎样待你，你就怎样对待别人”。在儒家思想中我们可以找到与这个法则对应的法则：“己所不欲，勿施于人。”1948 年联合国人权宣言第一章宣称：“所有人在尊严和权利上生而自由、平等。”这应该可以视为普遍价值法则的又一个例证。

在尊重多元性的基础上，人类寻求共享价值观或核心价值观的努力也是卓有成效的。如 1980 年有 16 个国家的代表参加的道德教育会议的结果显示，各国的道德教育计划都大体强调了如下几种道德价值观：第一，社会价值标准：合作、正直、和蔼、孝敬长辈、社会公正、尊重他人、公民精神、社会责任感、尊重人类尊严、人权、劳动尊严等。第二，有关个人的价值标准：忠厚、诚实、守纪律、宽容、有条理、襟怀坦荡、上进心强。第三，有关国家和世界的价值标准：爱国主义、民族意识、和平的公民责任、国际理解、人类友爱、民族间相互依存的意识等。第四，认识过程的价值标准：实事求是的科学方法、辨别真伪、追求真理、慎于判断等。②显然，人们对上述标准在一定程度上已经达成了共识。

俄罗斯学者最近提出的一个普遍人类价值框架列举了如下内容：①求索真理；②人类的福祉；③社会公正；④人道的道德规范；⑤知识的获得；⑥对有才能和技艺的人的尊重；⑦在无论大小的所有事情上的

---

① Kinnier, Richard T. et al., “A Short List of Universal Moral Values”, *Counsseling & Values*, 01607960, Oct 2000, Vol. 45, Issue 1.

② S. 拉塞克、G. 维迪努：《从现在到 2000 年：教育内容发展的全球展望》，北京，教育科学出版社 1996 年版，第 156 ~ 157 页。

审慎；⑧个人的尊严；⑨人格的价值；⑩自我与他人的健康；⑪对自然及享用自然的机会的保护……这是一个开放的价值体系，普遍的价值共识在这里并没有穷尽。①

在这里，我们看到在现代价值观教育中，对作为教育内容的价值观是有某种基本的选择标准和界限的，这种标准和界限将极端功利主义、自我中心主义、消费主义、对人的歧视、偶像崇拜和各种迷信排除在外。对普遍价值的寻求是一种无止境的对话，它要求我们体悟永恒的价值秩序，在现代的生活流变中接续历史积淀的价值传统，在我们的差异和多样性中确证我们相同的人性。

价值观教育与现代学校的内在联系，使学校成为现代社会中保持传统价值生活的最纯粹的“保留地”。在今天的学校里，我们依然可以清晰地看到一种将价值渗透进师生员工的全部生活的理想。不错，现代的学校的确是现代社会的一个组成部分，但是这个部分与其他部分是多么不同：在这个区域内，人们似乎不只是在过一种与现代时尚一致的生活，人们也在着意延续着传统的生活；这里不只是现代生活的一种反映，而是要求对现代生活进行真诚地教导、训诫和批判。这种深刻的差异主要是价值观上的差异：现代生活中最流行的价值观是一种价值秩序颠倒的工具价值观，这里不仅价值筹码是货币，而且统治这个价值世界的君主也是货币；而在学校的理想中，价值秩序应该以它的本然状态直接呈现，实质的价值与形式的价值能够真正统一。无论现实的学校是否能够实现学校的理想，也就是说，无论它是否能够将纯正的价值理性赋予受教育者，但是价值观教育本身必然要求表达出纯正的价值理性。让学校的价值观教育保持纯正的价值理性是现代人的一种本能的需要。这种价值理性就体现在对普遍价值的寻求中。不仅是知识上的寻求，而且是行动上的践履。

现代化是一种“过滤”过程，将价值观筛选成“常”与“变”或“久”与“暂”的两类，我们在面对这些观念时既要看到流动、创生与转化的成分，又要看到作为根基的恒定的成分。学校的价值观教育的精神源泉就是恒久的价值传统。学校价值观教育必须观照全部现代价值生活，但是它对于流变的价值观持一种清醒的批判态度。价值批判的标尺就是作为价值传统的普遍价值。

---

① Armonk,“Values as the Basis of the Goals of Upbringing”,*Russian Social Science Reiview*,May/Jun1999,N D Nikandrov,Vol. 40,Issue3.

第三，基本方法。在关于学校是否应进行价值观教育的问题上一直存在严重的分歧，一个极端是强调学校教育对价值观问题应采取彻底超然的立场。另一个极端则是主张学校应担负起价值指导和教化的权威之职责，明确的价值原则与规范，正式课程、非正式课程和半正式课程都必须具有价值引导的意义。[①]与上述两种基本立场相对应，在具体的价值观教育方法上可以看到两条基本路径，一种是侧重于发展学生价值判断与选择能力的理性主义方法，它典型地表现为以抽象思辨为特征的“价值澄清”理论与实践之中。另一种是侧重于品德和心性培养的权威主义方法。这种方法是传统价值观教育的基本方法，它在现代依然具有重要的价值。理性主义方法的贡献在于，它启示我们应该注重训练受教育者价值反思的能力，而且在教育过程中应该避免教育者的价值偏见。它对于形成有个性的现代个人具有积极作用。它经常受到批评的弱点是极易陷入价值相对主义的困境。权威主义方法着眼于气质与品性的培养，它含有纯粹的理性推理所忽视的人性化的内容，例如仁慈的美德涉及一种与他人休戚与共的同情心和气质。这种方法的优点是明显的，它强调人们的社会联系并有助于价值传统的延续。但是，对权威的强调与现代多元化的价值环境如何协调的问题还没有很好的答案。

与此同时，我们也看到许多显然带有折中意味和寻求“第三条道路”的方法。这些方法提出了许多值得重视的调和理性主义与权威主义的思路：一是“程序中性”。这种方法强调在教育过程中贯彻一种“程序中性”和程序无偏的机制，认为在此基础上，这一鼓励充分对话和积极参与的过程应该指向一种对于价值的“批判性的确认”。[②]二是“团体维度”。这种思路强调扩大个体归属认同和群体认同的同心圆，如从班级/学校扩展到地方社区/宗教群体，再到民族/世界。这非常相似于中国传统伦理的修身齐家治国平天下的理念。[③]三是体验模式。这种思路强调对生命存在的静默的直观，希望由此而进入情理交融、理事合和、形式价值与实质价值相统一的价值生活境界。价值体验模式有 4 个基本特征：（1）关注体验者在社会生活和自然之镜中的实践时空，凸显人的道德体

① 杨柳新：《大学的价值观教育与文化认同》，《北京大学教育评论》2008 年第 4 期，第 112 页。

② Elizabeth Ashton，Brenda Watson，“Values Education：A Fresh Look at Procedural Neutrality”，*Educational Studies*，Dorchester-on-Thames，Jul1998，Vol. 24，Issue2.

③ Yuval Dror，“Community and Activity Dimensions：Essentials for the Moral and Values Educator”，*Journal of Moral Education*，1993，Vol. 22，Issue2.

验过程和道德体验境界。(2) 悉心引导学生成为真正的体验者，沉入生存领地，有所经历、有所运思、有所体验。(3) 重视关系互动和情绪、情感的作用机制，看重师生的人际交往—理解高峰体验、环境氛围等潜移默化的影响。(4) "教育者"成为"引导者"，"受教育者"成为"体验者"。[①]

在现代化这一人类历史进程的大潮中审视中国价值观教育的转型，是考察的落脚点。这里涉及两个关键问题：其一，中国的现代价值观教育与上文所述的以西方现代化经验为根据的范式之间的关系如何？其二，中国的价值传统对于其现代价值观教育范式有何意义？

我们认为中国的现代价值观教育与西方现代价值观教育同属现代范式，这两者是现代范式的两种主要文化类型。当然，两者之间存在着三个值得关注的重大差别：首先，我们是基于一种与西方文化在源流上根本不同的文化传统而步入现代化进程的。其次，我们在意识形态上坚持的马克思主义是对西方资本主义意识形态的批判。马克思主义是从辩证地否定资本主义的立场上强调自由个性的价值的，它在社会的立场上理解个人的价值，它的理想是通过"自由人的联合体"来实现每个人的自由而全面的发展。再次，我们在现代化的时空序列中属于后发现代化国家，并处在非属于"中心"的"边缘"位置。这种状态使我们在现代化道路选择上具有很大的回旋余地。

从许多方面看，现代性是对传统性的补充而不是取代。现代社会并不单纯是现代的，而是现代加传统的。现代性不仅可能和传统性并存，而且它本身可以强化传统性。它可能使原来存在的文化，例如宗教中的某种重要成分获得新生。反过来，传统的态度和行为也可能有助于现代化。[②] 中国当下的现代化格局就要求中国的价值传统获得新生，并在这种传统的根基上推进现代化事业。现在我们所面临的问题是，如何理解中国价值传统对于其现代价值观教育的意义。在这里，我们仅就中国价值传统中可以用来超越价值秩序颠覆与价值世界裂散的资源略作分析。

中华民族的价值传统融化在中华民族古老而悠久的历史之中，流淌在中华民族的血脉之中，它已经成为中华民族特有的习性。我们可以从以下四种典型的价值思维方式中看到这种价值传统的智慧和特性：一是

---

① 刘惊铎：《体验：道德教育的本体》，《教育研究》2003 年第 2 期，第 57 页。

② 〔美〕西里尔·E. 布莱克：《比较现代化》，上海，上海译文出版社 1996 年版，第 54 ~ 55 页。

“天人合一”的自我观。中国传统的自我是包含宇宙精神的自我：人与天地不是主客二元相分，而是同道一理，气息相通，休戚与共的整体。人不是从自然和社会中分割出来的“原子”，而是相互支撑的存在。孟子说，“万物皆备于我矣”（《孟子·尽心上》），我是一种向整个世界开放的系统，我是宇宙的一个“焦点”。同时，人不是孤立地存在的，人与人的共存是人的本质，这就是“仁”。实践“仁”道应遵循“己所不欲，勿施于人”的伦理准则。二是生生不息的“易”道。“生生之谓易”，自我与宇宙都处于无止境的生长过程之中。“天行健，君子以自强不息。”不可超越的“个人”价值和“自我实现”，以及不可超越的人类现状，在“易”的观念中是不可想象的。三是“神与物游”的审美人生态度。它相信在物我交融的灵性审美体验中，最纯粹的实质价值理性得以彰显。它强调要摒弃一切形式价值上的算计，从人与物相互依存的本来结构中来确定人生境遇的价值。在这种人生态度中，善与美联为一体；真理不是对认知和操纵事物的保证，而是人融入实质价值世界之际生命的充实。四是“中和”的理想道德境界。在儒家的价值传统中，道德价值的最高境界是“中庸”或“中和”。孔子说：“中庸之为德也，其至矣乎！”（《论语·雍也》）中庸要求人具备最清醒的价值觉悟。“中也者，天下之大本也；和也者，天下之达道也。致中和，天地位焉，万物育焉。”（《中庸》）这意味着，人性的充分彰显与实现，以至于能弘扬内圣外王之道，成己成物，参赞天地之化育。

上述价值思维方式当然不是中国传统价值智慧的全部，但是它们已经足以显现中国价值传统的魅力。在中国正在经历的价值转型和现代化过程中，我们需要依托得天独厚的价值传统培养中国人的现代性人格。尽管如何利用价值传统的问题还有待进一步研究，但是价值传统已经为我们确立现代性人格提供了基础。在这一基础上，中国现代价值观教育的目标应该是，培养一种能够在现代境遇中自如地进行价值抉择与价值创造的健全人格。这种人格将能够体现明确的价值认同与广泛的价值包容的统一。

二、大学的价值观教育与文化认同

大学是现代人类精神生活的一个轴心。人们相信大学的使命在于探究真理与理解意义。人们对于大学有一种似乎矛盾的感情：一方面认为大学在培养和开发人类的创造性与技巧方面的贡献应该得到赞许和推崇；另一方面，对于人类今日面临的精神空虚、道德败坏和价值混乱的种种困境，人们觉得大学显然也负有不可推卸的责任。因此，大学教育的价值观层面的问题日益成为一个值得探究的焦点。

大学的价值观教育是一个复杂的对象。在进入这一话题之前，我们可能首先会提出这样一些问题：大学是否存在价值观教育？是否应该进行价值观教育？所谓大学的价值观教育到底是为了理解各种价值观而进行的“理性的”教育，还是以灌输和传播某些特定的价值观为目标的“教导性的”教育？我们需要对这些问题略作梳理，以便形成一种关于大学价值观教育的必要的共识。在此基础上，我们将提出一种作为文化认同方式的价值观教育概念，作为我们研究的基本视角。

人们常常在狭隘的意义上把教育等同于单纯的技术训练，这种看法有时甚至成为一种根深蒂固的习惯，以致人们完全忘却了教育必然要包含价值观教导与传承的内涵。在今天的许多讨论和文献中，我们不难看到关于“价值无涉”或“价值中立”教育的看似雄辩实际自欺欺人的观点。事实上，教育作为人类成长所特有的过程，总是包含着这样一种不可缺少的成分：在人们中间传达某些重要的价值观，尤其是向社会的下一代传达基于历史经验证明值得恪守的价值原则。只要我们谈到的是完整意义的教育，我们就不可避免地要肯定教育必然是植根于特定价值观的；它不可能不同时传达知识与价值观这两种内容。教育可以用相对客观的方式来处理知识探究、传承与创造的问题，但是，如果仅仅就此而断言教育从总体上或者完全就是价值无涉的，这显然是没有看清教育过程的全貌。一旦我们触及教育中传达的知识对于人类的意义这一不可或缺的层面，价值观传承的问题就凸显出来，无可回避。教育当然不是价值无涉的，它只是在处理知识方面的内容时具有相对有限的价值中立性。因此，值得讨论的问题不是大学教育是否与价值观无涉，而是大学到底应该怎样处理价值观教育的问题。

大学价值观教育包含培养价值理性和进行价值引导的双重过程，既是为了理解各种价值观而进行的“理性的”教育，又是以灌输和传播某些特定的价值观为目标的“教导性的”教育。一方面，大学的价值观教育具有一种“知识”上和理性能力培养上的目的。从这个意义上讲，大学的价值观教育是培养理解价值观和探究价值世界的真理的理性能力的教育。这种价值观教育是大学知识探究的一个组成部分。价值理性的培养是“学术性”的，也就是说，在这里价值观被视为一种“知识”的对象。由于大学在一定意义上是一种人类的“知识共同体”，大学中的学者与学生的知识探究活动具有全人类性和全球性的特征，超越了民族和国家界限的限制。所以，在知识探究方面，无论哪个国家的大学都持有大致相同的理性立场。这种立场也可以看作是大学在“知识探究”方面共享的一种基本价值观：强调理性的价值、“价值中立”的客观态度的价值、实证探究方法的价值、批判性思考能力的价值、创造力的价值。在大学的知识探究活动中，我们能够看到一种普遍趋势和共同特征：大学的历史大体上反映了人类通过理性的方式摆脱宗教信仰的束缚与否定种种神秘主义和迷信的历史。当然，我们不难发现，在大学中仍然流行着某些古代和现代的非理性主义、神秘主义与迷信。大学的价值理性教育就是人们通常所说的人文教育的实质。在现代大学的学科分类中，哲学和伦理学、自然科学、历史学、人类学和文学等学科承担着价值理性培养的主要任务。另一方面，大学的价值观教育是大学教育活动的一个规范性的层面。它不可避免地要求将特定时代的道德教化过程、政治社会化过程和文化认同过程渗透在大学教育过程之中，向学生传达具体的道德、政治与文化价值观。这是一个以形成一定的价值观共识和内在品格为目的的层面。这是一种不同于学术活动的“生活”体验，一种不同于“超越”追求的“世俗”追求。大学的价值观教育很大程度上是“教导性”的价值传播和价值引导教育。这里所说的价值观主要包括人们通常在道德教育、公民教育和多元文化教育的讨论中所涉及的那些基本的道德、政治和文化价值观。道德价值观所表达的是人们对于人性之善和人们理想的共同生活的信念。这种信念构成个人道德良知的内核，帮助人们在社会生活的不确定性中把握方向。大学教育是个人道德品质和社会道德共识形成的重要环节，大学对社会的美好道德风尚的建设和维护负有责任。大学必须通过它本身的氛围和形象，通过它的课程和课外活动，通过它的学术研究与交流，向师生员工和公众传达某些重要的道德价值观和道德共识。国家政治意识形态对于公民身份的塑造也体现在大学的价值观教育过程之中。由于意识形态的内容和性质的差异、国家与大学的政治经济关系的不同模式等等，使得我们看到的大学公民身份价值观教育呈现出不同的表现形式。我们既能看到国家权力直接控制的政治意识形态灌输，也能看到国家权力似乎完全退场的以政治意识形态为研究对象的课程。

价值观教育所做的无非是培养价值理性与进行特定价值观念的教导，然而，培养价值理性和传达特定的价值观本身只是价值观教育的行为，而不是价值观教育的意义所在。那么，这些价值观教育行为的意义何在？我们认为，价值观教育的意义就在于影响个人与社会的文化认同。价值观教育本质上是关于文化认同的教育，我们甚至可以把全部价值观教育所涉及的问题都归结为文化认同问题。在这里，文化认同是指个体与社会在生活中参与性地、体验性地继承与发展某种或某些特定文化的过程。如果我们把文化理解为一种历史性地进行着的连续的“生命意义建构活动”，那么，对于特定时代的个体和社会群体来说，文化认同就是人们对于一种历史性地进行着的“生命意义建构活动”的参与过程。价值观教育正是通过帮助个体和社会群体成为特定文化意义建构过程的参与者而体现出它本身的意义。在我们看来，价值观教育应该与文化认同联系起来才具有真正的意义。但是在具体的价值观教育实践中，很多所谓的“价值观教育”只是为了培养价值理性而培养价值理性，或者为了教导某些价值观而教导某些价值观，只是一堆没有形成整体的、没有有机联系的“价值观教育行为”，缺乏作为这些行为的“灵魂”的文化意识，因而不能对个体和社会的文化认同作出有益的贡献。因此，我们认为，真正有意义的价值观教育只是那些作为文化认同方式的价值观教育。作为文化认同方式的价值观教育是我们关于价值观教育本质的一种理解，它既是一种描述性的理论框架，利用这一框架我们可以从影响文化认同的机制上来理解价值观教育的结构和样式；同时，它也是一种规范性的判断价值观教育成败得失的价值标准：各种价值观教育行为只有作为某种文化认同的方式，才能对个体和社会的生活产生真正具有文化意义的影响。

我们认为对于文化认同本身的不同理解，或者说不同的文化认同意识，既决定了教育中所传达的具体价值观念的语境和内涵上的差异，也决定了教育方法上的差异。大学价值观教育主要涉及如下三个层面：一是价值观教育所指向的某种理想的品格和理想形象。它要回答的是这样一个问题：“一个受过良好的教育，尤其是大学价值观教育的人应该是怎样的？”二是价值观教育的课程教学活动与课外活动，或者说，大学以怎样的方法来培养价值理性和进行价值引导。三是构成校园文化生态的主要文化元素和它们之间的关系，以及整个文化生态的基本性质。大致围绕上述三个层面，我们将把美国大学作为一个例子，具体描述它的价值观教育的目标和手段，及其文化氛围的精神实质。在这里，我们之所以选取美国大学为例，是因为它的多样性和复杂程度足以作为解剖分析的“标本”。值得注意的是，本文只是把美国大学价值观教育作为分析方法上所需要的典型，并非把它作为大学价值观教育的典范。我们甚至认为，迄今为止，没有哪个国家的大学价值观教育堪称典范。在此基础上，我们将围绕文化生态的性质和教育理念这两个关键，比较分析中美两国大学价值观教育的异同与得失。最后，我们将在当今全球交往的背景中，从一种创造性的文化认同的角度，思考大学价值观教育的前景与大学的文化使命。

三、中美两国大学价值观教育的比较

美国高等教育和学术界的基石是多样性和多元主义，以及它们的附属物——相对主义。高等教育结构和功能上的多样性伴随着教育哲学和教学方法上的多元性。美国高等教育日益扩展的多样性和与之相关的多元主义不仅是它最显著的特征，而且是它最独特的属性。①因此，美国大学的价值观教育所追求的培养目标是多种多样的，从最实用的意图——技能培训和找工作用的文凭，到那些似乎高不可攀的理想目标，我们可以看到一整套衍变的“光谱”。如果我们把那种与探究真理和追寻意义无关的训练“体制化的学生”的机械过程作为美国高等教育的病象，②那么，我们可以从某些大学的教育“宣言”入手来进行观察。

我们先看看两所著名的美国大学所表述的教育理念。哈佛大学前任哈佛学院院长柯伟林（William C. Kirby）教授，2006 年在北京大学发表了一个题为“哈佛的教育理念、制度与方法”的演讲。他指出哈佛大学本科教育的目标，首先是要培养学生具备能够承担社会责任的公民素质，学会如何应对“变化”，而不仅仅是具备应付某种特定职业的专业素质。新一代公民必须为国家兴衰做好充分的准备，要具备“世界公民”的全面素质。这种素质包括：跨文化的视野和意识，对优秀的传统文化与现代文化、价值观、认同感、问题与挑战，都有敏锐的判断力和应变力。哈佛教育的最高目标，是培养具有批判性和创新性的思想家，而不是政

① Warren Bryan Martin. History, Morality, and the Modern University [A]. Dennis L. Thompson. Moral Vlues and Higher Education: A notion at Risk [C]. Provo: Brigham Young University Press, 1991: 119.

② David P. Ericson. Images of the educated Person in the USA and Japan [Z]. A Paper for presentation at the Annual Meeting of the Japan/ U. S. Teacher Education Consortium. Portland: 2005-7-30.

府官员。[1] 1996 年，麻省理工学院的一份研究报告中提出，大学教育的目的在于培养受过良好教育的人。“一个受到良好教育的人应具有敏锐的判断力和理性的推理能力，应该懂得科学方法和其他探究方法……一个受到良好教育的人应具备与最优秀人类相适应的精神与品质：敏锐的判断力、良好的审美力、很强的适应性和自信心，以适应迅速变化的未来世界。他还应该有历史知识，理解人类文化和价值体系的发展变化，能将这些知识与判断力结合起来去认真细致地思考伦理道德问题……一个受到良好教育的人在社会中能够做出卓越的贡献。”[2]从上述典型的回答中我们能够看到某种关于现代大学教育目标的基本共识：一个受过良好教育的人应该具备批判性和创造性思考的理性能力，并且能够在深刻理解人类文化及其伦理价值的基础上进行文化创造。

但是，我们也感觉到这两所著名的美国大学的教育理念更多地反映出现代大学的“共性”，而没能很鲜明地突出它们的“美国特色”。如果我们要寻找一种更加切合“美国特色”的大学教育目标，我们也许应该直接关注美国人心目中关于“受过教育的人”的形象。这一形象很大程度上是两种要素的组合：一是某种直接源于盎格鲁－萨克森世界和美国作为英语民族的文化素质。二是自由民主的社会生活所需要的批判性和创造性思考的能力。[3]这一形象很大程度上是一种“西方的”形象。从文化上追溯，它根源于古希腊文化；从教育传统上看，它秉持了西方自由教育（人文教育）的传统。在许多美国教育家的心目中，“正是在希腊哲学和无止境地追问的特性中，我们找到了西方自由的根源，我们今天所知的自由民主的生活方式与政治制度正是源出于此。”而希腊文化成就的本质是一种“批判意识”，这也正是自由教育（人文教育）的精髓所在。“自由教育（人文教育）通过培养一种自由的心灵来帮助我们适应一种民主自由的生活。”[4]

在美国的大学中，价值观教育的内容已经大体分化为道德价值观、

① 柯伟林：《哈佛教育的理念与制度》，http://www.history.pku.edu.cn/Article_Show.asp?ArticleID=936.

② 陈何芳、刘宝存、任鸿舜：《美国研究型大学本科生培养目标的演进》，《外国教育研究》2007 年第 34 期，第 58 页。

③ David P. Ericson. Images of the educated Person in the USA and Japan [Z]. A Paper for presentation at the Annual Meeting of the Japan/ U. S. Teacher Education Consortium. Portland: 2005-7-30.

④ Bradley C. S. Watson. Civic Education and Culture [C]. Wilmington: ISIbooks, 2005: xvii, xxviii, xxv.

公民价值观和文化价值观三种成分。道德价值观教育关注的是道德认知、道德情感的发展与道德行为的形成。①公民价值观教育关注的重点，主要是政治上具有公民身份的个体应该如何培养一种以自由和民主为精神内核的心理素质和政治品格。②文化价值观教育的表现形式主要是所谓多元文化教育。多元文化教育的中心目标是促进对于构成一个社会共通历史和经验的文化多样性的敏感。③它关注的是具有文化差异的个体和群体如何形成一种相互理解和相互尊重，以及多元文化和谐共处的关系和氛围。在具体的大学教育实践中，道德教育与公民教育联系颇为紧密，而多元文化教育则以相对独立的形式存在，或渗透在整个教育背景和某些课程中。

美国教育最初是比较重视公民道德教育的。美国的创立者们相信，培养具有道德情操的公民，推广民主价值观使行为符合道义是支撑民主社会的重要因素。早在1789年，马萨诸塞州的学校教育法案就主张教师应培养这样一些德行："虔诚、公正、诚实、爱国、仁慈与博爱，（因为）美德是人类社会的标志，也是确立共和宪法的基础。"但是随着美国历史的发展，两种巨大的潮流的冲击，极大地改变了美国公民道德教育的状况。首先是自19世纪晚期以来，学校的课程越来越侧重于学术方面而不是道德方面。其次是由于美国日益增加的文化多样性，寻求共识变得越来越难。④

在美国，长期以来在学校是否应进行价值观教育的问题上一直存在严重的分歧，一个极端的观点是强调学校教育在价值观问题上应采取彻底超然的立场。例如，在20世纪90年代初，美国国家教育目标小组委员会仍宣称教育内容上的标准为，"不得强调非学术性的领域，诸如学生的价值观、信仰、态度和行为。"⑤ 这种观点实际上是要取消任何含有评价、引导、训诫意味的价值观教育。在这里，值得注意的一种典型的价值观教育方法是"程序中性"的方法。这种方法主张在教育过程中贯彻一种"程序中性"和程序无偏的机制；认为鼓励充分对话和积极参与的过程应

---

① Lynn E. Swaner. Educating for Personal and Social Responsibility: A Review of the Literature [J]. Liberal Education,2005 Summer /Fall : 15-19.

② Eamonn Callan. Creating Citizens [M]. Oxford : Oxford University Press,1997: 3.

③ Jack Demaine. Citizenship and Political Education Today [C]. Basingstoke: Palgrave Macmillan, 2004: 38.

④ Sherry Schwartz. Educating the Heart [J]. Educational Leadership,2007,64(7):77.

⑤ Patte Barth. The Value of Values, Education Digst, Oct1994,60(2).

该能够形成一种对于价值观的“批判性的确认”。这种方法强调在教育的过程中教师作为一个论坛主持人，持一种价值中立的超然立场，从而培养学生自己驾驭价值问题的能力。[①]另一种极端的观点则主张学校应担负起价值引导和教化的权威之职责；明确的价值原则与规范，正式课程、非正式课程和半正式课程都必须具有价值引导的意义。这种观点强调学校教育的一个重要目标就是确保学生发展持久道德认同的基础。因此，在学校的潜在的与渗透性的氛围中体现着学校核心价值观的最基本的表达。教师的权威地位也是这种观点的一个要素，在学校中教师是最重要的促进价值观教育的因素，教师应该对自己所持的职业的与个人的价值有所反思。[②]总体而言，强调培养价值理性的理论和实践在美国大学的价值观教育中占主导地位。鉴于现代美国社会的复杂性，大学在价值观教育上极其强调培养价值理性而不是教导特定的价值标准和教条。由于美国人心灵的开放性，美国的道德教育者们不愿意为个人的行为设置固定的标准。即使在家庭里，小孩子也通常被告知要自己判断事物。家长们强调自我依靠更甚于给出固定的指示。美国人关于价值观教育的思想也同样受到了上述原则的影响，与我们在其他地方看到的方法不同，美国的价值观教育方法典型地体现在“价值澄清”和“道德推理”这样的概念之中。[③]

从美国大学的课程来看，几乎所有美国大学的课程计划中都包含某种形式的通识教育。这种课程关注学生知识的广度，一般要求学生选修1—2门涉及道德、宗教、文化与哲学的课程。这些课程的目的在于培养学生理解道德与文化问题的能力。此外在人文学科和非人文学科的各种专业课程中，许多美国大学也强调要把伦理与文化方面的视角渗透进来。[④]在大学书店中，我们不难看到许多比较专门的“工作伦理学”或“应用伦理学”方面的教材。然而，绝大多数上述课程的设置、教材编写和教学都采取一种“价值中立”的所谓科学的立场，都侧重于为学生提

---

① Elizabeth Ashton & Brenda Watson. Values Education：A Fresh Look at Procedural Neutrality [J]. Educational Studies, Dorchester-on-Thames, July 1998, 24(2).

② Monica J. Taylor. Values Education and Values in Education [J]. Journal of moral Education, Abingdon：Dev1999, 28(4)：513－514.

③ William K. Cummings et al. Values Education for Dynamic Societies：Individualism or Collectivism [C]. Hong Kong：Comparative Education Research Centre the University of Hong Kong, 2001：109.

④ 李曼丽：《今日美国大学的道德和公民教育——课程与教学》，《高等教育研究》，2004年第25期，第100～101页。

供更全面的价值视野和培养学生的价值理性能力。一种带有普遍性的观点认为，大学的价值观教育不是灌输特定的价值观，而是培育“道德反思的工具和资源”。或者说尽管大学不应该承担灌输道德教条的责任，但是大学应该教授伦理学。① 更为极端地强调“价值无涉”的观点认为，学生是作为成年人进入大学的，大学的管理者和教师们既不对他们的道德问题负责，也不为他们提供解药。大学的作用是训练批判性的理智。②

虽然通过正式课程和教育项目进行价值引导的实践在美国大学价值观教育中还不太普遍，但是，一直有一些大学在这方面进行探索。早在20世纪70年代，加利福尼亚大学的一所分校就发起过一个比较著名的课程介入和跟踪研究项目。这一项目整合了许多成长性的目标，涉及伦理敏感性与意识、平等的人际关系、更高标准的公正与对于共同利益的关心。参与项目的大学新生住在一起，而且都必须参加一门涉及团体建设和冲突解决，培养同情和社会视角，处理种族和性别问题，以及获得社区服务体验等方面内容的课程。这一项目取得了良好的成果，参与项目的学生在道德理性能力上有显著收获，拥有了更好的共同体意识，与教师们建立了更融洽的关系，并且有更高的毕业率。研究者认为这一项目对大学新生品德的养成作出了相当大的贡献。③最近还有研究描述了12个作为样本的高等教育机构开展的一系列道德与公民价值观教育实践。这些机构都把道德与公民素质的成长放在优先位置，并且通过一系列丰富的课程和课外项目来刺激与帮助这种成长。这是一些精心设计的、整体性的和旨在普及到全体学生的教育实践。在这12个机构的实践中贯穿了三个共同的基本原则：一是多维的道德自我，包括理解、技能和行为；二是利用校园的各种场合和多种教学方法来进行教育（例如体验性的学习和群体活动）；三是把道德与公民素质作为优先目标整合在整个校园文化中。④

大学价值观教育的文化意义在于帮助社会的个体参与文化的理解、

---

① Dennis L. Thompson. Moral Values and Higher Education：A notion at Risk［C］. Provo：Brigham Young University Press，1991：7.

② Dennis L. Thompson. Moral Values and Higher Education：A notion at Risk［C］. Provo：Brigham Young University Press，1991：6－7.

③ Lynn E. Swaner. Educating for Personal and Social Responsibility：A Review of the Literature［J］. Liberal Education，2005，Summer／Fall：19.

④ Lynn E. Swaner. Educating for Personal and Social Responsibility：A Review of the Literature［J］. Liberal Education，2005，Summer／Fall：19.

体验、批判和创造。价值观教育必须围绕文化理解、文化体验、文化批判与文化创造这一系列核心目标来进行。在这里，作为理解、体验的对象的文化要素是多元的，在此基础上以及在此过程中进行的文化批判和文化创造则带有“个性化”的色彩。这是一个比基础的“社会化”和直接的母语文化吸收更高级的阶段和过程。从个体的立场来看，一个受到良好的大学价值观教育的人，应该是一个有能力深入地理解、体验文化，有能力批判性地判断文化的价值，并积极地参与文化创造的人。正像理智方面的教育赋予受教育者理性方面的能力并把他引入知识探究活动的深处一样，价值观教育应该赋予受教育者全面而敏锐的文化感受力并把他引入文化创造活动的深处。

无论如何，大学事实上构筑了一种特殊的文化氛围，并且这种文化氛围对于学生的文化认同必然会产生重要的影响。很显然，这种影响事实上构成了大学价值观教育的一个不可忽视的部分。那么，美国的大学中包含有哪些主要的文化元素，这些成分所构成的文化氛围对于学生的价值观和文化认同具有怎样的影响？

由于美国首先是一个“西方”国家，美国的大学毫无例外地笼罩在一种“西方”文化氛围中。虽然美国是一个移民汇聚形成的国家，但是英语作为最为流行的文化载体所承载的“西方”文化特质是非常明显的。20 世界下半叶以来，由于民族和文化构成上日益多元化，美国教育界非常重视所谓“多元文化教育”以便在教育中体现多元的文化视角，以及通过教育来建构多样化的文化间相互理解、平等与和谐的关系。但是根深蒂固的“西方”自我意识似乎并未稍减。有些美国教育专家这样写道：“任何称得上是公民教育的教育都得以我们的希腊起源为开端，提醒我们的学生希腊人所赋予我们的是什么，以及为什么。”①

当然，美国的大学也体现了一种美国人特有的文化：“在英语与国家的法律规范之外，美国人的文化首先具有一种国民宗教或国民气质。我们的国民气质崇尚爱国主义和忠诚等理想，并且普遍信仰国家的行为以一种模糊定义的上帝为根据。我们的传统注重通过国旗、法定节日、国歌等仪式和庆典来展现这种国民气质和宗教，并且提倡一种讲究宽容和仁慈，黄金法则和相互合作的道德。我们相信利他主义和自助、平等、自由、诚实和尊重法律……这种美国式的国民气质……事实上是美国大众文化中起凝聚作用的核心资源，它把各种各样甚至是相互冲突的传统

① Bradley C. S. Watson. Civic Education and Culture [M]. Wilmington: ISIbooks, 2005: xvii.

元素联结在一起。”[①] 这种美国文化特质具有很强的稳定性和连续性，有学者指出，20 世纪 90 年代在美国社会中存在的价值取向，与一个多世纪以前托克维尔在美国观察到的精神状况别无二致：对财富、个人自由、平等、个人主义、实用主义的热爱，与一种对于权威和政府的深度的不信任。[②]当然，进入 21 世纪之后的美国，其基本精神面貌也大致如此。

近年来主要来源于美国土地上的土著和各种少数民族的文化也在大学的价值观教育中产生着一定的影响。有学者提倡从某些本土文化的视角来重新思考美国的品德教育。例如，一种受美国印第安人文化启发的品德教育的理念认为，在印第安人看来，作为有生命的存在物之间的亲密关系的宇宙受到一种我们称之为“普遍美德”的属性的关键性的影响。从所有展现了勇气、耐心、谦逊、慷慨或毅力的高贵造物那里，我们懂得了尊重与责任是保持自然中的亲密关系和谐所必需的。[③]然而，主流的世界观强调经济上的利用与消费而不是多样性与保护，更倾向于个人主义和机械性的结构而不是社会和整体性的过程。在这样一种立场上，道德教育无关乎生命的意义和生命之间的内在关联，而只是一种强化经济利益的手段。因此，有美国学者强调，后现代时期的课程发展应该关注土著美洲人的精神，因为正是在这些土著民族的神圣的领域，美国的教育找到了它的家园。[④]

也许还有一种与现代资本主义和市场经济相关的负面的大众文化渗透在大学生的生活之中。这些负面文化的价值取向主要是拜金主义、享乐主义和极端个人主义。正像我们在全球所看到的趋势一样，这种“流行”文化的泛滥愈演愈烈，美国作为这种文化的一个主要发源地，其情形更是如此。从大学生所受到的影响来看，有调查显示，20 世纪 90 年代的美国大学新生对于生活富裕和在职业领域获得权威地位高度关心，而对于发展一种生活的哲学则不太关心。1967 年的情况与现在刚好相反。

---

① E. D. Hirsch. Cultural Literacy: What Every American Need to Know [M]. New York: Random House, 1988: 98.

② Richard G. Braungart & Margaret M. Braungart. Citizenship and Citizenship Education in the United States in the 1990s [A]. Orit Ichilov. Citizenship and Citizenship Education in a Changing World [C]. London: Woburn Press, 1998: 120.

③ Don Trent Jacobs & Jessica Jacobs-Spencer. Teaching Virtues: Building Character Across the Curriculum [M]. Lanham: The Scarecrow Press, 2001: vii.

④ Patrick Slattery. Curriculum Development in the postmodern Era [A]. Don Trent Jacobs & Jessica Jacobs-Spencer. Teaching Virtues: Building Character Across the Curriculum [C]. Lanham: The Scarecrow Press, 2001: vii.

由此看来，在大约30年的时间里，美国大学新生的价值取向发生了巨大的变化：从注重哲学性的价值观转向注重物质主义。[①] 以至于小说家、电影制作者和记者们给20世纪90年代的美国青年贴上了这样的标签：他们是“X一代”，因为没有真正的认同和未来；他们是“垮掉的一代”，因为懒惰和不负责任；他们是“无能的一代”，因为毫不在乎而又贪图享乐。这代青年被描述为美国历史中首次出现的倒退的一代，他们愤世嫉俗、政治上冷漠、与社会相脱离。他们不像是像样的公民，卡耐基委员会的前任主席曾经这样指出：“除非我们找到更好的办法来把我们自己作为公民来教育，我们正在冒着不知不觉地滑进一个新的黑暗时代的危险。”[②]当然，如何判断当代美国青年的品德、文化素质和精神面貌是一个极为复杂的问题，我们在这里所关注的不是要作出这种判断，而是要强调美国社会中负面的大众文化在大学价值观教育中的影响是不容忽视的。

也许从目前可以直接观察到的中美两国大学价值观教育的众多差异之中，最为显著的一个不同点在于：美国的大学大多数都缺乏明确教导和传播特定价值观的课程。宗教价值观显然已经不能以美国的大学课堂为讲坛来传布，同样地，认为特定的道德价值观不适合在大学课堂上作刻意提倡的观点也是很普遍的。[③]美国的大学明显地持一种“价值中立”的立场。当然，美国的大学价值观教育具有它的复杂性和多样性。不同类型的大学，以及不同的地区或本土文化背景下的价值观教育理论和实践是颇有差别的。至于就美国大学价值观教育的发展趋势而言，目前似乎只是一些特例的理论与实践很有可能变成一种普遍趋势。与之形成鲜明对照的是，中国的大学开设有传播特定价值观的专门课程。中国的大学似乎特别强调大学教育在影响价值观方面的功能。从现代大学在中国产生之初，中国的大学就体现出鲜明的价值立场。当然，中国大学中的许多课程，如现代科学技术方面的课程，与美国和西方大学的情形一样，的确具有一种“价值无涉”的立场或科学的客观性。

---

① Richard G. Braungart & Margaret M. Braungart. Citizenship and Citizenship Education in the United States in the 1990s [A]. Orit Ichilov. Citizenship and Citizenship Education in a Changing World [C]. London：Woburn Press，1998：111.

② Richard G. Braungart & Margaret M. Braungart. Citizenship and Citizenship Education in the United States in the 1990s [A]. Orit Ichilov. Citizenship and Citizenship Education in a Changing World [C]. London：Woburn Press，1998：99.

③ William K. Cummings et al. Values Education for Dynamic Societies：Individualism or Collectivism [C]. Hong Kong：Comparative Education Research Centre the University of Hong Kong，2001：89.

很显然，我们不能把视野局限于正式课程的相互对照来考虑中美两国大学的价值观教育。从大学的基本的文化氛围和价值立场方面可以发现更多值得比较的因素。所以，我们的比较重点不在大学的课程与教学法方面，而是放在大学的价值观生态或文化氛围的差异上面。我们觉得正是由于中美两国大学有着明显不同的价值观生态或文化氛围，也就是说，正是由于两国的大学价值观教育“背景”的不同，决定了两国的大学在价值理性培养与价值观念教化方面的不同侧重，以及具体的课程与教育方法上的一系列差异。

从大体上看，中国和美国的大学都集中反映了它们各自社会的价值观生态和文化氛围。大学校园内外的文化与价值观多元性似乎是对称的，只是在一定程度上大学将社会中的某些价值成分过滤在校园之外，同时在大学中价值观往往通过某些精致的学术形式来表达。从表面上看，正如美国社会作为一种文化的熔炉，其中的文化元素是多元的，美国的大学校园也是多元文化汇聚之地；同样，中国社会及其大学校园也具有“多元文化”和价值多样性的特征。但是如果我们进一步观察这两种大学价值观生态系统的内在结构及其中的文化与价值元素的关系时，我们就会看到两种价值观生态在性质上是很不相同的。

中国的特点在于，我们可以明显地看到整个社会，包括大学都强调以一种主导价值观来规范多样化的文化与价值观之间的秩序与关系。不仅如此，中国政府和大学都认为，大学是完成主导价值观教化与发展主导文化的关键。大学教育的一个重要功能就在于让青年们和整个社会认同主导价值观和主导文化。在这里，中国社会从民众到政府都普遍相信大学具有引导价值倾向和治理价值“生态环境”的功能与责任。①正是基于这种共同的观念，中国大学对于社会上的文化和价值观是有所取舍的。某些与主导价值观和主导文化相对立的因素在形式上被隔离于大学校园的“围墙”之外。由此可见，中国大学的价值生态系统明显受到明确的主导价值观的影响，这种主导价值观为整个大学的价值观生态提供了是非准则，为大学的整个文化氛围定下了基调。

美国的社会与大学之间在文化多元与价值观多样性上呈现为另一种对称：一种似乎没有正式的或官方的主导文化与主导价值观的文化生态。正像很多美国的大学没有围墙一样，美国大学在很大程度上直接包容了社会中存在的绝大多数文化因素与价值观念。当然，美国的大学大多坚

① 刘伟：《当代教育的文化责任》，《北京师范大学学报》2007年第3期，第5页。

持它们只是一种学术机构，对文化和价值观不作取舍，并不特意把大学布置成一种对价值观和文化进行规范的场所。大学的这种“价值中立”立场表明，大学似乎不认为它负有引导价值导向的责任。同时社会也相当普遍地默认大学的这种立场是可以接受的。美国大学在价值观生态上很像一种价值观的“自由市场”。在每一个学术上“价值中立”的大学校园中，每一个人，无论是学生还是教职员工，都可以“自由”地拥有自己所信奉的价值观，只要你不妨碍其他人也同样“自由”地信奉他们的价值观。每一个人的价值观都没有高出别人的价值观的特权地位。似乎在价值观面前也是彼此“平等”的。这里似乎对一切价值观都一视同仁，同时，对于与这些价值观相关的行为和生活方式也照单全收。当然，在美国大学环境中，人们在价值观方面的自由，主要在于个人价值观持有方面的自由，在课堂上以“价值中立”的学术方式对价值观问题进行研究和讨论的自由，以及在非正式的场合或隐私性的空间中实践所持的价值观的自由。上述这些自由并不等于可以自由地利用大学的正式场合来传布或灌输某些特定的价值观。一般来说，教授不可以向学生宣传和灌输自己个人的价值观。大体说来，美国大学所持的“价值中立”和“价值无涉”的立场，为大学构造了一种具有相对价值标准的文化生态。尽管在这种“相对主义”价值氛围的表层下面，实际上存在着某些特别强势的价值观或特别带有普遍性的价值倾向，[①]但是，我们应该肯定，在这种相对“自由”和“平等”的文化氛围中，价值取向和文化认同的样式都明显地具有相对性和多元性。

从总体上看，中国大学的价值观教育方式表现为教育过程中具有绝对的价值标准、明确的指导原则和系统的正式课程，教学活动的目标在于达成对于高度统一的社会价值观念体系和文化理想的一致认同。美国大学的价值观教育方式表现为教育过程中价值标准的相对性，指导原则的抽象性，课程的学术性取向与非正式性，以及文化认同的多元性。我们还可以看到，从价值观教育所包含的价值理性和价值引导两种成分来看，前者侧重于价值引导和灌输，而不太注重价值理性的培养。与此相反，后者特别重视价值理性的培养，而尽量避免进行价值引导和灌输。值得指出的是，上述具有“理想类型”意味的区分，主要是着眼于描述中美两国大学价值观教育在总体特征上的差异。我们只有透过这种为了

---

① Rob Reich. Bridging Liberalism and Multiculturalism in American Education [M]. Chicago: The University of Chicago Press, 2002: 8.

突出基本的区别而作的类型化的描述，深入差异的具体细节，以及在差异中同时也隐藏着的相同之处和相似之处，才能全面而具体地把握两者各自的复杂性和两者异同的微妙性。从而也才能以这两种典型为基点来观察当今时代大学价值观教育的全貌。

从上面的描述与对照我们已经看到，两国在具体的文化氛围以及教育方法上具有不同的特点。我们发现这些差异不只是一些偶然的和细节上的差异，而是一种系统性的差异。为什么美国的大学普遍地存在着一种文化上碎片化的状态和一种价值相对主义的氛围，而中国的大学则极力寻求文化上的整体性与价值标准的统一？为什么美国大学的价值观教育普遍侧重于价值理性的培养与训练，而中国的大学却侧重于进行价值观上有明确导向和目标的引导性教育？为了探究这些系统性的差异，以及两种教育制度不同的根源，我们有必要深入两国大学价值观教育的基本理念层面，去观察它们关于“教育”的不同的本体论预设。我们将以个人与文化的关系这一问题为中心来观察两国价值观教育的不同理念。

首先，在关于个人是否必须被赋予某种文化的问题上，我们看到了两种相反的答案。中国的大学显然是要通过价值观教育把学生培养成具有理想的文化特征的人。如果不能达到这种文化赋予的目标，那么中国的大学就没有完成它应该担负的任务。在中国，“高校是培养人才的重要基地，必须把培养中国特色社会主义事业的建设者和接班人作为根本任务。办好高校，首先要解决好培养什么人、如何培养人这个根本问题。”① 如果说中国的观点强调的是要“完成”特定的文化认同和价值取向上的塑造，那么，美国的观点则相反，他们要培养的恰恰是学生在文化认同和价值取向上的“未完成性”。我们可以看看这样一种带有典型性的论述：“多元文化教育的自由主义理论不主张赋予学生任何特定的文化认同，而是把学生作为一个未完成的，演化中的，能够发展自我管理能力的人。”② 这两种答案反映出两种教育的重心根本不同：中国侧重于文化对于个体的“教化”，美国则侧重于通过某种理性上的“启蒙”来培养个人在文化环境中的自主性。

其次，我们可以观察，作为教育过程的理论前提的个人是否被理解为一个具体的，具有特定文化属性的个人？我们发现，在这一点上中国

① 胡锦涛：《加强改进大学生思想政治教育工作》人民网，2005年2月19日。

② Rob Reich. Bridging Liberalism and Multiculturalism in American Education [M]. Chicago: The University of Chicago Press, 2002: 8.

与美国的答案又不一样。在中国的观念中，个人是无法从特定的文化中抽离出来的，因此，教育的理论与实践都只能从具有文化特质的具体的个人出发。这种观念源出于中国思想方式根深蒂固的传统，尤其是儒家的世界观和人性观的深远影响。这种影响成为中国当代教育的一种“潜意识”。在儒家传统观念中，天地人所构成的世界是一个整体性的世界，这个世界既是变动不居的，又是具有不变的法则的；这种变动中的不变，或不变中的变动就是“道”；一以贯之的“道”通于天人之际，既是“天道”，又是“人道”；人生于天地间，是“道”的载体；人的生活就是“修道”、“载道”与“弘道”的过程。在这里，我们获得的一个关于“个人”的概念是：个人是人类文化——“人道”的直接而具体的承担者。在中国的传统中，无论从教育的理论上还是从实践上，把个人从具体的文化意义中分离出来的思维方式是难以设想的。作为美国教育理念的理论前提的“个人”概念，是一个典型的“西方”概念。它源自西方思想方式的源头——古希腊，也与作为现代西方政治自由主义理念的“个人”概念相通。这是一个抽象的个人，一个通过“科学”的对象化的和二元论的思维方式，从具体的文化环境中剥离出来的抽象“理念”。这种个人只是一个没有文化内涵和文化特征的“实体”，而具体的个人，各种各样具有文化特质的个人，是这一“实体”的模拟物和“幻象”。从这种观念基础出发，教育的目标就是为了超越“幻象”而接近“实体”，就是为了把个体从具体的文化中抽离出来，并且保持个人与特定文化之间的某种距离。培养一个能够超然而冷静地理解和对待各种文化，包括他自己的母语文化的理性的人，是美国教育这种“西方”教育的理想目标。在他们看来，唯有这样的理性的人，才有选择和创造文化的自由，才具有形成美德的必要的理性基础。

在我们看来，人既是具体的文化中的人，同时，当人处于多元文化之间时，当人必须承担选择和创造文化的历史责任时，一种关于文化的理性意识和能力又是必要的。一个抽象的个体，尽管为他装备了批判性的反思能力和公民责任意识，但是他并不一定是一个具有道德品质的人，和一个能够体验到生命的文化意义的人。出现这种困局的根本原因在于抽象的个体本质上是一种理论上的“幻象”，以此为前提来考虑人的教育，尤其是价值观与文化方面的教育，必然要遇到抽象的个体与具体的文化之间无法跨越的鸿沟。由于美德的形成和文化认同的形成，是以生活于特定的文化传统中的个体与文化的内在联系为根基的，真正的前提只能是具体的文化中的个体。然而，个体所属的文化又需要通过个体的文化创造力来发展；从这个意义上讲，个体的价值理性能力和文化创造力的培养也是非常重要的。

正是从上述两种不同的教育理念出发，两种教育制度中所采用的基本方法也明显不同。我们可以以一种隐喻的方式，通过观察孔子和苏格拉底这两个形象的某些侧面来揭示两种教育方法论之间的差异。孔子的教育以“六艺”为教材，“祖述尧舜，宪章文武”，对经典“好古敏求”，“述而不作”。这种教育方法讲究的是个体对既有文化传统的吸收、接受、保持与传承。个体通过参与文化，认同文化而获得自我的发展与自由。中国传统的教育方法在文化上尚古，并尊重师法。尚古是一种向文化源头回归的意识；尊重“师法”是对于来自于“师”的教导的肯定与持守。这些主要的特点保证了个体生命与文化传统相融合。个体的成长过程是对有稳定传统的文化的浸润与吸收。个体与文化的关系是一种“遗传性”的关系。这种方法上的特点在今天中国大学的价值观教育中依然清晰可辨。苏格拉底的教育方法是通过在“理念”层面的“对话”来帮助学生“生产”他自己本有的“知识”。苏格拉底不是一个传道者，他是一个“助产士”。他无道可传，他的智慧是自知自己的无知。如果说他对人有所教导的话，他只是善于帮助人们从现象的世界进入纯粹理念的世界，以便他们能自己找到早已存在的知识。这种教育在内容上是关于现象背后的本质的知识；在方法上是抽象思辨的，类似于后来的科学探究的方法。因此，这种教育主要是一种理智能力的训练。在这种“苏格拉底”式的方法中，文化问题要么根本没有进入视野，要么纳入视野之后也只是作为一个被分析和思辨的“理念”知识的对象，而不再是一种具体的信仰和体验。今日的美国大学大体上正是以这种“苏格拉底”式的姿态来进行价值观教育的。

从两国大学价值观教育所取得的成就上看，美国的优势在于注重培养学生的价值理性，鼓励他们在文化认同过程中体现创造性、自主性与个性。但是，美国大学“自由民主”的文化氛围和它遵循的相对主义价值标准削弱了必要的价值引导。中国的优势在于一贯重视并坚持全社会在文化理想上的统一和在核心价值观上达成共识，并以此为目标积极进行价值引导。然而，有时由于对价值引导教育的过分偏重，往往导致对价值理性培养的忽视。从美国和中国大学价值观教育所体现的文化认同的特点来看，美国倾向于强调文化认同的个性和理性，中国倾向于强调价值共识和社会成员在文化理想上的一致性。相比较而言，中国在价值理性培养方面存在明显的弱点，而美国在价值引导教育方面的不足也非常明显。有学者甚至指出，现代美国高等教育是创立于19世纪的“研究型大学”之子，它强调科学与经济领域的进步和变迁，同样也强调人文学科的进步和变迁。由于注重服务于社会需求，而不是传承道德与文化传统，现代美国大学事实上变成了一种反社会的存在。[①]当然，我们也应该看到美国大学的通识教育和多元文化教育等的确具有某些价值引导的功能。

在这里，我们不妨顺便简要概括一下两国大学互相借鉴的可能性。具体而言，中国必须向美国学习的最重要的方面就是注重培养价值理性的教育方法。在美国的价值观教育中包含着一种可贵的精神——批判精神，或理性的怀疑主义，它具有对知识和价值体系的“解构”作用。这种解构是一种意在“创造”的“破坏”，是为了调整人类的知识与价值体系以适应变化着的人类生活与世界。当然，“解构”的滥用，无助于“创造”的形成，反而可能造成文化与价值的废墟和荒漠化；那样的话，人们将被日益增加的信息碎片和价值泡沫所“淹没”。美国应该学习中国的地方在于：一是应正视大学的价值引导和文化认同的职责、功能与特性。中国的大学普遍地保持着一种民族文化自觉意识：中国的大学是生长在中国文化这片沃土上的，应该积极参与中华民族和中国文化伟大复兴的事业。这种文化自觉既体现了中国大学对中国及其文化发展所肩负的责任，也体现了中国大学对全人类的责任——利用中国文化这一人类文化中的宝贵资源为现代人类生活与未来的福祉贡献智慧。这是中国大学在人文教育领域作出过贡献与成就的一个方面，这也正是美国在逐渐滑入价值相对主义的泥潭时急需加强的一个方面。二是通过借鉴中国大学对于中国本土文化资源——中华文化精髓的继承与弘扬，以及通过学习中国文化及其“东方”价值观而摆脱“西方文化中心论”，拓展出一种更加全面的文化视野。

四、当代中国大学的文化使命

大学是现代人类的知识探究、公民资格与文化认同的一个交汇点。大学是一种具有多重身份的制度：知识、政治意识形态与文化是构成大学生活内容的三个基本要素和维度。首先，大学具有“知识”这个维度。

---

① Bradley C. S. Watson. Civic Education and Culture［M］. Wilmington：ISIbooks，2005：xxxviii.

尽管我们不同意大学是所谓与世隔绝的象牙塔的夸张说法，但是我们要肯定这种说法从一定意义上把握了大学作为一种人类知识探究制度的特征。追求真理和培养理性，显然包括培养价值理性是大学的本质特征。其次，我们应该注意到大学还具有“意识形态”这个维度。大学是建立在民族—国家政治制度体系之内的一种学术机构，它的存在和运行不可避免地会受到国家政治意识形态的深刻影响。从一定意义上讲，大学是这种政治意识形态制度化表现形式的一部分，它负有促进国家公民的政治社会化的职责。最后，我们往往容易忘记这一点，由于教育本身是文化传承的方式，所有的教育机构都是文化机构，都具有“文化”这个维度的属性，大学当然也不例外。那么，大学的教育很大程度上是一种关于文化传承和文化理解的活动。由于现代民族—国家的大学无不具有某种主导性的语言文化和主体性的民族群体，所以特定的大学在教育上的文化使命和目标，主要在于传承和接续它所认同的主体民族的文化命脉，并且建构一种主体民族文化与世界上的其他民族文化相互理解和和谐共处的多元文化关系。

在这里，我们看到大学价值观教育的实质是在一种多元文化的氛围中传达某种主体文化的价值体系。价值观教育既是一个文化认同的过程，又是一个文化创造的过程，这两个方面统一在同一个过程中，因而是一个创造性的文化认同的过程。这种创造性的文化认同包含个人和社会两个层面：个人的文化认同和文化创造必须充分体现个人的自主性、理性判断和个性；社会的文化认同则要求全社会在核心价值观上达成共识，以及个体为社会共同的文化理想作出贡献。每一个现代社会都面临着一个同样的问题：在文化认同和文化创造上兼顾个人的个性要求与社会的整体性要求。

价值观教育不是为了培养在一系列价值上的智巧，而是为了让一个人的价值观统一成一个整全的、有文化根基的、个体的价值观，从而使个体成为一个具有文化意义的人。个体的文化意义如何形成？第一，文化的继承和吸收。在信仰与批判理性相结合的基础上，将个体的成长融入文化传统。关于价值观与文化的知识很大程度上不是一种逻辑推理和证明的知识，也不是一种信息体系和宣传规训的体系，而是一种积极运用理智和“体悟”所获得的理解。在这种知识的基础上，个体通过有引导或自主的生活实践才能进入特定价值观所属的文化。第二，在现实生活中创造性地运用和发展自我认同的文化成就。因此，价值观教育的目的不是学术性地辨析或澄清各种价值观，不是或零星或系统地宣传与灌输某些价值观，也不是单纯地培养价值和道德反思的理性能力，而是创造一种文化环境，让学生能够参与到特定文化的“意义建构”过程之中。

如果我们设想一种理想的大学价值观教育的局面，那么我们所期望的是经过这种教育，学生能够具备一种自觉的主体文化的认同，并具有健全的理解多元文化的能力。从而由受过这种教育的人所组成的世界，是一个各种民族文化都健康发展，相互理解，相互学习，和谐共存，共同繁荣的世界。多元文化氛围和主体价值体系是价值观教育中相辅相成的两个方面，就像鸟的两翼，缺一不可，不可偏废。但是在具体的大学环境中，价值观教育往往偏离了这种理想的平衡状态，表现为种种偏差和畸形。从上面的理想平衡点出发，在偏向主体文化认同的一端，我们会设想到什么样的景象？全部的价值观教育都集中在宣扬和灌输某种具有民族自恋，乃至种族中心主义的价值体系。与之相对，我们在另一个极端可能会看到一种毫无主体文化意识的景象：各种文化杂凑在一起，毫无秩序和有机的关联，也没有共处的准则和是非善恶的基本标准。中美两国大学价值观教育所面临的挑战就在于如何避免陷入上述两种极端。

中国和美国在大学价值观教育与文化认同方面所面临的挑战在本质上是相同的：如何更好地获得“个体”自由与“整体”统一性之间的平衡？但是，当两国失去各自的平衡时，所暴露出来的问题却各不相同。美国的问题在于整个社会内部价值相对主义所造成的混乱，使社会难以形成价值共识和统一的文化理想，个性和自由变质为极端个人主义，以及由于价值标准的缺失和放弃进行价值引导，社会上各种垃圾文化、颓废文化，乃至反社会反人类的文化泛滥。具体就美国大学价值观教育而言，它的困境在于古典大学精神的衰落与人文教育的蜕变，以丰富人性和完善个性为实质的人文教育传统被个人主义的泛滥所腐蚀，价值相对主义又导致了社会的价值分裂与价值虚无主义，使得大学在帮助社会形成必要的价值共识方面难以有所作为。中国大学的问题源于大学的人文教育不发达，其困难集中表现为大学价值观教育中理解价值观的“理性的过程”不足，而灌输价值观的“证明的过程”有余。从而在文化认同上个体的理性力量、个性和创造性不能充分体现。由于在个体体认上存在这些弱点，这反过来也在一定程度上削弱了社会的文化理想与价值共识的基础。

价值观教育就其文化接续的本质而言是处于重大的危机之中，这是时代性的危机，是普遍地发生于每一个人类文化群体上的危机，同时也是在全球化的今天迫切需要克服的危机。目前已到了这样的地步：不深入理解并接续各文化的慧命，人类就难以避免巨大的精神空虚，彼此冲突引起的苦难；不反思、批判和改造现在的学术体制，文化就会被淹灭于科学和技术知识的汪洋之中；不处理好民族国家政治与作为文化制度的大学的特质之间的关系，大学的文化追求和价值观教育就可能会变质为日常政治行为的辩护工具。

大学教育作为一种社会的文化制度，从它产生之初，它所遵循的基本原则和理想就是“理性”和“美德”。这两大原则可以追溯到古希腊哲学的源头。“认识你自己”，同时是对世界的认识与对人性的认识，是追求真理与培养美德的统一。在全球交往日益密切的现时代，大学的文化使命是三重的，涉及个人、民族—国家和全球人类社会：一是培养个人的价值理性，并以文化精华和价值共识引导个人进行创造性的文化认同。二是在民族—国家范围内，积极参与国家的文化理想和价值共识的建设，为社会的凝聚与和谐作出贡献。三是在全球世界和人类历史的意义上，大学的价值观教育应该致力于全球人类多样文化之间的相互理解，以及在核心价值观上达成共识。大学的理念中追求真理与美德的本质决定了大学必然要不断地拓展全面的文化视野，并积极寻求人类的价值共识。各种文化的意义建构都是人性的表达，从我们共同的人性出发，某种形式的“文化共识”是必然存在的，因为这种共识根源于我们共同的人性。事实上，文化的共识是先在的，然后才是文化的差异。文化共识在广度和深度上是无限的，文化的差异及其历史性的变化正是文化共识不断演化的表达方式。

特定时代、国家、民族和语言形式赋予大学以主要的文化特质。大学参与特定国家和民族的文化理想和价值共识的建构与“教化”过程，是由大学的国家和民族特性决定的。与此同时，大学作为追求真理与美德的人类组织，也应该培养理解价值观与文化的理性能力，并在超越国家、民族和时代界限的更为宽广的文化时空中不断地拓展文化视野，积极寻求人类的价值共识。大学的价值观教育是大学的文化特质与大学的社会功能的一种结合物。与之相适应，大学价值观教育的目标是双重的：一方面是形成有道德的社会生活氛围，有凝聚力的文化理想和价值共识；另一方面是培养个体健全的价值理性。这两个目标必须兼顾，并且统一成一个整体。

大学的价值观教育是文化认同过程的高级阶段。大学作为社会生活和文化活动的特殊环境，它所包含的文化资源最有可能提供一种全面而深刻的文化视野；它特有的理性精神和它注重培养的理性能力，包括逻辑思维的能力、批判性思考和反思的能力，以及创造的能力，决定了大学的价值观教育在文化上的贡献主要集中于这样三个方面：文化理解能力的培养，文化共识的寻求，以及文化创造实践。文化理解能力的培养不仅仅是一种关于文化的理性认识能力的训练，而且包含设身处地“同情地体验”文化的感受力的培养。文化共识的寻求主要是通过不同文化之间的价值观层面的对话，来获得不同文化所共同认可的核心价值观。文化创造实践则是把延续特定文化的命脉与探索人类文化的可能性相结合的思考和行动。

对大学价值观教育的期望必须以对它的局限性的清醒认识为基础。仅仅凭有限几年的大学教育，不足以培养成知识完备和美德具足的人。但是，我们同时应该看到，大学的价值观教育是能够在培养社会的下一代上有所作为的：一方面，它应当而且能够承担社会的文化认同与价值共识建构的责任——它能够有所引导和塑造。从这个意义上讲，大学的价值观教育必须把学生培养成认同社会的文化理想和基本价值共识的人。另一方面，大学应该珍视学生在文化认同和价值取向上的“未完成性”，培养他们的求知能力和不断自我修养的习性。用文化来充实个性，用个性来发展文化，这两者之间必须保持一种必要的张力。大学的价值观教育是一种关于个体生命与文化命脉，关于价值共识和文化共存，关于人类的差异性和我们共同的人性的永恒对话。

第八章 发展与反发展
——发展观的伦理反思

发展是人类面临的一个永恒的课题。发展不是单向度的，发展与反发展总是如影随形。发展的果实从来不是无代价的，发展的过程充满矛盾。在经济增长与社会福利之间，在科技进步与可持续发展之间，在现代生活方式与传统文化之间，发展所涉及的价值抉择往往让人类进退维谷。

对发展水平的测度表面上是一个实证科学的任务，实质上它包含着规范科学的问题。从根本上讲，发展的测度只有建立在坚实的伦理思考基础之上才具有合理性。在这里，伦理思考的首要意义在于辨明发展与反发展的本质区别。

本章将从伦理学的角度考察发展测度指标体系所依托的价值基础。大体说来，衡量发展的指标可分为函数变量指标，结构性指标和协调性指标三种，在实际的测度体系中这些指标有多种多样的组合。我们关心的是，各种指标的伦理价值内涵是什么？它们彼此之间何以可能构成价值冲突和价值协调？更进一步，我们要探究具体的测度体系在实践上肯定了怎样的发展模式？实际上，本章的一个核心内容就是对发展测度体系所关联的发展模式进行伦理反思。它包括两个方面的目的：一是描述发展测度所涉及的价值冲突与价值困境。这些伦理问题关乎生命的尊严、自然的价值、社会的互动与文化的延续等。二是探索一种关于发展的人性化的、全面的、整体的价值逻辑，从而为中国的持续、快速、和谐发展提供启示。

一、作为伦理问题的发展

迄今为止，有关发展问题的主要理论大多与发展经济学密切相关。

由于发展经济学首先是一种经济学，它关注发展的视野也就基本上限定在经济学领域。作为人类社会全面进化的过程，发展显然不仅仅是经济发展，发展应该包括社会、政治与文化各个方面。更重要的是，发展是一个内在地包含价值判断与价值选择的伦理议题，它涉及我们在广泛的社会变迁中如何区分手段与目的，前进与倒退，秩序与混乱，代价与利益，善与恶，等等。

当然，发展经济学本身是在不断演变的，从发展经济学的发展观及相关战略的演进过程来看，其中的伦理意识具有日益加强的趋势。

老一代发展经济学家中的代表人物杰拉尔德·迈耶指出，发展思想的演进表现为数个分析层面和政策含义的演进。从时间上的顺序来看，其关注点变动的脉络如下：

发展的目标：国内生产总值（GDP）→实际人均国内生产总值→非货币指标（人类发展指数）→减缓贫困→权力与能力→自由→可持续发展

宏观经济增长理论：哈罗德—多玛分析→索罗增长源泉理论→“新增长理论”

资本积累：有形资本→人力资本→知识资本→社会资本

国家与市场：市场失灵→非市场失灵→新市场失灵→制度失灵

政府干预：规划与计划→简洁的政府→政府与市场的互补

政策改革：“因为贫穷所以贫穷”→因“使价格适当”的不当政策而贫穷→“使所有政策适当”→“使制度适当”。[①]

可以看到，发展问题最初被理解为一种只是与有形资本的投入产出、市场失灵、规划与计划相关的问题，发展的目标就是国内生产总值（GDP）的增长；至于不发达的原因，很简单，是因为贫穷的恶性循环。这一系列观点代表了理解发展概念的一个“价值无涉”的极端。在这里，发展是一个不涉及主观价值判断的纯粹客观的实证科学问题。后来的发展逐渐突破了这种经济“科学”的神话，从发展目标的演变上可以看得很清楚，一方面，对人本身的基本需要、健康、教育、能力和自由的关注越来越成为重要的主题，另一方面，以可持续发展观的出现为标志，发展所包含的人与人、人与自然的全面关系已经被置于时空延续的无限远景中来理解。这样看来，最近的发展观及其战略取向越来越趋近于把

---

① 杰拉尔德·迈耶：《导言：发展的思想》，载〔美〕杰拉尔德·迈耶、约瑟夫·斯蒂格里茨主编《发展经济学前沿——未来展望》，北京，中国财政经济出版社2003年版，第1页。

发展问题作为纯粹伦理问题的另一个极端。

丹尼斯·古莱特认为，在伦理视野中，发展所涉及的价值问题主要集中在如下三个方面：如何界定美好生活、公正的社会，以及人类社会与自然的关系。第一个问题指向美好生活的含义。古莱特指出，更好的生活，或者说更人道更发达的社会，不是人们“更多拥有”的社会，而是人们能够“更多实现自我”的社会。第二个问题与社会公正的基础有关。第三个问题关乎人类对待自然的价值标准。①

二、发展的指标体系与价值尺度

发展测度以发展的理念为基础，它服从于测度者对发展进行实证描述和价值判断的具体要求，它实际上是通过一系列定性和定量指标将特定的发展理念直观地呈现出来。测度发展的典型指标体系是逐渐扩展的。从国内生产总值（GDP），到实际人均国内生产总值，再到人类发展指数，物质性因素的重要性逐渐降低，人性化因素的重要性日益突出。

我们认为发展可以从两个互相关联的维度来理解：一是发展的实证性维度，主要涉及一个国家的经济、政治、社会、文化体系的结构演化，这是一种类似于生物生长进化的体系运动过程，它的演进方向是日益开放和日益复杂化的。二是发展的规范性维度，它关注作为发展主体的人对社会整体变迁的主观感受和价值评判。人们将知识、情感、意志乃至信仰上的追求贯注于变迁过程之中，人们期望从中确证其生命的福祉：物质生活质量的提高，自我的尊严、自我价值的实现，自由、平等、公正的社会关系，以及文化传统的延续。

在指标体系中，发展的实证性维度主要与线性变量和结构变量相关，多通过客观性指标来显示；而发展的规范性维度主要反映个人和群体的生存状况，以及社会系统的稳定性、协调性、可持续性等，往往需要通过一些主观性的指标来呈现。

确立衡量发展的价值尺度是设定发展测度指标的前提，然而，发展的价值尺度本身却一直在经历着某些深刻的变化。这些变化的主要脉络如下：

---

① Denis Goulet,“Development Ethics: A New Discipline”, *International Journal of Social Economics*, Vol. 24, No. 11, 1997.

第一，由经济增长中心主义转向综合的整体发展观。经济学家们已经看到直接以经济增长指标来评价发展的局限性。他们指出：今天我们知道仅仅把国内生产总值当成福利的衡量标准是有局限性的，而且也容易产生误导作用。我们所需要的是多方面的衡量标准，其中包括人类发展指数以及环境的可持续性。在过去40年中，在某些领域人类发展的成就是巨大的，比如婴儿死亡率和成人识字率。在减少贫困方面的成绩是参差不齐的。如果用森林退化和二氧化碳排放的趋势来衡量，最糟糕的是在环境可持续性方面的表现。人们已经发现，国内生产总值的增长与环境的可持续性指标成反比关系。这一发现是很可靠的，而且其他有关环境的数据——如悬浮颗粒物和二氧化硫的排放——也证明了这一点。有鉴于此，我们应该用人类和环境进步的标准来评价发展的结果，但由于我们缺少构建人类和环境进步的明确指标所需要的高质量的数据，所以我们现在仍然不得不更多地依赖国民生产总值和国内生产总值。从全面的经济视野来看，发展必须考虑人民的福祉、生活的质量和自然环境。发展需要考虑到未来几代人的利益和他们将要继承的这个地球。如果谁要想在未来不断取得发展的成功，发展战略就必须考虑到人民的利益。因此，衡量发展的标准不仅仅是经济增长的速度。增长的质量、分布、组成和可持续性同样重要。①

这种反思是严肃和冷静的，但是还不够彻底。事实上，在衡量发展的标准中，增长的质量、分布、组成和可持续性比增长的速度更为重要。因为经济增长是一种动力，但其本身并不是目的；经济增长只是社会整体性发展的某种手段。发展与和平、人权、民主管理、环境以及最后但并非最不重要的文化和人们的生活方式有着密切联系。②

如果越出经济学的领域，从一种更广泛的视野来看，发展涉及世界的多重结构和人类社会的各个方面。弗朗索瓦·佩鲁在《新发展观》中指出，国家的世界、发展地区的世界和群众的世界交织在一起，构成了发展问题的复杂背景。③ 从整体上看，发展是整个社会从经济基础到上层建筑全面的协调进步。发展包含着经济发展、政治发展、社会发展、文

---

① 维诺德·托马斯：《发展的挑战之回顾》，载〔美〕杰拉尔德·迈耶、约瑟夫·斯蒂格里茨主编《发展经济学前沿——未来展望》，北京，中国财政经济出版社2003年版，第106～109页。

② 联合国教科文组织的发展观，见《国际社会科学杂志》（中文版）1996年第13卷第1期，第9页。

③ 〔法〕弗朗索瓦·佩鲁：《新发展观》，北京，华夏出版社1987年版，第170～171页。

化发展以及环境发展各方面的相互关联和相互促进。在先进的工业社会中，“经济增长的中心地位已不如以往，而文化和制度变化的作用上升，与之相关的则是对总体生活质量的强调，特别是对政治民主的强调。”①

第二，由工具理性至上的“发展主义”转向人性化的发展观。早在20世纪70年代，舒马赫就呼吁，需要有一种崭新的发展思想体系，一种以人为重点而不是主要以物为重点的体系——（物是会自得其所的!）他援引佛教的观点指出，把商品看得重于人，把消费看得重于创造活动，这是真理的颠倒。它意味着重点从劳动者转移到劳动的产品上，即从人转移到非人的事物上，是对恶势力的屈从。② 他提醒人们，民主、自由、人的尊严、生活水平、自我发挥、满足，这些词汇的涵义是什么呢？是关于物的问题还是关于人的问题呢？当然是关于人的问题。但是人只有在能相互理解的小集体中才能有自我的存在。因此，我们必须学会以一种能够适应大量小型组织的灵活结构为出发点来思考问题。如果经济思想不能掌握这一点，那就毫无用处。如果它不能超出大量的抽象概念、国民收入、增长率、资本产值比、投入产出分析、劳力流动、资本积累的范畴，触及贫穷、挫折、敌意、绝望、健康损坏、犯罪、逃避现实、紧张、拥挤、道德败坏、心灵死亡等人类的现实问题，那就让我们丢掉经济学，重新开始吧。③

1990年，主要由来自发展中国家的经济学家们组成的南方委员会在“南方报告”中指出：“发展必须以人民为中心。它必须有利于实现人们的潜能以及增进人们的社会和经济福利。并且发展必须有利于确保人民自己所认可的社会与经济利益。”④

最近，发展伦理学家丹尼斯·古莱特尖锐地指出，只有设身处地地考虑贫穷国家人民所面临的令人震惊的不发展境况，感同身受地体验人们所遭受的绝望与不幸，深入那种笼罩在人们生活中的“贫困的文化”，才能理解人们所寻求的发展是什么。⑤

---

① 罗纳德·英格尔哈特：《变化中的价值观：经济发展与政治变迁》，《国际社会科学杂志》（中文版）1996年第8期，第13卷第3期，第7页。

② 〔英〕E. F. 舒马赫：《小的是美好的》，北京，商务印书馆1984年版，第32~33页。

③ 〔英〕E. F. 舒马赫：《小的是美好的》，北京，商务印书馆1984年版，第47页。

④ David A. Clark, “Development Ethics: A Research Agenda”, *International Journal of Social Economics*, Bradford; 2002. Vol. 29, Iss. 11/12.

⑤ David A. Clark, “Development Ethics: A Research Agenda”, *International Journal of Social Economics*, Bradford; 2002. Vol. 29, Iss. 11/12.

第三，发展理念逐渐摆脱“标准发展模式”。在过去的十多年中，国际货币基金组织和世界银行曾经把“华盛顿共识”作为标准的发展模式，通过它们的贷款附加条件在世界范围内到处推行。所谓“华盛顿共识”认为，发展主要靠三件法宝。第一，健全的宏观经济政策，也就是低通胀、低赤字、国际收支平衡。第二，国家要对外开放，走贸易和金融自由化的路子。第三，要重市场而轻国家，实行私有化，将政府的行为减至最少，放开管制。如今人们又在另谋出路了。① 人们已经认识到，发展是一个多维度的、非线性的、非唯一的、路径依赖的、复杂的动态过程。这个过程取决于国家初始的条件，取决于他们的经济、制度、社会文化和政治历史。②

第四，知识和信息在人类未来发展进程中的重要性日渐突出。曾任世界银行首席经济学家的斯蒂格里茨正确地指出，鉴于当前的信息技术和知识进步的革命性影响，信息、技术和知识构成人类发展的基本要素。知识经济是人类发展的一条具有普遍现实性的道路，在这条道路上的发展总是要求与之相协调的文化转变。③

综上所述，我们可以赞同这样一种发展观：发展是一种涉及社会整体各方面的综合进化过程，人类的发展可能正朝着一个普遍性的价值体系——其中包括珍视人类生命的存活寿命和质量，人类的自由和权利，以及对合作、参与、信赖、社会正义、可持续的环境、科学的真理和未来世代的福利等等的关怀——前进。④

三、一个衡量发展的思想实验

由于迄今还没有一种能全面反映和衡量发展的指标体系，我们不妨在此做一个思想实验，尝试着建构一种整体性的发展测度指标体系。首

① 鲁本斯·里库佩罗：《让发展有点人味》，《国际社会科学》2001 年第 18 卷第 4 期，第 10 页。

② 艾尔玛·阿德尔曼：《发展理论中的误区及其对政策的含义》，〔美〕杰拉尔德·迈耶、约瑟夫·斯蒂格里茨主编《发展经济学前沿——未来展望》，北京，中国财政经济出版社 2003 年版，第 90 页。

③ 约瑟夫·E. 斯蒂格勒茨：《知识经济的公共政策》，胡鞍钢主编：《知识与发展：21 世纪的新追赶战略》，北京，北京大学出版社 2001 年，第 19 页。

④ 温德尔·贝尔：《善的复归：价值观、客观性与未来》，《国际社会科学杂志》（中文版）1994 年第 11 卷第 3 期，第 26 页。

先碰到的难题在于如何测度政治、社会和文化发展状况。

在政治方面，公民所拥有的权利和自由，以及政治民主的发展不能仅仅从具体的政治体制构架特征来评判。如果我们设计一种从落后到进步，或者从“传统”向“现代”连续变迁的政治发展标尺，会遇到许多争议。规定这样一种“进化”序列的根据何在？以西方民主政治的理想模型作为“现代”或进步的标准，在这种方法中几乎是不可避免的。原型不可能不取自西方发达国家，更抽象的“理想模型”无非是更曲折和更多修正的原型的投影而已。但是，我们要问：凭什么西方发达国家就当然是“原型”？既然如此，政治发展的评价标准问题只能另寻出路。对政治发展的评价可否不论具体政治结构或体制模式，而主要考虑政治制度所表现出的有序性、体制运行的和谐程度、公民政治权利的大小及其受保障的程度（政治自由度）？我们认为这一思路是可行的。也就是说，无论各种具体政治制度之间的诸多差异如何，只要考察它们是否和谐有序，是否在保障公民权利与自由方面卓有成效就基本上能判定它们的发展水平。

社会和文化发展状况评价主要通过“社会凝聚”和价值观两个范畴来衡量。社会凝聚与另外两个概念——社会资本和社会排斥密切相关。它们都涉及社会的各个组成部分——个人、集团、组织、制度以及国家——之间的关系，强调社会融合、团结和稳定的价值。社会凝聚关系到社会成员之间的相互联系及其影响，它包括共同的价值观和理念、认同感、归属感、相互信任以及减少差别和不平等等内涵。社会资本一般是指一个群体的成员共同遵循的一系列非正式价值观和行为规范，人们据此形成积极的互信、互惠和合作的关系。社会资本的存在和分布状况可以大致通过“信任半径”来观察。也就是说，通过了解人们彼此之间在多大范围内应用诚实、互惠和合作的规范，即可判断人们社会资本的状态。当然，测度社会资本的大小比较困难，可以考虑通过一些传统的衡量尺度，例如犯罪率、家庭破碎率、吸毒率、诉讼率、自杀率等等来衡量一个社会缺乏社会资本时的情况，即通过反指标来进行测度。[①] 社会排斥则是指某些个体或群体不为社会所接纳，受到歧视、疏远、排挤而生活在社会边沿的状况，它反映的是社会凝聚力的缺失。

---

① 〔美〕弗朗西斯·福山：《社会资本》，〔美〕塞缪尔·亨廷顿、劳伦斯·哈里森主编《文化的重要作用——价值观如何影响人类进步》，北京，新华出版社 2002 年版，第 150 ~ 157 页。

在比较成熟的测度体系，如欧洲生活质量指标体系中，社会凝聚力大致从两个方面来衡量：

第一，减少差别和不平等，如改善地区差别和改善性别、种族、集团、阶层、不同代人之间以及残疾人的平等机会等；

第二，提高社会资本，这意味着强调增进交流和社会联系，包括改善人际关系，促进人们对社会活动的自觉参与，形成和增强不同集团之间的社会联系，改进社会关系的质量，如共享的价值观、认同感、互信和团结。①

价值观的变迁反映了发展的一个重要维度——文化维度。发展过程中包含着价值观的深刻转变，可以预见的转变是从绝对社会准则转向日益理性、宽容、信任和后物质主义价值观。值得注意的是，文化上的变迁具有明显的路径依赖特征，从历史上看，不同文化传统的社会，如基督教社会、东正教社会、伊斯兰教社会、儒学社会等等，虽然其传统价值观体系有着持久的影响力，但是遵循着各自不同的价值观演化路径，它们都朝着大致相同的方向转变。总的价值观演变方向，基本上都是沿着两条轴线发展的：一条是从传统价值观到理性—法制价值观的轴线；另一条是从生存价值观到自我表现价值观的轴线。这两条轴线所描述的都是理想模型，而不是某个具体社会的实际情形，但是这种抽象提供了观照具体社会的理论框架。在前一条轴线上，处于传统价值观一端的社会强调宗教、绝对标准和传统的家庭价值观。他们重视的是社会整合，而不是个人成就；赞成意见一致而不赞成公开的政治冲突；主张顺从权力当局；有高度的民族自尊心和民族主义观念。居于理性—法制价值观一端的社会则在这些方面均表现出相反的倾向。在后一条轴线上，强调生存价值观的社会表现出个人主观福利处于相对低水平，人们健康状况较差，人际信任程度低，对外人容忍性较差，对男女平等的支持不力，强调物质主义价值观，高度相信科学技术，环保积极性较低，比较赞成集权主义政府。强调自我表现价值观的社会，在所有这些问题上均态度相反。②

发展指标体系的设定必然要体现特定发展观的价值取向，突出具

① 贺春临、周长城：《福利概念与生活质量指标——欧洲生活质量指标体系的概念框架和结构研究》，《国外社会科学》2002 年第 1 期，第 52 页。

② 〔美〕罗纳德·英格尔哈特：《文化与民主》，〔美〕塞缪尔·亨廷顿、劳伦斯·哈里森主编《文化的重要作用——价值观如何影响人类进步》，北京，新华出版社 2002 年版，第 150～157 页。

有决定性的核心力量和关键因素。因此，在指标所显示的发展状况之中已经包含着指示进一步发展的价值逻辑。就技术方面而言，设计发展指标体系要处理如下两个基本问题：一是确立或选择哪些指标要素以构成呈现发展理念的数据框架；二是界定指标要素之间的复杂关系，这涉及指标之间地位的厘定，相应数据的赋值权限，指标的整体系统合成，以及按特定需要设立子系统的考虑等。虽然这些问题在这里暂时还得不到圆满的解决，但是勾画一个整体性指标体系的轮廓还是值得尝试的。

人类社会生活实践大致可分为经济领域，政治、社会和文化领域两大部分，这两者的发展都表现出连续性与间断性双重特征。连续性意味着在体系的结构相对稳定状态下体系及其要素的累积性成长，它主要通过某些综合性变量和特定要素变量的线性变化呈现。间断性意味着体系发生了结构性的转型，如从农业社会向工业社会以及向后工业社会的演变，它主要通过要素间比例的变化来呈现。连续性和间断性之间要保持适度的张力而不致使系统演化陷于崩溃，这一点又从总体上体现为某种协调性，这也是体系演化的可持续性问题，它可以通过某些协调性变量来表示。

依据上文对三种指标的分类，将社会划分为经济与非经济（政治、社会与文化）两大领域，都从线性指标、结构性指标和协调度指标三个方面进行测度。整个发展测度指标体系的框架如下表：

	Ⅰ线性指标	Ⅱ结构性指标	Ⅲ协调度指标
A 经济 领域	①人均GDP或人均生产资本额 ②就业人口人均日闲暇（非工作日） ③国民平均受教育年限 ④新生人口预期寿命 ⑤人均R&D投入 ⑥人均获得专利及发表论文数 ⑦网络使用年人均小时数 ⑧人均住房面积 ⑨人均医疗保健费用 ⑩人均医护人员数	①产业结构（霍夫曼比例） ②外资占资本总额比例 ③国民人均恩格尔系数 ④人口城市（镇）化率 ⑤全社会教育投入与总投资之比 ⑥使用中的化石能源价值与环保（非化石）能源之比 ⑦经济信息化指标	①教育基尼系数 ②收入分配平等指标 ③环境污染指标

续表

	Ⅰ线性指标	Ⅱ结构性指标	Ⅲ协调度指标
B 政治 社会 文化 领域	①人权状况指标（数据来源：a. 反映公民基本权利、自由、平等、民主的法律之立法与实施。b. 社会调查与官方统计研究报告） ②政治参与指标（投票率、人均提案数等的综合） ③社会流动指标（强调阶层间的通畅度，例如可通过调查高收入阶层和政府部门工作人员的家庭出身的多样化程度来反映） ④NGO（非政府组织）和其他民间社会组织发展指标 ⑤法制化及行政组织科层化指标（主要强调法律体系的完备程度与国家行政的专业化水平）	①按教育程度高、中、低划分之人口比例 ②传统/世俗—理性价值观轴线上的人口分布比例 ③生存价值观/自我表现价值观轴线上的人口分布比例	①腐败指数① ②社会凝聚力指数 ③多元文化指标（反映文化传统的连续性、文化之间彼此尊重与平等交往的状况）

说明：1. 核心指标——“发展能力”指数：

由反映“政府发展能力”（涉及人才与科技发展状况、知识创新体系与政府的宏观治理结构）与“民众发展能力”（涉及民众的人力资本、社会资本与社会凝聚力）的相关指标综合而成。在正常条件下，发展能力指数应该与总体发展指数高度相关，可以通过较为简明的发展能力指数来进行历史的与国际的比较。

2. 从上述总指标体系中可以根据需要提取指标以分类组合成专门的子系统指标体系，如“人的发展”子系统可由下列维度的指标相组合而成：①物质生活质量指标（涉及健康、可支配收入、闲暇、住房）；②知识水平（人均教育年限与教育基尼系数）；③人权状况；④价值观；⑤社会凝聚力；⑥腐败指数。

3. 可以从经济、政治、社会和文化等领域来重组指标，以构成专门的子系统。

4. 这只是一个未完成的开放的基本框架，可以根据实际需要修改和替换上述具体指标，也可以根据时代变化的要求增加新的指标。

---

①　可参见世界银行《增长的质量》（中文版）“治理结构”部分的专门叙述，北京，中国财政经济出版社 2002 年版。

四、“发展能力”与自由发展的空间

世界银行最近的一份研究报告指出：发展就是改善人民的生活质量，就是提高他们构建自己未来的能力。这通常涉及人均收入的提高，更平等地享有受教育和工作的机会，更高水平的性别平等，更好的健康和营养状况，更清洁和可持续度更高的自然环境，更公正的司法体系，更广泛的公民参与和政治自由，以及更丰富的文化生活等。①

我们大体上认同这一发展的基本理念。从总体上看，发展是人类社会生活再生产体系组织复杂化、要素与结构变异、总量扩张、体系协调性加强的良性进化过程。体系演进的动力根源于知识的扩展及其对人类生活实践诸领域的渗透。正如约瑟夫·斯蒂格里茨所说：我们现在不太愿意把经济发展看作是建设性事务，而更愿意把它看作是涵盖知识、制度和文化的广泛和全面意义上的教育性事务。②

所谓发展能力是指发展主体所拥有的改善发展状况的知识及其制度（或组织体系）。具体说来，发展能力由两大要素构成：知识与知识的治理结构。发展能力的大小与知识水准的高低和治理结构的和谐度正相关。一个国家的发展能力在总体上体现为国家（政府）与民众两个层面发展能力的良性耦合。单纯的政府发展能力——人才与科技发展状况、知识创新体系与政府的宏观治理结构——并不足以准确反映一个国家的整体发展能力；同样单纯的民众（群体或个体）发展能力——民众的人力资本、社会资本与社会凝聚力——也不足以准确反映一个国家的发展能力。国家的整体发展能力是一种多元一体的合力，“国家”与“民众”是发展能力体系的两个焦点。

发展能力是现实力量与潜在力量的统一。一方面知识通过合理的治理结构整合为发展的现实力量；另一方面，人的自由个性与国家的价值理想内在地具有“创造性破坏”的能量，及改良知识及其治理结构的倾向，它必然要求不断超越既有的发展现实。因此，发展能力不仅是一种支撑现实发展状态的能力，而且是一种创造新的发展局面的潜力。

① 世界银行：《增长的质量》（中文版），北京，中国财政经济出版社2002年版，第XXI页。

② 〔美〕杰拉尔德·迈耶：《导言：发展的思想》，载〔美〕杰拉尔德·迈耶、约瑟夫·斯蒂格里茨主编《发展经济学前沿——未来展望》，北京，中国财政经济出版社2003年版，第2页。

发展能力部分地蕴涵在发展的结果之中，并在某种程度上通过发展进程的截面信息反映出来。特定时点上的发展截面信息由一系列总量、人均量、结构性变量组成，这些变量之间是一种并列关系，它们组合在一起构成一个反映发展结果的基础数据集合。它可以直接显示发展的总体格局、发展的阶段与走势，以及特定阶段的福利状况等，但是它无法直接回答有关发展的构成要素、要素间的关联以及整个体系运作的机理等属于发展动因的深层次问题。我们认为发展的结果根源于特定社会的内在发展能力。发展结果可能受各种干扰因素的影响而在短期内显现出相当大的波动，但其长期趋势则与发展能力水平相一致。唯有理解一个社会的发展能力，而不仅仅只是了解作为现象的发展结果，才是对特定社会发展水平的真正把握。

无论是发展观还是对发展的测度，其伦理价值上的重心应该是人本身。在我们尝试建构的整体性指标体系中，其核心指标“发展能力”的实质是人的自由、知识和社会交往状况的改善。个人的生活在自由、知识和交往三个维度上的表现，内在地界定了人类发展的空间格局。从这个意义上讲，发展意味着拓展每一个人的自由、知识和交往，不发展则意味着个人的生活在这三个方面的停滞与倒退。

以自由看待发展的深刻观点来自阿马蒂亚·森。森指出，分析发展有一个良好的起点，这就是从根本上承认自由既是发展的首要目标，也是其主要手段。首先要有一种评估要求，其中包括鉴别原则，即评价发展不能脱离人民的生活以及他们所享受的实际自由。一个人事实上所能达到的成就受到下列因素的影响：经济机会、政治自由、社会设施、良好的卫生条件和基础教育的供给条件以及对首创精神的鼓励和培养。①

从个人知识进步的角度来理解发展是这个时代的趋势使然。“经历了数千年与自然的史前斗争（首先是求生存，然后是征服自然）之后，我们的物种所达至的知识与社会组织水平已允许我们生活在一个根本上是社会性的世界之中。”人类文明开始进入“文化仅指涉文化的新阶段”。②人已经开始具备从根本上从物质生产的“劳动时间”中解放出来，生活于“自由时间”，以参与创造知识和思想为主要实践形式的新的社会生活。随着人日益脱离直接的物质生产过程，人作为物质生产手段的有限

① 阿马蒂亚·森：《发展是关于什么的?》，〔美〕杰拉尔德·迈耶、约瑟夫·斯蒂格里茨主编《发展经济学前沿——未来展望》，北京，中国财政经济出版社 2003 年版，第 362 页。

② 曼纽尔·卡斯特：《网络社会的崛起》，北京，社会科学文献出版社 2001 年版，第 578 页。

价值让位与人作为知识和思想文化创造主体的无限价值。在多大程度上保证每一个个体的价值实现，社会整体的发展即在多大程度上得以实现。

同自由相似，人们之间的和谐交往既是发展的目的又是发展的手段。并且，从未来的趋势来看，每一个个体在网络社会中的地位相当于一个“发展极”。个体的发展和福利与社会整体的发展和福利息息相关。这种社会性的联系已经如此紧密，以致任何一个个体的知识、观念、创造力如果不能从社会中获得成长与发挥作用的机会，则整个社会不可能不遭受到实质性的损失。

由此可见，个人发展的空间可以理解为一种具有三个维度的观念结构。从发展的原点引出的三个坐标轴分别为：权利、交往和知识。权利轴上的坐标刻度可以显示个人的基本自由从“剥夺”到充分“保障”的程度。交往表示个人在社会生活中相对稳定的关系网络，按照社会学的术语可以称之为“社会资本”。知识从最感性的到最抽象的，代表着个人超越身体所处的时间和空间而活动的可能性。发展的空间内在于每一个个体的生活状态之中，发展还是不发展，将取决于每一个人的自由、知识与交往。

如果我们仔细审视个人和国家围绕“发展空间”三根轴线上的基本自由、普遍交往和理性知识所结成的既合作又冲突的关系，我们就能从无数富有戏剧性的故事中看到一种不可逆的规律：国家制度在个人发展空间中划定的疆域总是在不断地重构；而每一次成功的重构都使人从剥夺、封闭与感性知识的低度发展空间向自由、开放和理性知识的高度发展空间迈进。从本性上讲，个人的发展带有无政府主义的倾向，而国家的发展则倾向于加强政府控制。个人的无政府主义倾向对于任何一个追求稳定的政治系统都具有某种冲击力。国家的法律、制度、意识形态、民族精神等为个人的发展提供条件，同时也限定了个人发展的空间；国家对于稳定的偏好往往表现为对个人发展自由的控制和压抑。这两种性质上矛盾的力量必须达成精巧的动态平衡，特定条件下个人的自由发展才能实现。在实际历史中，这种动态平衡既不容易形成，也不容易保持。在现象上，一方面，我们会看到在人类历史上的很多时期，来自国家的力量将个人长期限制在基本自由被剥夺、封闭与理性不发达的状态，有时甚至出现个人发展空间萎缩的“倒退”情形；另一方面，个人追求自由发展的力量是如此强大和不可扼制，个人或者流逸出国家的疆域，或者蓄积成一种足以冲决统治堤坝的洪流，从根本上摧毁国家的政府和制度。当然，这两个方面的现象中都包含着无数丰富的具体局面，各种各样的不平衡、断裂、扭曲、倒退、跳跃与突变交织于其间，形成复杂多变的具体历史画面。正是在这些画面背后，个人发展空间不可逆地拓展的规律存在着，并起着决定性的作用。

个人的发展空间也是从微观角度解释现代化进程的一种分析框架。在发展空间中，“现代化”意味着个人发展的基本自由、社会资本和知识水平的全面提升，直观地表示在三维坐标图上，就是一条从西南角的原点，向东北方向伸展的曲线。那么，国家对于个人发展空间的拓展负有怎样的职责？借用一下生态学的观念，可以把国家作为一种人的发展或者人才生长的生态环境。环境的适宜性决定了环境中人的发展或人才资源开发的成就和可持续性。从这个意义以上讲，国家的职责就是创造一种适宜的环境，使每一个国民都能获得自由发展的空间，而且这种有保障的空间能够持续地拓展。

个人发展空间的不断扩大是人类现代化进程的一个基本方向，现代化进程为个人发展所提供的有利条件要超过以往一切世代的总和，但是，与此同时，在现代化进程中，对人的扭曲、压抑和摧残也达到了某种极致。在如何利用这些条件与避免这些不幸的问题上，每一个国家、民族、社会和个人都需要采取真正智慧的行动。

科学发展观的诞生标志着中国特色社会主义建设实践在战略思维和价值思维上的质的飞跃。科学发展观就是，坚持以人为本，全面、协调、可持续的发展观。“坚持以人为本，就是要以实现人的全面发展为目标，从人民群众的根本利益出发谋发展、促发展，不断满足人民群众日益增长的物质文化需要，切实保障人民群众的经济、政治和文化权益，让发展的成果惠及全体人民。全面发展，就是要以经济建设为中心，全面推进经济、政治、文化建设，实现经济发展和社会全面进步。协调发展，就是要统筹城乡发展、统筹区域发展、统筹经济社会发展、统筹人与自然和谐发展、统筹国内发展和对外开放，推进生产力和生产关系、经济基础和上层建筑相协调，推进经济、政治、文化建设的各个环节、各个方面相协调。可持续发展，就是要促进人与自然的和谐，实现经济发展和人口、资源、环境相协调，坚持走生产发展、生活富裕、生态良好的文明发展道路，保证一代接一代地永续发展。”①

科学发展观是一个战略理性与价值准则高度统一的指导思想。科学发展观显然不只是一种手段意义上的关于发展的考虑，它还包含着一套

① 《十六大以来重要文献选编》（上），北京，中央文献出版社2005年版，第850页。

从伦理上主导和规范其战略理性的价值理念系统，即一个意蕴深远的价值视界。我们可以从如下五个方面来理解科学发展观所包含的价值维度：一是发展的科学价值维度——“真”与“道”。发展是对世界的“改造”，必须以科学的“真”为前提，而科学的“真”又必须符合自然之“道”（人之道与天之道）。“真”的科学是深知科学之局限的科学，“真”的科学是慎用科学之能力的科学，“真”的科学必然将科学探究的理性方法贯彻到人与世界相处的全面的关系之中。“真”的科学必然肯定人改造世界的能力的限度，并且理性地审视人运用其改造世界能力的正当性。二是发展的生命价值维度——永续与幸福。中国的科学发展观以中华文化的生命世界观为根基。《易》曰：“生生之谓易。”（《系辞上》）生命的生生不息乃是世界的实相，欲究其原，则见“天地之大德曰生”（《系辞下》）。人类的发展当效法天地生生之德，以人类和万物生命的永恒福祉为旨归。三是发展的人性价值维度——善与美。发展应该是人性之善与美的彰显。《中庸》有言：“天命之谓性，率性之谓道，修道之谓教。”发展的过程始终面临着一个这样的问题：人类天赋的性情如何达至“发而皆中节谓之和”的境界？如果基于中华文化传统的启示来回答这个问题，那么，发展的过程就应该是一种民德日新，止于至善的德性修养与教化的过程。四是发展的社会价值维度——自由与公平。今日的人类社会正处在资本的逻辑占统治地位的时代，发展意味着超越资本的逻辑，从而为每个人的自由而全面的发展开辟道路。五是发展的文化价值维度——多元与和谐。在全球交往的时代，每一个民族的文化都与其他民族的文化相接触、对话、交织、渗透乃至融合。文化之间的冲突不是一种必然的宿命，相互尊重，相互理解，相互学习，相互依存，是人类在发展过程中可以寻求的文化相与之道。发展意味着多元文化“和而不同”地和谐相处与共同繁荣。

从来没有哪一个时代像今天这样在人本身身上发现如此丰富的经济价值源泉。奴隶曾经只是一种“会说话的工具”，其经济价值往往与牲畜的价值相提并论。几千年以来，人手的技艺和力量曾经主要用来生产食物、衣服、奢侈工艺品、茅舍和宫殿，如果一个人没有能力参与这种生产，那么，在当时的社会中他也就没有什么经济价值。这种人手意义上的经济价值到底有多大？直接去估计是比较困难的，我们可以这样看，在机器大生产发展到今天的水平之际，绝大多数人手的技艺和力量都可以部分地或完全地被机器所替代。这意味着什么？这意味着直接通过人的身体体现的人手的技艺和力量的价值尽管是相当巨大的，却并不是无限的。在“人手”的经济价值局限被发现的同时，“人脑”，即人的理性知识的无限经济价值逐渐呈现出来。人们普遍地意识到发展的关键之一是开发人的理性知识的经济价值。经济学从 20 世纪 60 年代以来对于“人力资本”的发现，以及 20 世纪后期关于“知识经济”、“信息经济”等话题的讨论，逐渐围绕开发人的理性知识这个轴线发展出一系列制度、政策和管理方面的技术。在涉及“人才资源开发”问题时，这些讨论中形成的基本观点与相关技术已经成为学者和政策制定者的“主流意识形态”。不知不觉间，一个本来应该关涉人的自由发展的问题被转换成一个纯粹经济学的问题。不仅如此，人本身及其发展也从目的的位置上被“经济”替换下来，成为“经济”的手段，也许是最经济和最被普遍看好的手段。

知识曾经是“为知识而知识”的产物，人从来就首先被作为人来看待，而不是首先作为交换价值来看待。只是在现代阶段，知识才侧重于为“经济而知识”，知识似乎已经难以再以其本身为目的；同时，人被资本化或资源化，主要作为一种经济宝藏被开发。知识再生产和人才再生产已经融入现代经济基础之中，并逐渐成为现代生产方式的核心。然而，全面的观念应该是什么？在马克思主义的理解中，人既是目的又是手段，但终究是目的。事实上，在人作为目的这一点上，马克思吸收了康德听起来有些极端的观点：人只能是目的，永远也不能把人作为手段。因此，我们应该看到，人才资源开发只是“人的自由发展”问题的一个侧面，仅仅用经济的眼光来看待人才资源开发，也许并不是错误的，但却是远远不够的。

中华人民共和国是以“人的全面而自由发展”为社会原则的大国，这一原则决定了中国的国家性质与个人发展空间拓展规律之间的关系是基本和谐的，在今天以国家为基本单位的发展角逐中，这种基本性质上的和谐无疑是一种宝贵的“资本”。

从发展潜力上看，中国拥有无与伦比的人才资源优势。能否成功地开发中国所蕴藏的人才资源，实现这种发展的优势，起决定作用的不是人才资源开发的技术，而是我们在人才资源开发过程中作出的价值选择。在很大程度上，中国未来的优势，不是一个人才资源规划与管理的技术性课题，而是一个关于“人的发展”道路抉择的伦理挑战，它要求我们的行动必须保证每一个中国人都能够持续地拓展其个人自由发展的空间。

爱因斯坦说：“系统地说明问题比解决问题要重要得多，解决方法也许仅仅通过数学计算或实验就能得出。而提出新问题以及从新的角度看待旧问题需要创造性的想象力，是科学领域的真正进步。”[1]从一定意义上讲，本书正是一种试图较为系统地说明问题的努力；它聚焦于国家为拓展个人发展的自由空间所进行的价值选择，试图说明中国人才资源开发的关键是一种人的发展道路抉择的伦理问题。这一伦理问题的核心在于，国家的力量与个人的力量应该围绕拓展个人自由发展的空间而构成富有张力的和谐。

① 〔美〕莫里·克莱因：《变革者》，北京，中信出版社2004年版，第33页。